LA

RELÉGATION

ÉTUDE SUR LA LOI DU 27 MAI 1885

EXTRAIT DU CATALOGUE GÉNÉRAL

BRASSEUR (ALBERT), *avocat, docteur en Droit* : **Théorie et pratique de la réhabilitation en matière pénale et disciplinaire.** 1887, in-8 . . . . 4 fr.

GAY (ALBERT) *Avocat, à la Cour d'appel, Docteur en Droit* — **De la relé-gation des récidivistes** (Loi du 27 mai 1885) 1886, gr. in-8 . . 4 fr.

LABORDE (A.), *Professeur de Droit criminel à la Faculté de Droit de Montpellier, avocat à la Cour d'Appel* : — **Cours élémentaire de Droit criminel,** conforme au programme des Facultés de Droit. 1891, in-8 . . . . 10 fr.

LAUTOUR (L.), *avocat, ancien Procureur de la République à Évreux* : — **Code des frais de justice** en matière criminelle, correctionnelle et de simple police. 1884, in-8 . . . . 8 fr.

LE POITTEVIN (G.), *Docteur en Droit substitut du Procureur de la Répu-blique près la Cour de Paris* : — **Dictionnaire formulaire des Parquets et de la police Judiciaire.** 2e édition, entièrement refondue et mise au courant de la législation et de la jurisprudence ainsi que des décrets, ordonnances, circulaires, etc , concernant les parquets. 1894, 3 vol. in-8. (Tome 1er seul paru). . . . . 36 fr.

— **Journal des Parquets, Revue Mensuelle.** 9e année abonne-ments, Paris et départements. . . . . 12 fr.

— **Commentaire pratique de la loi du 27 mai 1885** sur la Relé-gation des Récidivistes. Extrait du *Journal des Parquets.* 1886, in-8. 3 fr.

MOLINIER (VICTOR), *Professeur à la faculté de Toulouse* : — **Traité théo-rique et pratique de Droit pénal,** annoté et mis au courant de la législation et de la jurisprudence les plus récentes par VIDAL (GEORGES), *Professeur à la faculté de Toulouse.* 1893-94, 3 vol. 30 fr. tomes 1, et 2 parus. . . . . 20 fr.

OLIVECRONA (d'), *Ancien conseiller à la Cour suprême de Suède, membre correspondant de l'Institut de France, etc.,* — **De la peine de mort** 2e édition, entièrement revue et considérablement augmentée. Trad. et Préface, par M. Beauchet, 1893, in-8 . . . . 5 fr.

TISSOT (J.), *doyen honoraire de la Faculté des lettres de Dijon, corres-pondant de l'Institut* : — **Le Droit pénal** étudié dans ses principes, dans les usages et les lois des divers peuples du monde ou introduction philosophique et historique à l'étude du Droit criminel. 1889, 2 forts vol. in-8 . . . . 20 fr.

VIDAL (GEORGES), *Professeur à la Faculté de Droit, membre de l'Académie de législation de Toulouse* : — **Introduction philosophique à l'é-tude du Droit Pénal.** Principes fondamentaux de la pénalité dans les systèmes les plus modernes. (Ouvrage couronné par l'Institut, Académie des sciences morales et politiques). 1890, 1 vol. in-8 . . . . 10 fr.

— **Résumé du cours de Droit pénal professé à la Faculté de Droit de Toulouse.** 1894, in-18. . . . . 5 fr.

LA

RELÉGATION

ÉTUDE SUR LA LOI DU 27 MAI 1885

PAR

Léon COME

SUBSTITUT DU PROCUREUR DE LA RÉPUBLIQUE A ANGERS

(EXTRAIT DU *JOURNAL DES PARQUETS*

PARIS

ARTHUR ROUSSEAU, Éditeur

14, RUE SOUFFLOT ET RUE TOULLIER, 13

1894

LA RELÉGATION

—

ÉTUDE SUR LA LOI DU 27 MAI 1885

AVANT-PROPOS

La loi du 27 mai 1885 présente des difficultés que la pratique a révélées dès le premier jour de son application. Plusieurs auteurs — et non des moins considérables — se sont appliqués à éclairer ces difficultés, mais leurs ouvrages, publiés dans l'année qui a suivi la promulgation de la loi, n'ont pu s'appuyer que sur une jurisprudence encore hésitante.

Or, en matière de relégation, la jurisprudence a eu un rôle plus important que jamais, et l'on peut dire que la Cour de Cassation a, sur bien des points, refondu et complété le travail du législateur.

Aujourd'hui, toutes ou presque toutes les questions délicates auxquelles cette loi donne naissance ont été résolues par les Cours et Tribunaux, et soumises au contrôle de la Cour de Cassation. Nous avons donc pensé qu'il pouvait être utile de publier cette étude, — conçue, elle aussi, au lendemain de la promulgation de la loi, et demeurée depuis lors à l'état de manuscrit, — en nous aidant du travail de nos devanciers, et d'une jurisprudence aujourd'hui riche en espèces.

En étudiant une loi dont la jurisprudence a si profondément transformé la physionomie primitive, il était difficile de ne pas faire à la théorie une place assez large. Nous n'avons donc pas hésité à combattre la doctrine de la Cour de Cassation, chaque fois qu'elle nous a paru contraire à l'interprétation *rigoureuse* d'une loi *pénale* ; mais nous n'avons pas oublié *qu'en pratique* la jurisprudence est le guide principal du magistrat, et nous donnons à la fin de cette étude un résumé de la loi telle que la comprend la Cour de Cassation.

Nous espérons donc que cet opuscule pourra donner une idée suffisante de la loi du 27 mai 1885 et permettra de résoudre la plupart des difficultés. Si nous avons réussi à être utile ; si, en offrant à nos anciens confrères du barreau et à nos collègues, un résumé des opinions sur la matière, nous avons rendu leur tâche plus facile, nous aurons pleinement rempli la nôtre.

Angers, Mai 1893.

LA RELÉGATION

ÉTUDE SUR LA LOI DU 27 MAI 1885.

I

ORIGINES DE LA LOI

La nécessité d'éloigner du territoire métropolitain les criminels dangereux, de les soustraire au milieu dans lequel se sont
développés leurs mauvais instincts, a, de tout temps, frappé
tous les bons esprits. Il ne suffit pas de punir des criminels réputés incorrigibles ; il faut encore mettre la société à l'abri de
leurs attaques.

Sans remonter bien loin, sans examiner les législations étrangères, ce qui nous entraînerait au delà des limites de cette étude,
on trouve dans la loi du 30 mai 1854 sur les travaux forcés la
trace de cette préoccupation légitime.

C'est elle qui a fait édicter pour les condamnés aux travaux
forcés une obligation spéciale, qui, sous forme de mesure administrative, remplit en réalité le rôle de peine complémentaire :
ceux d'entre eux dont la peine est inférieure à 8 années, doivent, à compter du jour de leur libération, résider dans la colonie où ils étaient internés, un temps égal à la durée de la peine
qu'ils viennent de subir ; les autres, c'est-à-dire ceux dont la
peine est supérieure à 8 années, sont tenus d'y résider à perpétuité.

On exige donc des premiers un temps d'épreuve avant leur
retour en France ; pour les autres, ce retour est à jamais interdit.

On espérait ainsi prévenir, dans une certaine mesure, la
grande récidive. Mais cette loi ne porte guère pratiquement. Le
principe était excellent ; l'application qu'on en faisait à la peine
spéciale des travaux forcés était moins satisfaisante parce

qu'elle était trop restreinte. On arrivait à frapper la récidive de crime à crime ou de crime à délit, on n'atteignait pas la récidive de délit à crime ou de délit à délit, c'est-à-dire l'état de récidive le plus fréquent, et par suite, socialement le plus dangereux.

En effet, tandis que la grande criminalité tend plutôt à diminuer, la petite, celle qui ne comprend guère que les délits, augmente tous les jours dans des proportions inquiétantes. La statistique criminelle le démontre d'une façon manifeste.

Il y a plus : c'est ordinairement parmi les condamnés correctionnels que se recrutent les auteurs des crimes déférés à la Cour d'assises, et il est rare que ces criminels de plus « *haut genre* » n'aient pas, en quelque sorte, fait leurs premières armes en commettant de nombreux délits.

C'était là le danger. La répression n'atteignait pas son but. La prison, il faut bien l'avouer, est souvent comme une école de vice et de perversité d'où sortent, mieux armés pour le mal, ceux que, peu de temps après, on retrouve sur les bancs de la Cour d'assises. Il fallait empêcher cette progression continue dans la gravité de l'infraction et, pour arriver à ce but, chasser de France tous les malfaiteurs d'habitude, dès que le nombre et la gravité des condamnations encourues par eux, permettraient de constater leur absolue incorrigibilité, en évitant ainsi, que les criminels ne commissent de nouveaux crimes, et que les délinquants, suivant une pente fatale, ne devinssent des criminels.

Ces réflexions, faites depuis longtemps, rendues populaires par les discussions publiques et par la presse, préoccupaient singulièrement l'opinion publique, et la proposition faite à la Chambre des députés par M. Jullien et quelques-uns de ses collègues, le 1er décembre 1881, ne fut que la manifestation officielle d'un sentiment unanime.

Peu de temps après, deux députés, MM. Waldeck-Rousseau et Martin-Feuillée, présentèrent à leur tour un projet de loi relatif à la transportation des récidivistes, tandis que M. Thompson et plusieurs députés d'Algérie demandaient la transportation hors de l'Algérie des récidivistes algériens.

Enfin, en novembre 1882, le Gouvernement déposa un projet

de loi sur « *la Relégation aux colonies des récidivistes et malfaiteurs d'habitude* ».

Ce projet, adopté en première lecture le 29 juin 1883, fut présenté au Sénat le 27 octobre, et adopté en 2ᵉ lecture, avec diverses modifications le 13 février 1885.

Après retour à la Chambre des députés, il fut adopté définitivement le 12 mai 1885. La loi fut promulguée le 27 mai.

Textes à consulter :

Journ. off. Rapport de M. Gerville-Réache, mai, page 569. Annexe nᵒ 1810. *Journ. off.*, 22. 27. 29 avril ; 2 et 9 mai ; 22. 24. 26. 27. 29. 30 juin 1883.

Journ. off. Rapport de M. de Verninac. 9 janv. 1885, page 417. Annexe nᵒ 352. *Journ. off.*, 19. 22. 24. 25. 26 octobre 1884 ; 10. 11. 13. 14 février ; 10. 12. 13 mai 1885.

II

NATURE DE LA RELÉGATION. — CARACTÈRE
DE CETTE PEINE.

Article 1er. — La relégation consistera dans l'internement perpétuel sur le territoire des colonies ou possessions françaises des condamnés que la présente loi a pour objet d'éloigner de France.

Seront déterminés, par décrets rendus en la forme de règlement d'administration publique, les lieux dans lesquels pourra s'effectuer la relégation, les mesures d'ordre et de surveillance auxquelles les relégués pourront être soumis par nécessité de sécurité publique, et les conditions dans lesquelles il sera pourvu à leur subsistance, avec obligation du travail à défaut de moyens d'existence dûment constatés.

Nous ne nous occuperons guère, dans cette étude, que des articles dont les tribunaux ont à faire application. L'article 1er n'est pas de ce nombre.

Cet article règle d'une façon générale le mode de la relégation, en renvoyant pour les détails d'exécution à un Règlement d'administration publique qui sera rendu plus tard.

Ce règlement inséré au *Journal officiel* du 26 novembre 1885 divise la relégation en deux grandes catégories : la relégation individuelle, et la relégation collective.

Celle-ci s'applique aux condamnés dont l'intelligence ou les connaissances pratiques ne sont pas suffisantes pour leur permettre de vivre de leur travail dans la colonie. Ils sont réunis dans des établissements et astreints au travail sous la surveillance et pour le compte de l'administration.

La relégation individuelle est une faveur. Elle est accordée, après examen, aux condamnés qui peuvent se suffire à eux-mêmes, soit qu'ils possèdent une certaine fortune, (ce n'est pas le cas le plus moral de la loi, mais on peut dire aussi que c'est un cas peu fréquent), soit qu'ils exercent une profession ou un métier qui pourront leur permettre de vivre honorablement. Ces relégués jouissent d'une liberté relative et leur situation est supérieure à celle des relégués collectifs. Tandis que ceux-ci sont internés à *l'état de détention* et sont justiciables, en cas de crime ou délit, d'une juridiction spéciale, les relégués individuels sont internés dans la colonie, mais à *l'état de liberté*, et sont justiciables des tribunaux ordinaires.

Ceci dit pour donner une idée sommaire de la relégation, nous n'insisterons pas sur les divers articles du règlement qui prévoient de simples mesures administratives et qui n'ont pas leur place ici, et nous renvoyons pour plus amples détails au texte même de ce règlement que nous donnons à la fin de ce chapitre.

Caractère juridique de la relégation. — Toutefois, avant de clore ce chapitre, nous devons nous poser cette question qui n'a guère qu'une importance théorique : Quel est, en tant que peine, le caractère de la relégation ? Est-ce une peine *accessoire*, comme on l'a dit lors de la discussion de la loi, ou n'est-ce pas plutôt une peine *complémentaire* ?

Dans le sens strictement juridique une peine accessoire est une peine qui est la conséquence forcée d'une condamnation, qui est encourue nécessairement, par suite de cette condamnation, sans que le juge ait à la prononcer en même temps que la condamnation principale. La peine complémentaire, au contraire est une peine, *ordinairement facultative*, que le juge ajoute à la condamnation principale. La dégradation civique, dans le cas de l'article 28 du Code pénal est une peine accessoire ; la privation de certains droits civiques, civils ou de famille (art. 42 C. P.), est une peine complémentaire. La peine de la relégation n'est pas facultative ; nous verrons qu'elle ne peut être prononcée qu'à certaines conditions, mais que ces conditions, remplies, elle *doit être* prononcée. D'autre part, elle n'est pas la conséquence forcée de la peine principale, puisqu'elle doit être prononcée par le juge. En effet, nous verrons que, au cas où le jugement, par suite d'une omission, est muet sur ce point, la relégation ne peut être encourue, bien que la peine principale eût dû, légalement, forcer le juge à prononcer la peine secondaire de la relégation. En un mot, pour qu'elle soit appliquée, il faut qu'elle soit prononcée par le jugement en même temps que la peine principale. Quel est donc son caractère ? A cet égard, nous ne pouvons mieux faire que de laisser la parole à un auteur autorisé, M. Laborde (Journal *La Loi*, 22 mai 1886) : « Dans le langage des arrêts, dit le savant professeur, l'expression peine *accessoire* est employée indifféremment pour désigner les peines véritablement accessoires et les peines complémentaires. La doctrine donne à chaque chose un nom différent, puisqu'elles diffèrent. Une terminologie vicieuse est toujours une cause d'erreur et de confusion. Ainsi, M. de Verninac dans ses deux rapports au Sénat, n'a cessé d'appeler la relégation une peine accessoire, voulant dire par là qu'elle n'est pas une peine complémentaire facultative. La nature juridique de la relégation est la suivante : C'est une peine *complémentaire*, puisqu'elle a besoin d'être prononcée et qu'elle n'est pas la peine essentielle du délit (art. 10), mais une peine complémentaire *obligatoire*, puisque son application n'est pas abandonnée à l'appréciation du juge (art. 4 : *seront* relégués...) »

Décret du 26 novembre 1885

Titre I.

Article 1er. — La relégation est individuelle ou collective.

Art. 2. — La relégation individuelle consiste dans l'internement, en telle colonie ou possession française déterminée, des relégués admis à y résider en état de liberté, à la charge de se conformer aux mesures d'ordre et de surveillance qui seront prescrites en exécution de l'art. 1er de la loi du 27 mai 1885. Ces relégués sont soumis dans la colonie au régime du droit commun et aux juridictions ordinaires. Sont admis à la relégation individuelle, après examen de leur conduite, les relégables qui justifient de moyens honorables d'existence notamment par l'exercice de professions ou de métiers, ceux qui sont reconnus aptes à recevoir des concessions de terre et ceux qui sont autorisés à contracter des engagements de travail ou de service pour le compte de l'Etat, des colonies, ou des particuliers.

Art. 3. — La relégation collective consiste dans l'internement, sur un territoire déterminé, des relégués qui n'ont pas été, soit avant, soit après leur envoi hors de France, reconnus aptes à bénéficier de la relégation individuelle. — Les relégués sont réunis dans des établissements où l'administration pourvoit à leur subsistance et ils sont astreints au travail. — Ils sont justiciables pour la répression des crimes ou délits, d'une juridiction spéciale qui sera organisée par un règlement d'administration publique.

Art. 4. — La relégation individuelle sera subie dans les diverses colonies ou possessions françaises. — La relégation collective s'exécutera dans les territoires de la colonie de la Guyane et, si les besoins l'exigent, de la Nouvelle-Calédonie ou de ses dépendances, qui seront déterminés et délimités par décret. — Des règlements d'administration publique pourront désigner ultérieurement d'autres lieux de relégation collective. — Il peut être envoyé temporairement, sur le territoire des diverses colonies, des groupes ou détachements de relégués à titre collectif, pour être employés sur les chantiers de travaux publics. — La désignation des colonies où seront envoyés ces relégués, des travaux en vue desquels aura lieu cet envoi, l'organisation des groupes et détachements seront déterminées par décrets rendus en Conseil d'Etat.

Art. 5. — Les mêmes établissements et les mêmes circonscriptions territoriales ne doivent, en aucun cas, être affectés concurremment à la relégation collective et à la transportation.

Art. 6. — Il est procédé pour l'admission au bénéfice de la relégation individuelle de la manière suivante : Le parquet près la Cour ou le Tribunal ayant prononcé la relégation, le préfet du département où résidait le relégable avant sa dernière condamnation, le directeur, soit de l'établissement, soit de la circonscription pénitentiaire où le relégable se trouvait détenu en dernier lieu, sont appelés à donner leur avis. — Les médecins, désignés par le ministre de l'intérieur, examinent, l'état de santé et les habitudes physiques du relégable, et consignent leurs constatations et leurs avis dans des rapports. — Le dossier est transmis à une commission spéciale, dite « commission de classement » sur les propositions de laquelle le ministre de l'intérieur statue définitivement.

ART. 7. — La commission de classement est constituée par décret sur le rapport du ministre de l'intérieur, après entente avec ses collègues de la justice et de la marine et des colonies. — Elle est composée de sept membres : — Un conseiller d'État élu par les conseillers d'État en service ordinaire, président. — Deux représentants de chacun des trois départements de la justice, de l'intérieur et de la marine et des colonies. — La commission élit son vice-président. — Un secrétaire, désigné par le ministre de l'intérieur est chargé de la rédaction des procès-verbaux et de la conservation des archives. — La commission ne peut délibérer que lorsque quatre de ses membres au moins sont présents. — Les délibérations sont prises à la majorité des voix ; en cas de partage, la voix du président est prépondérante.

ART. 8. — En ce qui concerne les condamnés dont la peine a été subie dans une colonie, il est statué définitivement par décision du ministre de la marine et des colonies, après avis du gouvernement et du conseil de santé, sur les propositions d'une commission de classement nommée par le gouverneur. Cette commission est composée : d'un magistrat, président, et de deux membres chargés de représenter, l'un la direction de l'intérieur, et l'autre le service pénitentiaire.

ART. 9. — Lorsqu'un relégué, subissant la relégation collective, se trouve dans les conditions énoncées dans l'article 2 du présent décret, il peut demander à être admis au bénéfice de la relégation individuelle. Cette demande est soumise à la procédure réglée par l'article 8 et transmise au ministre de la marine et des colonies qui statue définitivement. Cette décision est portée à la connaissance du ministre de la justice et du ministre de l'intérieur.

ART. 10. — Le bénéfice de la relégation individuelle peut être retiré au relégué : 1° En cas de nouvelle condamnation pour crime ou délit ; 2° pour inconduite notoire ; 3° pour violation des mesures d'ordre et de surveillance auxquelles le relégué est soumis ; 4° pour rupture volontaire et non justifiée de son engagement ; 5° pour abandon de concession. — Le retrait est prononcé définitivement par le ministre des colonies, sur la proposition du gouverneur, après avis de la commission instituée par l'article 8. Cette décision est portée à la connaissance du ministre de la justice et du ministre de l'intérieur.

Art 11. — Avant le départ des relégués, le ministre de l'intérieur peut, en cas d'urgence et à titre provisoire, les dispenser de la relégation, pour cause de maladie ou d'infirmité, sur le rapport du directeur de l'établissement ou de la circonscription pénitentiaire et après avis des médecins chargés du service de santé. La dispense, conférée à titre provisoire, ne peut durer plus d'une année. Elle ne peut être renouvelée qu'après avis de la commission de classement instituée par l'article 7. — La dispense ne peut être accordée à titre définitif qu'après l'instruction spéciale prévue à l'article 6, et sur avis conforme de la commission de classement.

TITRE II

Mesures d'exécution en France.

Art. 12. — Il est statué par le ministre de l'intérieur, après avis du ministre de la justice, sur la situation des relégables avant qu'ils soient envoyés hors de France, notamment en ce qui concerne leur placement dans les pénitenciers spéciaux, créés en vertu de l'article 12 de la loi du 27 mai 1885.

Art. 13. — Les individus condamnés à la relégation qui sont maintenus, pendant tout ou partie de la durée des peines à subir avant leur envoi hors de France, dans les divers établissements pénitentiaires, normalement destinés à l'exécution de ces peines, doivent être séparés des détenus non soumis à la relégation.

Art. 14 — Les mesures d'ordre à prescrire dans les divers établissements pénitentiaires ordinaires pour préparer les condamnés à la relégation sont déterminées par décisions ministérielles.

Art. 15. — Les relégables qui subissent tout ou partie de leur peine dans les pénitenciers spéciaux créés en vertu de l'article 12 de la loi du 27 mai 1885, y sont préparés à la vie coloniale. Il sont soumis au travail dans des ateliers ou chantiers organisés autant que possible en vue d'un apprentissage industriel ou agricole. — Ils peuvent être répartis en groupes et en détachements d'ouvriers, ou de pionniers pour l'emploi éventuel de leur main d'œuvre aux colonies. — Aucun contact ne doit exister entre les relégables et la population libre. — Le temps de séjour dans les pénitenciers spéciaux est compté pour l'accomplissement des peines à subir avant l'envoi en relégation.

Art. 16 — La création et l'installation de chacun de ces établissements, l'affectation des emplacements, des bâtiments, des domaines et terrains nécessaires sont ordonnées par décrets, après avis du conseil supérieur des prisons. — Les pénitenciers spéciaux relevant de l'administration pénitentiaire métropolitaine, sont placés sous l'autorité du ministre de l'intérieur et soumis aux mêmes conditions générales de gestion et de contrôle que les autres établissements pénitentiaires.

Art. 17 — La répartition et le classement des relégables dans les pénitenciers sont effectués d'après leur conduite, leurs antécédents, leurs aptitudes et leur destination éventuelle. Il sera tenu compte, dans le règlement intérieur, des différences de traitement qu'implique la nature même de la peine restant à subir aux condamnés avant la relégation, sans qu'il y ait à séparer nécessairement ceux qui, par la dernière condamnation encourue, appartiennent à des catégories pénales différentes. Toutefois les relégables, qui subissent dans les pénitenciers spéciaux la peine des travaux forcés, ne peuvent être mis en commun, pendant la durée de cette peine, avec les relégables appartenant à d'autres catégories pénales.

Art. 18. — Les relégables ayant accompli la durée des peines à subir avant la relégation peuvent être maintenus en dépôt dans les établissements pénitentiaires ordinaires ou dans les pénitenciers spéciaux jusqu'à leur départ pour les lieux de relégation, notamment pendant l'instruction sur les causes de dispense et pendant la durée des dispenses accordées à titre provisoire.

Art. 19. — Les relégables maintenus en dépôt sont astreints aux conditions de discipline et de travail arrêtées pour chaque établissement, mais avec les différences de régime que comporte leur situation comparée à celle des condamnés relégables en cours de peine. — Il est tenu compte à chacun des relégables maintenu en dépôt de la valeur du produit de son travail, déduction faite d'une part à retenir à titre de compensation pour les dépenses occasionnées par lui dans l'établissement, notamment pour son entretien, et sous réserve des prescriptions réglementaires concernant le mode d'emploi du pécule ainsi que la disposition de l'avoir. — La retenue ne peut dépasser le tiers du produit du travail.

Art. 20. — Il sera organisé, comme pénitenciers spéciaux de relégation pour les femmes, des établissements ou quartiers distincts, dans lesquels la discipline, le régime et les travaux seront appropriés à leur situation, d'après les règles générales édictées au présent décret.

Art. 21. — Les décrets et arrêtés réglementaires nécessaires à l'exécution des articles 14, 15, 19 et 20 ne seront rendus qu'après avis du conseil supérieur des prisons.

Art. 22. — Le transfèrement des relégables aux colonies avant l'expiration des peines à subir en France conformément à l'article 12 de la loi du 27 mai 1885, est autorisé par le ministre de l'intérieur, après avis du ministre de la justice et du ministre de la marine et des colonies.

Art. 23. — Dans tous les cas où il y a lieu d'effectuer le transfèrement des relégables hors de France, les décisions dont ils ont été l'objet sont transmises au ministre de la marine et des colonies. — Celui-ci, après avis du ministre de l'intérieur et de la commission de classement instituée par l'article 7, désigne soit le territoire où doit être envoyé chaque condamné soumis à la relégation collective, soit la colonie ou la possession française où sera interné le condamné admis au bénéfice de la relégation individuelle.

Art. 24. — Les décisions du ministre de la marine et des colonies et du ministre de l'intérieur sont notifiées aux condamnés. Ceux qui sont admis à la relégation individuelle reçoivent en outre notification des mesures d'ordre et de surveillance qui feront l'objet d'un règlement ultérieur, conformément à l'article 1ᵉʳ de la loi du 27 mai 1885.

Art. 25. — Les opérations et les époques d'embarquement des relégables sont arrêtées de concert entre les ministres chargés de l'exécution de la loi.

Art. 26. — Le ministre de la marine et des colonies fournit tous les six mois au ministre de l'intérieur, pour chacune des colonies ou possessions françaises, des renseignements et documents permettant d'établir les offres et les besoins de travail qui se produisent, ainsi que le nombre et les catégories de relégables qui peuvent trouver emploi dans les services, ateliers, exploitations ou chantiers, soit publics, soit particuliers.

Titre III.

Mesures d'exécution aux colonies.

Art. 27. — Après leur embarquement et jusqu'à leur arrivée aux lieux de relégation, les relégables sont maintenus en état de dépôt. Ils sont, en outre, soumis aux conditions d'ordre et aux règles disciplinaires déterminées par le ministre de la marine et des colonies. — Lorsque l'envoi hors de France précède l'expiration des peines, la durée du transfèrement est comptée pour l'accomplissement de ces peines.

Art. 28. — A leur arrivée ou durant leur séjour dans la colonie, les femmes envoyées en relégation individuelle peuvent, soit sur leur demande, soit d'office, lorsque des moyens honorables d'existence leur font défaut, être placées dans des maisons d'assistance et de travail où il est pourvu à leurs besoins. — Elles peuvent y être maintenues jusqu'à ce qu'elles aient trouvé à s'engager ou à s'établir dans des conditions suffisantes de bon ordre et de moralité.

Art. 29. — Un arrêté du gouverneur, approuvé par le ministre de la marine et des colonies, déterminera les facilités à donner aux femmes reléguées pour se procurer du travail et des moyens d'établissement dans la colonie. Un règlement d'administration publique fixera les avantages particuliers qui pourront leur être accordés en argent ou en concessions de terre, en avances de premier établissement, en dons ou prêts d'outils, d'instruments et de tous objets nécessaires à une exploitation commerciale, industrielle ou agricole. Ces divers avantages pourront être consentis, tant au profit des conjoints et des enfants à naître, qu'au profit des femmes reléguées.

Art. 30. — Les femmes qui ont été envoyées en relégation collective peuvent obtenir les facilités et avantages ci-dessus, lorsqu'elles justifient d'une bonne conduite et d'aptitudes suffisantes.

Art. 31. — Il sera organisé, sur les territoires affectés à la relégation collective, des dépôts d'arrivée et de préparation où seront reçus et provisoirement maintenus les relégués à titre collectif. — Ces dépôts pourront comprendre des ateliers, chantiers et exploitations, où seront placés les relégués pour une période d'épreuve et d'instruction. — Les relégués y seront formés, soit à la culture, soit à l'exercice d'un métier ou d'une profession, en vue des engagements de travail ou de service à contracter et des concessions de terres à obtenir, selon leurs aptitudes et leur conduite.

Art. 32. — Les relégués qui n'ont pas été admis à la relégation individuelle, soit avant leur départ de France, soit pendant leur séjour dans les dépôts de préparation, sont envoyés dans des établissements de travail. — Ces établissements peuvent consister en ateliers, chantiers de travaux publics, exploitations forestières, agricoles, ou minières. — Les relégués sont répartis entre ces établissements d'après leurs aptitudes, leurs connaissances, leur âge et leur santé. — L'administration peut toujours les admettre, sur leur demande, à revenir dans les dépôts de préparation pour une nouvelle période d'épreuve et d'instruction.

Art. 33. — Sur autorisation du gouverneur et sous les conditions fixées par lui dans des règlements, transmis immédiatement au ministre de la marine et des colonies, et communiqués au ministre de la justice et de l'intérieur, des établissements, exploitations et domaines particuliers peuvent être assimilés aux établissements publics que mentionne le précédent article, pour fournir du travail et des moyens de subsistance aux condamnés soumis à la relégation collective. Il peut, en conséquence, être envoyé et maintenu dans ces établissements privés, des groupes ou détachements de relégués qui demeurent placés sous la surveillance des agents de l'État, et qui sont soumis au même régime et aux mêmes règles disciplinaires que dans les établissements publics de travail.

ART. 34. — Les relégués qui, sans avoir perdu le bénéfice de la relégation individuelle, en vertu de l'article 10 du présent décret, se trouvent dans l'impossibilité de pourvoir à leur subsistance, peuvent, sur leur demande, être temporairement employés par les soins de l'administration dans des exploitations, ateliers ou chantiers.

ART. 35. — Les relégués qui sont employés dans un des établissements affectés à la relégation collective sont rémunérés en raison de leur travail, sous réserve d'une retenue à opérer pour la dépense occasionnée par chacun d'eux, notamment pour les frais d'entretien. Cette retenue ne peut excéder le tiers du produit de la rémunération.

ART. 36. — Les relégués placés dans un de ces mêmes établissements peuvent recevoir du dehors des offres d'occupation et d'emploi, et justifier d'engagements de travail ou de service pour être autorisés à quitter l'établissement. — Ils peuvent de même être admis à bénéficier de concessions de terre, à raison de leur conduite et de leurs aptitudes. — Les autorisations d'engagement et les concessions n'entraînent pas de plein droit l'admission au bénéfice de la relégation individuelle, qui doit être demandée et obtenue conformément à l'article 9 du présent décret.

ART. 37. — Les peines de la réclusion et de l'emprisonnement prononcées contre des relégués pour crimes ou délits par quelque juridiction que ce soit, doivent être subies sans délai, à défaut de prisons proprement dites, dans des locaux fermés, spécialement destinés à cet effet, sans réunion ou contact des condamnés, ni avec la population libre, ni avec les relégués non condamnés.

ART. 38. — Les châtiments corporels sont et demeurent interdits à l'égard des relégués.

Aʀᴛ. 39. — Les commissions de classement, instituées par les articles 7 et 8 du présent décret, sont appelées à donner leur avis avant qu'il soit statué sur la situation des relégués et sur les mesures qui les concernent, spécialement aux cas prévus par les articles 31 et 36. — Le conseil de santé de la colonie est consulté sur toutes les questions intéressant le régime et l'hygiène des relégués.

Aʀᴛ. 40. — Les relégués ont toujours le droit d'adresser leurs demandes et réclamations par plis fermés, soit aux autorités administratives ou judiciaires de la colonie où ils sont internés, soit aux ministres de la marine et des colonies et de la justice. — Ces demandes et réclamations doivent être transmises indistinctement et sans retard à destination par les soins des fonctionnaires et agents chargés des services de la relégation.

III

PAR QUI ET POUR QUOI EST PRONONCÉE
LA RELÉGATION.

Art. 2. — La relégation ne sera prononcée que par les Cours et les Tribunaux ordinaires, comme conséquence des condamnations encourues devant eux, à l'exclusion de toutes juridictions spéciales ou exceptionnelles.

Ces Cours et Tribunaux pourront toutefois tenir compte des condamnations prononcées par les tribunaux militaires et maritimes, en dehors de l'état de siège ou de guerre pour les crimes ou délits de droit commun spécifiés à la présente loi.

I. — Quels Tribunaux peuvent prononcer la relégation ?
Exclusion des juridictions d'exception.

Les tribunaux répressifs ordinaires, Tribunaux correctionnels, Cours d'appel, Cours d'assises, peuvent seuls prononcer la relégation.

Aucune juridiction d'exception, Conseils de guerre ou Conseils maritimes, ne jouit de ce droit. (*Voir exception, art.* 20.)

Lors de la discussion de la loi, un amendement à cet article fut déposé par M. le général Robert, sénateur. Cet amendement attribuait aux Tribunaux militaires et maritimes le droit qui leur est dénié par la loi.

Cet amendement fut repoussé, à juste titre pensons-nous. En effet, comme le faisait observer le commissaire du gouvernement, la loi militaire est, en nombre de cas, aussi *disciplinaire que pénale*. S'il peut paraître étrange, au premier abord, qu'un prévenu ayant le nombre de condamnations exigé par la loi ne soit pas soumis à la relégation pour cette seule cause qu'il a commis un délit, un vol par exemple, alors qu'il était sous les drapeaux, il ne faut pas oublier que les tribunaux militaires

n'ont pas à s'occuper seulement de la répression au point de vue
de la société en général. Outré cette considération, ils ont à
sauvegarder la discipline et l'honneur de l'armée, et les peines
par eux prononcées à propos de délits, souvent assez légers, se
ressentent de cette nécessité spéciale, et sont hors de proportion avec les peines qui auraient été prononcées par les Tribunaux ordinaires. Le prévenu qui a été condamné par un conseil de guerre à une peine, rarement inférieure à une année
d'emprisonnement s'il agit d'un vol, souvent, devant un Tribunal correctionnel, n'eût encouru qu'une peine minime, inférieure
à 3 mois, et n'entrant pas dans le total des condamnations exigées par la loi actuelle.

La loi n'a donc pas voulu créer une inégalité certaine au
détriment des relégables actuellement militaires. Pourtant les
condamnations prononcées par les tribunaux d'exception ne
sont pas toujours des facteurs négligeables dans le calcul de la
relégation, ainsi que nous le verrons plus loin.

Pourquoi elle est prononcée. — Non seulement, les Cours et
Tribunaux ordinaires peuvent seuls prononcer la relégation,
mais cette peine ne peut être prononcée (sauf une exception
facultative, voir *infra*), que comme conséquence de condamnations émanant elles-mêmes des Cours ou Tribunaux ordinaires
à l'exclusion de toutes juridictions spéciales ou exceptionnelles.
Il ne s'agit plus ici seulement de la dernière condamnation qui
prononce la relégation, mais de toutes les condamnations qui
doivent former le total exigé. Ces condamnations doivent avoir
été encourues devant une des juridictions répressives *ordinaires*
de la République, c'est-à-dire devant la cour d'assises, la cour
d'appel ou tribunal correctionnel (*infra*).

*Condamnations émanant de tribunaux étrangers, ou jadis fran-
çais.* — Il en résulte *a fortiori*, que la relégation ne pourra être
la conséquence de condamnations encourues à l'étranger. Les
jugements émanant de l'étranger n'ont d'ailleurs aucune autorité en France, et le ministre de l'intérieur a pris le soin de déclarer (Chambre des députés, 7 mai 1883) que ces condamnations
ne pouvaient pas être retenues. Mais pourra-t-on, au contraire,
prononcer la relégation en vertu d'une ou plusieurs condamna-

tions encourues devant des tribunaux actuellement étrangers, mais français au jour de la condamnation ?

Les auteurs et la jurisprudence sont en général d'accord pour reconnaître que, en matière de récidive, de pareilles condamnations créent la récidive. C'est déjà un argument. Mais il y a plus : La loi actuelle a pris soin, dans son article 9, de déclarer que les condamnations encourues avant la promulgation comptaient pour le calcul de la relégation ; c'est dire qu'il faut se placer, pour apprécier la valeur d'une condamnation, à la date où elle a été prononcée : Le Tribunal était français à cette époque, la condamnation comptera. Au contraire, ne devra pas compter la condamnation prononcée par un tribunal actuellement français, mais qui était étranger au moment où le jugement a été rendu.

II. — Seul cas de relégation facultative. — Les condamnations militaires ou maritimes peuvent parfois compter.

Nous avons dit plus haut que les condamnations encourues devant les tribunaux d'exception n'étaient pas toujours négligeables.

En effet, le paragraphe 2 de cet article autorise les juridictions ordinaires, seules investies du droit de relégation à *tenir compte des condamnations prononcées par les tribunaux militaires ou maritimes, en dehors de l'état de siège ou de guerre, pour les crimes ou délits de droit commun spécifiés à la présente loi.*

Si, prise isolément, l'expression « tenir compte » peut sembler obscure, les explications fournies au Sénat par le rapporteur de la Commission et le commissaire du gouvernement ne laissent aucun doute sur son véritable sens : le législateur a entendu autoriser les Tribunaux ordinaires à *comprendre* dans le total exigé pour que la relégation soit encourue, les condamnations prononcées par les tribunaux d'exception, militaires ou maritimes.

Donc, les Cours et les Tribunaux peuvent prononcer la relégation en visant une ou plusieurs de ces condamnations.

Ils peuvent le faire, ils *ne sont pas tenus* de le faire. Le point de savoir si une condamnation de ce genre doit être retenue est laissé à leur appréciation. Sur ce point ils sont souverains.

Nous verrons sous l'article 4, que ce cas est le seul où la loi ne soit pas impérative, et laisse aux tribunaux la faculté de prononcer ou d'écarter la peine complémentaire de la rélégation (1).

Conditions requises. — Mais pour que, dans ce cas spécial, la rélégation puisse être prononcée, il faut plusieurs conditions :

1° *Il faut que ces condamnations aient été prononcées en dehors de l'état de siège ou de guerre, c'est-à-dire par les Tribunaux militaires ou maritimes permanents.*

2° *Il faut qu'elles aient été prononcées pour crimes ou délits de droit commun.*

Mais quels sont les crimes ou les délits de droit commun ? Le terme « *droit commun* » est un terme vague, qui se comprend mieux qu'il ne s'explique. Aucune définition juridique exacte n'en a été donnée.

A coup sûr, sont de droit commun les condamnations prononcées par les Tribunaux militaires en vertu du Code pénal ; mais on peut généraliser cette affirmation, et dire que le droit commun est le droit qui n'est pas fixé par des lois spéciales ou exceptionnelles.

Dans ce sens, seraient de droit commun les condamnations prononcées pour des faits prévus par le Code pénal ordinaire, sans s'inquiéter si dans la loi *spéciale* (ici le Code de justice militaire ou maritime), ces crimes ou délits sont, en vertu de considérations *spéciales*, frappés de peines plus sévères.

Dans ce système, qui nous semble le vrai, seraient condamnations de droit commun, et comme telles pourraient être comptées pour la rélégation, non pas seulement les condamnations prononcées en vertu de textes du Code pénal, mais encore celles prononcées pour un délit, qui, prévu par le Code pénal, est également réprimé par la loi militaire, mais réprimé plus sévèrement, en raison de la qualité du prévenu.

Tels sont les crimes ou délits punis par les articles 248 à 265 du Code de justice militaire.

---

(1) Voir sous l'article 4, § 4 un autre cas de rélégation facultative, créé par la loi du 18 décembre 1893 sur les associations de malfaiteurs.

En un mot, ne sont pas crimes ou délits de droit commun les fautes commises contre le devoir militaire proprement dit, et qui ne sont punis qu'à raison de la qualité de leur auteur, l'insubordination, le refus d'obéissance, la désertion etc...

Sont au contraire tels, les crimes ou délits qui, bien que punis moins sévèrement, seraient crimes ou délits même dans la vie civile.

Il va sans dire que la condamnation militaire ou maritime, une fois acceptée par les juges, devra être comptée telle qu'elle figure au casier, c'est-à-dire qu'on ne pourrait pas, faisant la part de la sévérité spéciale à la juridiction d'exception, refaire, en quelque sorte, le procès et compter une peine de réclusion comme une simple peine d'emprisonnement. C'est le cas de dire : *sint ut sunt aut non sint* ! Telle est d'ailleurs l'opinion unanime de tous les commentateurs.

Question. — Mais il y a lieu d'examiner ici une difficulté qui peut naître de la rédaction imparfaite du texte de la loi : Les crimes ou délits de droit commun sur lesquels ont statué les tribunaux d'exception, doivent encore, pour pouvoir être retenus en vue de la relégation, être de ceux *prévus à la présente loi.* Or, il y a bien un certain nombre de délits limitativement prévus par cette loi, mais, en ce qui concerne les crimes, au lieu de prévoir le crime lui-même, le texte se borne à viser la condamnation qui en a été la suite, travaux forcés ou réclusion (art. 4, § 1 et 2). Est-ce à dire qu'une condamnation aux travaux forcés ou à la réclusion prononcée par un conseil de guerre pour faux, par exemple, ne pourra jamais être retenue par un tribunal ? Non incontestablement. Tel n'a pas été le vœu du législateur. Le texte de la loi est mal rédigé, mais il résulte de la discussion de cette loi qu'on a entendu permettre aux tribunaux ordinaires de retenir toute condamnation prononcée par les tribunaux d'exception pour crime ou délit de *droit commun*, soit qu'il s'agisse d'un des délits spécifiés au paragraphe 3 de l'article 4, — vol, escroquerie, abus de confiance, outrage public à la pudeur, excitation habituelle de mineurs à la débauche, vagabondage et mendicité (simples ou qualifiés), — soit qu'il s'agisse d'une condamnation aux travaux forcés ou à la réclusion prononcée pour tout *crime de droit commun*. L'idée de condamnation de *droit commun* dominait tout dans l'esprit du législateur, et il semble qu'on puisse rétablir le véritable sens de sa pensée en écrivant ainsi la phrase finale de notre article :

Les Tribunaux peuvent tenir compte des condamnations prononcées par les Tribunaux militaires ou maritimes, en dehors de l'état de siège ou de guerre, pour *crimes ou délits de droit commun dans les conditions de la présente loi. Ou :... pour crimes de droit commun et pour les délits spécifiés à la présente loi.*

III. — Exclusion des crimes et délits politiques.— Connexité.

Art. 3. — *Les condamnations pour crimes ou délits politiques, ou pour crimes ou délits qui leur sont connexes, ne seront en aucun cas comptées pour la relégation.*

Connexité. Son étendue. — Il était naturel de penser que les crimes ou délits commis dans l'effervescence de passions politiques ne pourraient pas être comprises dans le total des condamnations qui peuvent entraîner la relégation. C'est le but de cet article, dont l'application pourra faire naître d'ailleurs certaines difficultés. Si les infractions politiques proprement dites sont toujours nettement caractérisées et faciles à distinguer, il n'en est pas de même des infractions *connexes*, qui sont comprises dans l'exception faite par la loi. En l'absence d'indications spéciales fournies par la loi actuelle, il faudra donc se reporter à l'article 227 du Code d'instruction criminelle, qui définit la *connexité*. Cet article est ainsi conçu : « *Les délits sont connexes, soit lorsqu'ils ont été commis en même temps par plusieurs personnes réunies, soit lorsqu'ils ont été commis par différentes personnes, même en différents temps et en divers lieux, mais par suite d'un concert formé à l'avance entre elles, soit lorsque les coupables ont commis les uns pour se procurer les moyens de commettre les autres, pour en faciliter, pour en consommer l'exécution ou pour en assurer l'impunité* ».

La jurisprudence admet que pour constituer la connexité

entre deux faits, il ne suffit pas qu'ils se soient réalisés dans le même temps ou dans le même lieu ; il faut, de plus, qu'ils se relient entre eux par un rapport de cause à effet. (Cass., 16 juillet 1874.) Elle décide également que les cas de connexité prévus par l'article 227 ne sont pas limitatifs, mais simplement énonciatifs. (Cass., 9 décembre 1842, 3 avril 1847, 18 avril 1857, 7 décembre 1860, 9 décembre 1861.)

S'il pouvait exister un doute sur l'intention du législateur, la discussion au Sénat suffirait à le faire disparaître.

On pouvait en effet se demander si la *connexité* prévue par l'article 3 était, dans l'esprit du législateur, synonyme *d'indivisibilité*, ou bien si elle comportait la largeur d'acception que lui donne l'article 227 du Code d'instruction criminelle.

C'est cette question que M. de Gavardie a posée au Sénat : « Qu'est-ce que vous entendez, disait-il, par crimes ou délits *connexes* aux précédents ? Si vous voulez parler de crimes ou de délits *indivisibles* avec les précédents, oui. Voilà une bande qui, dans un moment de révolution, se précipite sur le palais d'un prince et y porte le fer et le feu ; il est certain que le pillage et l'incendie deviennent, pour ainsi dire, *indivisibles* avec le crime politique lui-même, et que vous ne pouvez pas en effet compter cela comme crime de droit commun. Mais remarquez bien que *la connexité*, dans le langage légal, n'est pas *l'indivisibilité*.

« L'article 227 du Code d'instruction criminelle qualifie la connexité, et j'appelle sur ce point toute votre attention ; vous allez voir combien c'est sérieux : rien de large, rien de vague, rien de compréhensif, comme la connexité. Ainsi par exemple, un crime d'incendie, un crime de pillage, un crime d'assassinat est commis en même temps que le crime politique par des personnes réunies, mais agissant sur des points différents de la capitale, je choisis comme exemple Paris. D'après la définition de l'article 227 du Code d'instruction criminelle, ces délits, ces crimes ne sont pas indivisibles, ils sont connexes ; de telle sorte que vous couvrez de l'immunité des crimes de droit commun sous prétexte qu'ils sont connexes aux crimes politiques.

« Voulez-vous un exemple saisissant ? Je prends la Commune

de Paris. Je voudrais que la commission s'expliquât sur ce point : Quels sont dans les crimes de la Commune de Paris, les crimes politiques et les crimes simplement connexes ? Voilà évidemment ce qu'il faudrait nous dire. On a assassiné les otages : est-ce un crime politique, ou est-ce un crime de droit commun ? On a incendié les monuments que vous savez ; est-ce un crime politique ou un crime de droit commun ? Il faut que la commission s'explique, il faut qu'elle s'explique nettement là-dessus. Au point de vue de l'article 227 du Code d'instruction criminelle, ce sont là des cas positifs de connexité. Et remarquez que la jurisprudence a établi que l'article 227 ne contenait qu'une simple définition, que le juge pouvait étendre encore par son pouvoir omnipotent d'interprétation, les limites déjà si larges de cet article ». (*Journal officiel*, 10 février 1885. Sénat, page 84).

Cette question resta sans réponse, et, M. de Gavardie ayant, une seconde fois, pris la parole pour insister sur ce point, l'article 3 fut adopté, sans qu'aucun des membres du Sénat ait répondu à la question posée. Ce silence équivaut à un acquiescement à l'interprétation donnée par M. de Gavardie et nous devons décider que la connexité de notre article 8 est tout aussi large, tout aussi compréhensive que la connexité de l'article 227, du Code d'instruction criminelle. C'est d'ailleurs l'avis unanime des auteurs.

Condamnation prétendue connexe. — Mais une autre difficulté pourra se produire : Un prévenu passible de la relégation viendra prétendre qu'une des condamnations qui le rendent relégable est connexe à un crime ou à un délit politique alors que rien, ni sur le casier judiciaire, ni sur le jugement — que le tribunal peut se faire représenter — n'établit cette connexité. Que devra faire le juge ? Devra-t-il s'en rapporter au jugement et au casier judiciaire, ne pas tenir compte des allégations du prévenu, et retenir la condamnation prétendue connexe ? Certains auteurs sont de cet avis. D'après eux, la connexité doit être formellement constatée par le jugement ou l'arrêt de condamnation, autrement, le crime ou le délit puni sera réputé non connexe.

Nous repoussons cette interprétation comme trop étroite, et contraire au désir manifeste du législateur. Si le prévenu prétend qu'une de ses condamnations est connexe à un crime ou à un délit politique, il nous semble certain que c'est au ministère public à faire la preuve de la non-connexité. Lorsqu'une pareille exception sera soulevée par le prévenu, le tribunal devra donc tout d'abord se faire représenter les dossiers, tant des crimes ou délits principaux que des crimes ou délits prétendus connexes. Si la connexité s'y trouve formellement reconnue dans le jugement ou l'arrêt, la condamnation devra être écartée ; dans le cas contraire, le tribunal aura à examiner si cette connexité, bien qu'elle n'ait pas été constatée par le jugement ou l'arrêt, ne résulte pas des faits eux-mêmes. C'est un des cas où le juge soit autorisé à apprécier les faits sur lesquels a statué un jugement devenu définitif. Il va sans dire que si, dans l'intérêt du prévenu, il est permis au juge de déclarer qu'il y a connexité, bien que le jugement ne l'ait pas dit, il lui est défendu, alors que la connexité résulte d'un jugement définitif, de déclarer que cette connexité n'existe pas.

En appréciant les faits, le tribunal ne devra donc pas oublier l'esprit de la loi, qui est de donner à la connexité son sens le plus large.

La loi ne fait pas de distinction. Que le jugement de condamnation ait mentionné ou non la connexité, si elle existe réellement la condamnation sera non avenue au point de vue de la relégation. Le tribunal ne devra donc admettre la condamnation discutée que lorsqu'il lui sera bien évident qu'aucune relation de *cause à effet* n'existe entre le fait politique et le crime ou le délit de droit commun.

Dans ce sens : Le Poittevin : La relégation, p. 164 (*Journal des Parquets*, 1886) ; — Sauvageol (*Gazette des Tribunaux*, 18 sept. 1885) ; — P. Berton (*Code de la relégation*, p. 43) ; — Tournade : La relégation, p. 51. — *Contra :* Jambois (*Code pratique*, p. 45).

IV

QUELLES PERSONNES PEUVENT ÊTRE RELÉGUÉES— PÉRIODE DANS LAQUELLE DOIVENT ÊTRE COMPRISES LES CONDAMNATIONS EXIGÉES.

Art. 4. — *Seront relégués les récidivistes qui, dans quelque ordre que ce soit, et dans un intervalle de dix ans, non compris la durée de toute peine subie, auront encouru les condamnations énumérées à l'un des paragraphes suivants :...*

I

La relégation est obligatoire. — Nous sommes arrivés à l'article principal de la loi actuelle, celui qui règle les conditions requises pour que la relégation soit prononcée, et qui, dans son application fréquente, a donné naissance à des difficultés nombreuses.

Seront relégués... dit notre article; les termes sont impératifs : la relégation n'est pas abandonnée à l'arbitraire du juge, qui, suivant les circonstances pourrait, à son gré, l'admettre ou l'écarter.

C'est une conséquence *forcée* d'un état particulier du condamné; c'est une peine complémentaire qui doit *nécessairement* suivre la peine principale prononcée par le juge.

Nous avons vu plus haut que ce principe de la relégation obligatoire comportait une exception : C'est le cas, prévu par le paragraphe 2 de l'article 2 de la loi, où les tribunaux sont autorisés à accepter ou à rejeter, en vue de la relégation, en n'ayant pour règle que leur appréciation, les condamnations prononcées pour crimes ou délits de droit commun par les tribunaux militaires ou maritimes.

Sauf cette exception, la relégation est obligatoire dès que le nombre de condamnations exigé par la loi est atteint, et les tribunaux ne peuvent se dispenser de la prononcer (1).

(1) Voir autre exception, note p. 25, et sous art. 4, § 4 (*infra*).

Il est vrai que cette obligation n'est qu'apparente. Si le prévenu ne paraît pas d'une incorrigibilité suffisante pour lui appliquer la relégation, le tribunal pourra presque toujours prononcer contre lui une peine assez légère pour ne pas entraîner comme conséquence la relégation. La peine prononcée sera peut-être trop faible eu égard à la gravité du délit qu'il s'agissait de réprimer, mais une peine plus forte eût rendu la relégation obligatoire, et, en fait, cette considération influera toujours sur l'esprit des magistrats. C'est une conséquence regrettable, à coup sûr, mais forcée de la relégation obligatoire, et peut-être eût-il été préférable de ne créer qu'une relégation facultative après examen par le Tribunal du degré d'incorrigibilité du prévenu qui lui est déféré. Ce système, défendu au Sénat, notamment par MM. Bérenger et Léon Renault, eût évité l'inconvénient de voir le juge obligé de *tourner* la loi pour ne pas appliquer une peine que, dans sa conscience, il estime trop sévère.

... *Les récidivistes*..... Il faut remarquer que le terme « récidiviste » dont se sert la loi, vise un état spécial du condamné défini par cette loi. Ce mot ne doit pas, il est vrai, être pris dans son sens vulgaire, celui que lui donnent les gens du monde pour lesquels *récidive* est synonyme de réitération (voir *infrà* ....) mais il n'a pas non plus le sens restreint limité par le texte du Code pénal. En effet, au moment où fut promulguée la loi de 1885, conformément aux articles 56 et suivants du Code pénal, étaient seuls punis comme récidivistes, les individus dont l'infraction actuelle avait été précédée, à une date plus ou moins éloignée, d'une condamnation définitive supérieure à une année d'emprisonnement. Or, sauf dans le cas du 1er paragraphe où sont visés les récidivistes de crimes, les relégables peuvent ne pas se trouver dans cette situation, puisqu'ils peuvent n'avoir subi que des condamnations à 3 mois et un jour d'emprisonnement. Ils ont commis plusieurs délits, ils sont même, dans un état de récidive spéciale (voir *infrà*) ils ne sont pas récidivistes, au sens pénal et étroit du mot. Nous devons d'ailleurs ajouter que, depuis la loi du 26 mars 1891, le terme « récidiviste » a pris un sens beaucoup plus large. Cette loi, qui a modifié les articles 56 et suivants du Code d'instruction criminelle, a créé la récidive punissable de délit à délit (idée qui se trouve en germe dans la loi actuelle), quel que soit le quantum de la précédente condamnation : les relégables sont donc bien aujourd'hui « des récidivistes ». Nous aurons à nous demander plus loin quel est le caractère précis de la récidive créée par la loi que nous étudions. (Voir *infrà* p. 46 et suiv.).

Les femmes sont passibles de la relégation. — Le texte dit : les *récidivistes*, sans faire aucune distinction de sexe ou de nationalité. Le terme est général ; il s'ensuit que la relégation doit être prononcée contre tous les condamnés qui ont encouru le nombre de condamnations exigé, et que la femme, aussi bien que l'homme, l'étranger, de même que les nationaux, en seront passibles, s'ils se trouvent d'ailleurs dans les conditions requises.

L'étranger est également passible de la relégation. — La loi s'appliquera donc même à l'étranger, à condition qu'il ait subi en France le nombre de condamnations exigé par la loi. En effet la loi actuelle est une loi de police et de sûreté et, comme telle, oblige même les étrangers.

La relégation n'est d'ailleurs, par son essence, qu'une peine accessoire, ou mieux, complémentaire obligatoire, conséquence d'un état spécial, et l'étranger qui subit la peine principale, c'est-à-dire la dernière condamnation, celle qui entraîne la relégation, doit naturellement subir la peine accessoire.

Quid de l'étranger sous le coup d'un arrêté d'expulsion. — Mais, spécialement, dans le cas où l'étranger se trouverait sous le coup d'un arrêté d'expulsion, pris en vertu de la loi du 3 décembre 1849, pourra-t-on prononcer contre lui la relégation ?

L'affirmative nous paraît certaine. La loi sur la relégation est une loi spéciale, visant les récidivistes, quels qu'ils soient, qui ont encouru un nombre déterminé de condamnations. En outre, cette loi, dans son article 4, n'a fait aucune exception en faveur des étrangers, et comme nous le faisions remarquer tout à l'heure, l'étranger qui encourt la dernière condamnation doit encourir la relégation, conséquence forcée de cette condamnation. D'ailleurs il est de principe que les lois spéciales abrogent les lois générales : « *Posteriora prioribus, specialia generalibus derogant* ». La loi du 27 mai 1885 a donc abrogé la loi de 1849, dans le cas spécial où l'étranger est passible de la relégation. La doctrine est unanime sur ce point, et la jurisprudence elle-même paraît fixée dans ce sens :

« Attendu, dit un arrêt de la Cour de Cassation, que le législateur en édictant, dans l'article 4 de la loi du 27 mai 1885, la peine de la relégation, jugée par lui nécessaire dans un intérêt de haute police et de sécurité sociale, contre les diverses catégories de récidivistes qu'il spécifie, n'a établi aucune distinction entre les récidivistes de nationalité étrangère et ceux de nationalité française ; que les termes de la loi sont généraux et absolus ; qu'il est d'ailleurs de principe que les lois de police et de sûreté obligent tous ceux qui sont sur le territoire et les soumettent tous aux pénalités qu'elles édictent, d'où il suit que l'arrêt attaqué a formellement violé, en ne l'appliquant pas, l'article 4 sus-visé de la loi du 27 mai 1885 ;

Par ces motifs,

« Casse et annule *parte in quâ*, mais seulement en ce qu'il s'est refusé à prononcer contre le prévenu la peine de la relégation » (Cassation, 5 mars 1886. Min. pub. contre Lobodzinski).

Dans ce sens : Limoges, 11 février 1886. Nancy, 11 septembre 1886.

Contra : Paris, 14 janvier 1885 (arrêt cassé par l'arrêt de Cassation précité).

S'il pouvait exister un doute, il suffirait de se reporter aux travaux préparatoires pour voir la question nettement résolue :

A la séance de la Chambre des députés du 7 mai 1883 (*J. Off.*, 8 mai, p. 862, Déb. parl.) M. le Ministre de l'intérieur s'exprimait ainsi : « M. Fréry insiste et dit : — Voyez ce qui se passe chez nous. L'étranger vous le jetez par la porte et il rentre par la fenêtre. — Je réponds avec le texte de la loi : Quand l'étranger sera rentré plusieurs fois de la manière que M. Fréry indique, et quand il aura subi en France un certain nombre de condamnations, nous aurons alors contre lui *non seulement l'arme de la loi de* 1849, mais encore les moyens d'action particuliers qui résulteront de la loi actuelle. »

II

Série des condamnations. — Confusion des peines. — Condamnations par contumace et par défaut. — Délits concomitants.

... *qui, dans quelque ordre que ce soit*..... Peu importe l'ordre dans lequel les condamnations encourues se succèderont. Les condamnations les plus légères, sont, en général, les premières, puis, la peine augmente à mesure que le condamné persévère dans le mal. Mais il peut arriver aussi, qu'après une-ou plusieurs condamnations très graves, le relégable n'ait subi que des condamnations légères hors de comparaison avec celles qui figurent au début de son casier. Ce n'est plus là de la récidive dangereuse puisque les derniers délits commis sont moins graves, et les peines qui les ont réprimés infiniment moins sévères que lors des premiers délits. Quoi qu'il en soit. que le relégable ait commencé par des peines légères pour augmenter chaque fois sa criminalité. ou bien que. après avoir commis des fautes très graves, il se soit relativement amendé, la loi est formelle : Dès qu'il aura le nombre de condamnations exigé, quelle que soit d'ailleurs la succession de ces condamnations, il devra subir la relégation. C'est ce que déclarait le rapporteur de la commission , M. de Verninac, disant : « Il était indispensable de dire expressément que la loi nouvelle entendait bien s'écarter du principe formulé dans les articles 56 et suivants du Code pénal et frapper la récidive *sans se préoccuper de la gradation croissante ou décroissante de la gravité des condamnations encourues.* » Devront, en conséquence être relégués au même titre, le prévenu qui après avoir débuté par une condamnation à 3 mois et 1 jour de prison pour vol, par exemple, sera à sa 4ᵉ condamnation frappé d'une peine de 5 ans de prison, et celui qui après avoir subi une peine de 5 ans, à ses débuts. n'aura encouru depuis que des condamnations de moins en moins sévères, la 4ᵉ n'étant qu'à 3 mois et 1 jour.

Ce résultat peut être regrettable, mais la loi ne permet pas de discussion ; son texte est précis, il n'y a qu'à s'incliner.

C'est ici le lieu d'examiner plusieurs questions qui présentent en pratique une grande importance. Puisque l'ordre des condamnations est indifférent, doit-on se préoccuper simplement du quantum de ces condamnations, abstraction faite des conditions dans lesquelles elles sont intervenues et de la date des infractions qu'elles ont réprimées ? Deux hypothèses peuvent être faites : 1° Un prévenu a encouru plusieurs condamnations, mais : ou le Tribunal a prononcé la confusion de ces diverses condamnations, ou bien une ou plusieurs de ces condamnations ont été prononcées pour des infractions antérieures à une condamnation précédente ; 2° parmi les condamnations qui peuvent entraîner la relégation, une ou plusieurs ont été prononcées pour des délits multiples, et, conformément à l'article 365 du Code d'instruction criminelle, une seule peine a été appliquée. Nous aurons à examiner successivement chacune de ces hypothèses.

1° Confusion.

Confusion proprement dite.

Un condamné ayant encouru précédemment une ou plusieurs condamnations non encore subies est de nouveau traduit devant la justice et condamné, mais le jugement ordonne la confusion des peines. Comptera-t-on en vue de la relégation autant de condamnations qu'il y a eu de jugements rendus, ou bien n'en comptera-t-on qu'une, la plus importante, celle qui absorbe, en quelque sorte, en elle toutes les autres dont les peines ont été déclarées confondues avec celle qu'elle prononce ?

1ᵉʳ Système. *Toutes les condamnations comptent.* — Le premier système compte pour *une* chacune des condamnations confondues ; c'est le système adopté tout d'abord par la Cour de Cassation. Quelques auteurs le soutiennent également, mais la doctrine semble, en général, le combattre. Dans ce système, on argumente de la façon suivante : La loi du 27 mai 1885, ne s'est nullement placée au point de vue des peines prononcées, elle a simplement entendu viser les condamnations encourues. Or, bien que la confusion des peines ait été prononcée, il n'en existe pas moins un certain nombre de condamnations encourues pour divers faits délictueux. Ce sont les peines qui ont été réunies en une seule, mais non pas les condamnations. Elles restent distinctes et doivent toutes être comptées en vue de la relégation.

En effet, ajoute-t-on, en édictant la confusion des peines, le législateur a obéi à des considérations d'humanité. S'il a voulu abréger la détention en réunissant toutes les peines en une peine unique, il n'a pas entendu annuler les condamnations précédemment prononcées. Cela est si vrai, que les casiers judiciaires, même au cas où la confusion des peines a été ordonnée, n'en mentionnent pas moins spécialement les diverses pénalités. (*Gaz. du Palais*, note, 1886, 1, 202.)

La Cour de Cassation a affirmé cette doctrine par trois arrêts en date des 12 et 18 novembre 1886.

La Cour de Limoges s'était refusée à comprendre dans le calcul de la relégation plusieurs condamnations pour lesquelles la confusion avait été prononcée. Le Procureur général se pourvut en cassation, et la Cour de Cassation rendit un arrêt dont voici les principaux considérants :

« Attendu que les termes de cet article (art. 4, § 1er) sont absolus et repoussent l'interprétation adoptée par l'arrêt attaqué ; que, dans un intérêt de défense et de sécurité sociale, la loi a voulu éloigner du territoire métropolitain les malfaiteurs incorrigibles ; qu'elle voit la preuve de cette incorrigibilité dans cette circonstance que, pendant un intervalle de dix ans de liberté, ces malfaiteurs auront encouru un certain nombre de condamnations pour les délits qu'elle a spécifiés ; que, pour fixer les conditions de la relégation, elle considère seulement le nombre et la nature des condamnations encourues, et non pas le nombre des peines subies ; qu'elle ne s'occupe de savoir si les peines ont été subies ou non, que pour fixer l'intervalle de dix ans dans lequel doivent se placer les condamnations encourues, pour qu'il en soit tenu compte au point de vue de la relégation ; que cela est si vrai que, dans l'article 5, la loi décide que les condamnations qui auront fait l'objet de grâce, commutation ou réduction de peine seront néanmoins comptées pour la relégation ; qu'enfin, si par l'effet de la confusion des peines, le prévenu dans l'espèce, n'a subi qu'une seule peine pour deux condamnations, il n'en est pas moins certain qu'il a encouru deux condamnations distinctes pour des délits distincts.

« Attendu que, si la loi du 27 mai 1885 désigne sous le nom de récidivistes les malfaiteurs qu'elle entend frapper, cette expression ne doit pas être prise dans le sens strict que lui attribue le Code pénal ; que cela résulte des travaux préparatoires de la loi, des déclarations expresses du rapporteur de cette loi au Sénat, et des termes mêmes de son article 4, où il est dit que les récidivistes qu'elle entend frapper sont ceux qui, dans quelque ordre que ce soit, auront encouru les condamnations énumérées à l'un des paragraphes dudit article ; d'où il suit qu'appliquer en cette matière les règles ordinaires de la récidive, ce serait introduire dans la loi une distinction que repoussent son texte et son esprit et qui bouleverserait toute son économie ».

(Cassation, 12 et 18 mars, arrêts Teyssier, Dantigny et Léon).

Jusqu'en 1889 la Cour de Cassation a maintenu cette interprétation.

Dans ce sens : Garraud, *La relégation*, p. 261.

2° Système. *Les condamnations confondues ne comptent que pour une seule.* — Le système contraire, qui ne compte toutes les condamnations confondues que pour une seule, est presque unanimement adopté par les commentateurs. Certaines Cours et certains Tribunaux l'avaient de même affirmé, mais sont venus se heurter au système contraire de la Cour de Cassation. (Arrêts de Limoges, Paris, Pau, cassés par les arrêts de cassation précités.)

Voici l'arrêt, fort bien motivé, rendu par la Cour de Limoges :

« Attendu que le texte de la loi de 1885 semble ne faire aucune distinction, et qu'il déclare relégable, tout récidiviste qui, dans un intervalle de 10 ans, aura encouru les condamnations énumérées aux articles 4 et 9 de cette loi ; mais qu'il faut rechercher l'esprit de cette même loi, ainsi que la pensée du législateur, en tenant compte des principes généraux de notre droit pénal ;

« Attendu que, lorsqu'un individu a commis plusieurs délits successifs, sa condition ne peut pas être empirée, parce qu'au lieu d'être jugé une seule fois pour tous les méfaits, il a été soumis à plusieurs préventions ; de là le principe qui prohibe la cumulation des peines et qui a imposé la règle de la confusion des peines ;

« Attendu qu'il n'y a récidive, dans le sens de notre loi pénale, que lorsque le coupable, après une condamnation définitive pour une infraction, en commet une nouvelle ; que l'on est simplement en face d'une réitération ou d'un cumul de délits lorsqu'un prévenu a commis plusieurs délits successifs, avant d'avoir été atteint par une condamnation définitive à raison de l'un de ces délits ;

« Attendu que la loi des 27-28 mai 1885 a entendu frapper la récidive et non la réitération : que son titre en est la meilleure preuve, et qu'évidemment elle n'a entendu comprendre dans les articles 4 et 9, que les condamnations encourues, dont chacune, envisagée au regard de celle qui la précède, constitue une récidive et fait du condamné un récidiviste ; que, s'il en était autrement, cette loi ne devrait pas s'appeler loi sur les récidivistes ; qu'ainsi le sieur Teyssier n'avait pas encore été condamné pour les délits qui ont motivé le jugement du Tribunal correctionel d'Angers du 16 janvier 1880, lorsqu'il a commis le délit qui a entraîné le jugement correctionnel de Melun du 14 juin 1881 ; qu'il n'était donc pas en état de récidive, lors de cette dernière condamnation, par rapport à la condamnation du 16 janvier 1880, et qu'il s'agissait pour lui, dans l'espèce, d'une simple réitération ; qu'il faut donc décider, pour être juste, en droit comme en équité, que la condamnation du 14 juin 1881 ne doit pas compter à Teyssier pour l'application de la relégation ;

« Attendu que le ministère public soutient, à la vérité, que, là où la loi ne distingue pas, on ne saurait faire de distinction ;

que les articles 4 et 9 de la loi de 1885 sont formels ; que Teyssier a encouru les quatre condamnations nécessaires pour faire ordonner la relégation ; qu'il est indéniable qu'il a été condamné le 16 janvier 1880 à 3 ans de prison pour vol et le 14 juin 1881 à 13 mois de prison pour un semblable délit ; que peu importe que, par suite de la confusion des deux peines, elles n'aient pas été entièrement subies, il n'en est pas moins vrai que les deux condamnations ont été encourues ; mais que ce raisonnement laisse absolument intactes les considérations ci-dessus indiquées : qu'en outre, si, en fait, il y a deux jugements, deux déclarations de culpabilité, il n'y a de condamnation qu'à une seule peine, puisque par suite de la confusion qui a été prononcée, la peine la plus forte, celle à trois ans de prison, a seule été encourue ; qu'il est donc impossible de dire que la condamnation encourue par Teyssier, le 14 juin 1881, est une condamnation pour vol à plus de 3 mois de prison, puisque la peine résultant de cette condamnation, confondue dans celle de 3 ans, s'est effacée et a disparu ;

Par ces motifs, etc.

(Limoges, 29 juillet 1886)

Le tribunal correctionnel d'Etampes a également adopté cette théorie dans un jugement du 17 février 1886 qui n'a pas été réformé :

« Attendu, dit ce jugement, que, quand l'individu coupable de plusieurs délits est poursuivi successivement pour chacun d'eux après la perpétration du plus récent, si la confusion des diverses peines prononcées est expressément ordonnée par le dernier jugement de condamnation, la peine la plus forte est seule encourue, quoique les diverses peines soient prononcées à raison des divers délits ; que dans ce cas en effet, la condamnation qui a prononcé la peine la plus forte absorbe les autres, de telle sorte qu'une seule condamnation subsiste et reçoit exécution tant pour la peine principale, que pour les conséquences qui y sont attachées par la loi pénale ;

« Attendu, d'autre part, que la loi du 27 mai 1885 est intitulée loi sur les récidivistes ; qu'elle a pour but de punir ceux qui ont prouvé leur endurcissement en commettant de nouveaux délits après des condamnations antérieures ; qu'elle n'est pas applicable en conséquence à ceux qui n'étaient pas en état de récidive lors des condamnations successivement encourues par eux ; qu'il en est ainsi de X... qui n'avait pas encore été condamné pour le délit qui a motivé le jugement de ce tribunal en date du 24 octobre 1883, lorsqu'il a commis les délits qui ont motivé les jugements des 28 novembre et 5 décembre suivants ;

Par ces motifs,

« Dit qu'il n'y a lieu de prononcer la relégation. »

C'est cette solution que nous admettons. Sans doute, si l'on prend le texte de la loi au sens littéral des mots, la solution contraire semble justifiée : chacune des peines prononcées devra compter, alors même que toutes ces peines auraient été confondues en *une seule*. Le texte, en effet, s'exprime ainsi : seront relégués ceux qui, «... auront *encouru* les condamnations ;.... » Or, la confusion n'empêche pas que les condamnations aient été encourues. Mais, comme le fait remarquer un auteur (Le Poittevin, *loc. cit.*, pag. 175), il s'agit de savoir si, même en matière de droit strict, on doit se tenir aussi servilement au sens des mots, et accepter une interprétation aussi judaïque au détriment du prévenu. Nous ne le pensons pas. Nous estimons avec M. Laborde (*La Loi*, 22 mai 1886), « qu'il ne suffit point de comprendre le sens littéral d'un texte pour en faire une juste application ; mais qu'il faut savoir aussi en limiter la portée par les principes généraux du droit ». Si l'on étudie les documents parlementaires, rien ne montre que le législateur ait eu en vue l'hypothèse spéciale d'une confusion de peines. Pour résoudre cette question, il faut donc se reporter aux principes généraux de l'interprétation.

Qu'est-ce donc en réalité que la confusion des peines ? M. Garçon (*loc. cit.*) a fait à cette question la bonne réponse : « C'est, dit-il, par une sorte d'abus de langage qu'on dit que les peines doivent se confondre. La loi ne s'exprime point ainsi et déclare que, en cas de conviction de plusieurs crimes ou délits, la peine la plus forte est seule appliquée. Il n'y a donc en réalité qu'une seule peine, et par conséquent une seule condamnation ».

Sans doute, comme on l'a fait remarquer, aucune prescription de la loi ne défend soit au ministère public, soit à la partie civile, de diviser ses poursuites. Ils ont le droit de poursuivre séparément chaque délit, de même qu'ils ont le droit de les réunir tous dans la même poursuite.

Mais il existe une autorité qui est chargée de contrôler leurs actes. C'est le Tribunal ou la Cour devant lesquels sont portées les poursuites. Au cas d'une condamnation pour un premier délit, si le juge, sur une poursuite pour un second délit, ordonne la confusion des peines, il déclare implicitement que les délits divisés dans les poursuites lui semblent devoir être réunis et que, partant, l'article 365 du Code d'instruction criminelle doit être appliqué.

Il déclare en quelque sorte qu'il doit y avoir dans l'espèce jonction postérieure des deux délits et que la condamnation déjà prononcée se trouve annihilée par le jugement qu'il vient de rendre.

C'est d'ailleurs le seul frein apporté au pouvoir, exhorbitant dans l'espèce, du ministère public, qui suivant son caprice, en divisant ou en réunissant les poursuites, pourrait, dans certains cas, rendre le prévenu passible ou non de la relégation. Un individu est arrêté et convaincu de plusieurs vols, 4 par exemple, mais ces divers délits sont plus ou moins difficiles à établir : que le ministère public traduise le coupable en police correctionnelle au fur et à mesure que les 4 vols qui lui sont reprochés seront séparément établis, et voilà un prévenu qui le jour où on le condamnera pour la 4e fois sera relégable bien que la quatrième condamnation prononce la confusion. Et pourtant, ce prévenu aurait échappé à la relégation, si le ministère public, au lieu de diviser les poursuites, avait visé en bloc tous les vols commis. Dans ce cas, une seule condamnation aurait été encourue, une seule peine prononcée, la plus forte en vertu de l'article 365. Pourquoi voudrait-on que, lorsque la confusion est prononcée, en vertu de ce même article 365, pour plusieurs délits jugés précédemment, mais joints à la cause et réunis au délit actuel, le même effet ne se produise pas, et que les condamnations, de même que les peines prononcées précédemment, ne soient pas annulées par le fait même de la confusion qui vient d'être prononcée? Une condamnation n'existe qu'à la condition d'avoir une sanction possible : les condamnations confondues n'ayant aucune peine comme sanction n'existent pas, une seule condamnation doit compter, celle qui a la sanction d'une peine.

Nous pensons donc que le jugement qui en vertu de l'article 365, prononce la confusion de la peine actuelle avec des peines précédemment encourues, réunit en une seule toutes les condamnations antérieures dont les peines, par suite de cette confusion, se trouvent elles-mêmes remplacées par une seule. Il n'existe en réalité qu'une seule peine, qu'une seule condamnation, qui remplace toutes les autres, et, dans ces conditions, nous ne pouvons compter les condamnations confondues que pour *un seul facteur* dans le calcul de la relégation.

Et cette solution serait d'accord avec la pratique. Nul n'ignore, en effet, que le Tribunal, qui dans son jugement prononce une confusion de peines, tient compte des condamnations précédentes, et inflige une peine d'autant plus forte que ces condamnations étaient elles-mêmes plus graves, et tel qui se voit condamné par exemple à 3 mois et 1 jour de prison, se confondant avec une condamnation à 1 mois d'emprisonnement prononcée précédemment, n'aurait encouru s'il n'y avait pas eu confusion, qu'une peine inférieure à 3 mois et ne comptant pas en vue de la relégation. Il n'est pas vrai de dire, avec les partisans du système contraire, que le juge n'a en vue qu'une considération d'humanité en ordonnant la confusion : Dans ce cas, en effet, il joint un délit jugé à un délit non jugé, il déclare ces délits inséparables et dans la condamnation qu'il prononce, il tient compte des deux infractions pour en fixer le quantum. S'il n'avait pas prononcé la confusion, il aurait frappé d'une peine moins sévère chacun des délits réprimés. N'est-il pas équitable, en conséquence, de n'admettre qu'une condamnation, celle qui, en réalité comme en droit, existe seule et résume toutes les autres ?

C'est un premier argument tiré de l'article 365 du Code d'instruction criminelle. Mais il nous semble qu'on peut résoudre la question à l'aide de considérations plus générales empruntées à la loi elle-même et aux principes du droit criminel en matière de récidive. On agrandit ainsi la question en raisonnant dans une hypothèse plus large : la loi de 1885 punit-elle la simple réitération des délits spécifiés, ou bien a-t-elle entendu frapper une récidive spéciale, mais une véritable récidive ?

Confusion possible.

Condamnations, subies postérieurement à une première condamnation, pour infractions antérieures à cette condamnation, mais sans que la confusion soit prononcée. — C'est le cas où des peines qui auraient pu légalement être confondues ne l'ont pas été. Par suite, si l'on admet que de telles condamnations ne doivent pas compter en vue de la relégation *à fortiori* quand elles ont de plus, été confondues, elles devront être éliminées.

Un exemple rendra plus saisissante la situation du condamné que nous avons à envisager : X a été condamné le 1er mars 1889 à 6 mois de prison pour un vol commis le 1er février précédent. Il est écroué. Au cours de sa détention, il avoue ou on découvre contre lui un nouveau délit, un abus de confiance, commis le 15 février, par conséquent avant son arrestation. Traduit devant le Tribunal correctionnel pour ce délit, il est condamné à 4 mois d'emprisonnement, sans que le Tribunal prononce la confusion avec la peine qu'il subit en ce moment. Il sort de prison, mais bientôt après un nouveau vol est révélé, commis par lui en janvier 1889, toujours avant sa 1re arrestation. Nouvelle poursuite, autre condamnation à 6 mois de prison. Enfin, en 1892, le 15 janvier, il est condamné à 4 mois de prison pour délit d'escroquerie commis le 20 février 1889, c'est-à-dire encore avant sa première condamnation. La confusion des peines n'est pas encore prononcée. Car remarquons bien (voir *infra* p. 61) que l'article 365 du Code d'instruction criminelle n'impose pas au juge l'obligation d'appliquer une seule peine, la plus forte, s'il a à réprimer une infraction antérieure à une première condamnation. Cet article n'interdit pas les poursuites séparées pour des infractions commises en même temps ; le juge n'est pas tenu d'appliquer une peine unique ; il peut prononcer autant de condamnations qu'il y a d'infractions ; en un mot la confusion n'est pas obligatoire pourvu que le maximum de la peine la plus forte ne soit pas dépassé par le total des diverses condamnations. X peut donc très juridiquement avoir encouru, dans les circonstances exposées, 4 condamnations non confondues. Ces condamnations devront-elles compter en vue de la relégation ? Voilà la question nettement posée.

1er SYSTÈME : *La loi de 1885 punit la simple réitération.* — C'est le système adopté par la Cour de cassation jusqu'à l'arrêt du 26 février 1889 ; système qui était d'ailleurs la conséquence forcée de la doctrine émise par la Cour en matière de confusion proprement dite :

Jurisprudence antérieure à 1889. — « Attendu, dit un arrêt du 6 septembre 1888, qu'il résulte de l'arrêt attaqué qu'Allègre Pierre a été condamné :

1° Le 7 avril 1881, par la Cour d'appel de Nimes à 1 an de prison pour tentative de vol ;

2° Le 1er décembre 1886, par le Tribunal d'Avignon, à 6 mois d'emprisonnement pour vol ;

3° Le 14 juin 1888, par le Tribunal de Carpentras à un an et 1 jour d'emprisonnement pour tentative de vol :

4° Enfin à 3 mois et 1 jour d'emprisonnement, pour vol. par l'arrêt attaqué ;

« Attendu que cet arrêt a refusé de compter pour l'application de la relégation la dernière condamnation à 3 mois et 1 jour de prison ; que pour justifier cette décision. la Cour d'appel de Nimes s'est fondée sur ce que la condamnation à 3 mois et 1 jour de prison était intervenue à raison d'un délit antérieur à la condamnation du 14 juin 1888 et que, dès lors, Allègre, n'étant pas en état de récidive, ne devait pas être relégué ;

« Mais attendu que les termes de l'article 4 de la loi du 27 mai 1885 sont absolus et contraires à l'interprétation adoptée par l'arrêt attaqué ; que, pour fixer les conditions de la relégation, la loi considère seulement le nombre et la nature des condamnations encourues et non pas le nombre des peines subies ou la date des faits délictueux, qui ont donné lieu aux poursuites dont le prévenu a été l'objet.

« Attendu que, si la loi de 1885 désigne sous le nom de récidivistes les malfaiteurs qu'elle entend frapper, il résulte des
travaux préparatoires de la loi que cette expression ne doit pas
être prise dans le sens strict que lui attribue le Code pénal ;

« Attendu etc...

« Par ces motifs,

« Casse et annule, etc... »

(Cass. crim., 1888. B. 187, p. 452).

L'argumentation, dans ce premier état de la jurisprudence, se
résume ainsi : La loi de 1885 punit la réitération et non la récidive prévue par le Code pénal ; elle entend frapper un nombre déterminé de condamnations d'une certaine nature, abstraction faite de la date des infractions qui les ont motivées et
sans se préoccuper si la peine a été subie réellement ou confondue avec une autre. Les principes généraux de la récidive
ne sont donc pas applicables en pareille matière.

2ᵉ Système : *La loi de 1885 punit la récidive.* — Sans doute,
la récidive visée par la loi actuelle est un état spécial bien différent de la récidive prévue par les anciens articles 56 et suivants
du Code d'instruction criminelle. Mais doit-on en conclure, que
les principes généraux de la récidive ne peuvent ici trouver leur
application ? Nous ne le pensons pas. Il faut, en effet, faire une
distinction entre la récidive, en général, telle que la définit le
langage juridique, et la récidive punie par la loi. Celle-ci ne comprend qu'une partie, certaines espèces de la récidive juridique.
La récidive prévue par les articles 56 et suivants du Code d'instruction criminelle, était la seule qui motivait (avant la loi de
1891), une aggravation de peine, mais l'état juridique de récidive peut exister sans être puni par la loi. Dès qu'un individu
vient à commettre un délit alors qu'il a déjà subi une condamnation devenue définitive, il se trouve juridiquement en état de
récidive, mais si cette précédente condamnation n'était pas supérieure à 1 an de prison, cette récidive juridique ne motivait
pas, au moment du vote de la loi actuelle, une aggravation de
peine. L'expression « récidivistes », employée par la loi de
1885 n'est donc pas impropre juridiquement. Elle modifie sim-

plement la récidive punissable et étend les limites des articles 56
et suivants du Code d'instruction criminelle.

Rien dans le texte de la loi ne permet de supposer que le législateur ait entendu déroger au principe général de la récidive, qui veut que le récidiviste ait été averti par une première
condamnation devenue définitive. On aurait peine à comprendre que, lorsqu'il s'agit d'une peine aussi grave que la relégation, le législateur ait voulu créer, presque subrepticement,
sans s'expliquer en termes formels, une nature de récidive différente à la fois de celle qui est punie par la loi ordinaire et de
celle qui, sans être punie, est définie dans le langage juridique.
Les paroles mêmes de M. de Verninac, rapporteur de la loi au
Sénat, souvent mal comprises, n'ont rien dit de tel : « Le mot
récidiviste, disait, il est vrai, M. de Verninac, a donc ici un sens
beaucoup plus vaste et plus général (que les art. 55 et suiv. du
C. Inst. crim.). Il vise tous ceux qui, par la réitération de leurs
méfaits et par le nombre des condamnations encourues, sont
considérés comme malfaiteurs incorrigibles et dangereux ».
Mais il ajoutait immédiatement : « Il n'est pas pris non plus
dans son sens vulgaire et usuel, comme indiquant un individu
qui a commis plusieurs infractions à la loi ; et les mots, *malfaiteurs d'habitude*, qui, d'ailleurs, n'ont jusqu'ici figuré dans aucun
texte de loi, *ne suffiraient pas à lui donner une précision juridique* ». Ainsi, d'après le rapporteur lui-même, le mot récidiviste est le seul qui puisse donner une idée juridique de la
portée de la loi. Sans doute, cette loi apportera des modifications à la récidive punissable qu'elle élargira, mais les principes ne changeront pas. La définition de la récidive ne sera pas
modifiée.

Le maintien du terme récidiviste dans le texte de la loi prouve
donc surabondamment que la simple réitération n'est pas suffisante, mais qu'il faut une réitération après condamnation
définitive, c'est-à-dire une véritable récidive dans le sens juridique, sinon pénal, du mot, récidive spéciale qui existe d'ailleurs,
dans plusieurs de nos lois spéciales, en matière de pêche, d'i-
vresse, etc.

La loi actuelle a pris le mot de récidiviste dans son sens

juridique mais, pénalement, l'a rendu beaucoup plus compréhensif en frappant de la relégation une récidive spéciale qui jusqu'à ce moment n'était pas prévue par la loi pénale. L'idée nouvelle qui se manifeste dans la loi actuelle et qui persistera plus tard dans la loi du 26 mars 1891, modifiant la récidive du Code pénal, est celle-ci : Lorsqu'un individu est resté un certain temps, 10 ans dans un cas, 5 dans l'autre, sans commettre une infraction nouvelle, il faut lui tenir compte de ce temps pendant lequel il a vécu honorablement et oublier, pour ainsi dire, son passé. Les conditions de temps, de succession des peines, de quantum des condamnations sont donc modifiées par la loi actuelle, mais les principes ne changent pas.

C'est bien la récidive juridique, définie pénalement par les condamnations prévues à la loi, qu'on entend punir. Il faut toujours l'avertissement préalable résultant d'une ou plusieurs condamnations devenues définitives avant la nouvelle infraction pour qu'il y ait un « récidiviste » et pour que la relégation soit encourue.

S'il en est ainsi, il faut évidemment retrancher du total toutes les condamnations qui ne remplissent pas ces conditions, et, dans l'exemple cité plus haut, les trois dernières condamnations subies par X. pour trois délits antérieurs à sa première condamnation. A fortiori, comme nous le disions, lorsqu'il y a confusion des peines, puisque, dans ce cas, les condamnations sont toujours intervenues sur des infractions antérieures à la première condamnation définitive : Il y a toujours réitération, jamais récidive ; on ne devra donc retenir en vue de la relégation qu'une des condamnations, la plus forte, dans laquelle les autres viennent se confondre.

Jurisprudence actuelle (arrêt du 26 février 1889). — C'est à ce système que la jurisprudence s'est ralliée après de longues hésitations. Cette nouvelle doctrine a été consacrée par l'arrêt de la Cour de cassation du 26 février 1889, rendu après un remarquable rapport de M. le conseiller Babinet, sur les conclusions de M. le Procureur général Ronjat. Cet arrêt a été rendu par les chambres réunies de la Cour, après cassation d'un arrêt de la Cour de Nîmes du 11 mai 1888, et renvoi devant la Cour de

Montpellier qui, par l'arrêt suivant, remarquablement motivé, avait confirmé la jurisprudence de la Cour de Nîmes :

« Attendu que, d'après le Code pénal, la récidive n'est point la réitération d'un méfait, mais la perpétration d'un fait délictueux après une condamnation infligée pour crime ou délit précédent ;

« Attendu qu'on ne peut admettre que la loi de 1885, ait voulu instituer un système nouveau de récidive, isolé, en dehors des principes généraux du droit criminel, et en disparate avec notre droit pénal ; qu'au contraire, le titre, la préparation et la discussion de cette loi aussi bien que les principes restrictifs du droit pénal tendent à démontrer qu'elle a voulu et dû se reporter au sens juridique du mot « récidive » ;

« Attendu que le texte de la loi ne contient aucune dérogation au système général établi par le Code pénal sur la récidive, si ce n'est que pour l'application de la relégation, l'ordre des peines importe peu, d'où l'on peut tirer cet argument *a contrario* que, sauf cette exception, la loi n'a pas voulu apporter d'autres innovations à la récidive ;

« Attendu, d'ailleurs, que si la relégation est une peine accessoire, elle est cependant la plupart du temps, plus grave que la peine principale elle-même ; que c'est donc le cas, plus que jamais, d'exiger dans le décompte des 4 condamnations, une condamnation préalable pour le récidiviste, qui l'avertisse qu'en péchant de nouveau il s'expose à ce redoutable châtiment ;

« Attendu que si la théorie contraire prévalait, c'est-à-dire si toute condamnation, sans distinction aucune, faisait partie du total mathématique d'où découlerait la relégation, il en résulterait que cette peine dépendrait souvent du hasard, qui avancerait ou reculerait, suivant son caprice, la découverte des faits délictueux, ou serait à la merci de la négligence, de l'activité, ou de la manière de procéder des magistrats instructeurs, suivant que les poursuites, en cas de perpétration de plusieurs crimes ou délits seraient divisées et successives, ou jointes et simultanées etc... (Montpellier, 5 juillet 1888).

L'arrêt des chambres réunies, intervenu sur l'arrêt de Montpellier, est ainsi motivé :

« Attendu que si la loi du 27 mai 1885 sur les récidivistes s'est écartée des conditions spéciales énumérées aux articles 56 à 58 du Code pénal, elle a néanmoins maintenu le principe supérieur en vertu duquel on ne saurait être en état de récidive qu'après l'avertissement résultant d'une condamnation antérieure ;

« Attendu que l'arrêt attaqué après avoir constaté que Barrère de Haut a été condamné : 1° le 20 août 1878, à 4 mois d'emprisonnement pour vol ; 2° le 22 janvier 1882, à 1 an d'emprisonnement pour escroquerie ; 3° le 15 mars 1888, à 15 mois d'emprisonnement pour escroquerie, l'a condamné, le 5 juillet 1888, à 6 mois d'emprisonnement pour un délit commis au mois d'août 1886, et a ordonné que cette peine se confondrait avec celle de 15 mois d'emprisonnement prononcée le 15 mars précédent ;

« Attendu que, dans cet état de faits, c'est à bon droit que l'arrêt attaqué a refusé de prononcer la relégation contre Barrère de Haut qui n'a pas été, en état de récidive, frappé du nombre de condamnations distinctes exigé par l'article 4 § 3 de la loi du 27 mai 1885 ;

« Par ces motifs,

« Rejette le pourvoi. »

(Dans le même sens : Cass., 16 mars 1889, 29 août 1889, 26 septembre 1889, 12 juillet 1889, 12 avril 1889, 31 mai 1889, 8 mars 1889, 6 mai 1889, 23 mars 1889, 21 mars 1889, 8 mars 1890, 31 juillet 1890, 1er mai 1890, 3 janvier 1890, 25 mars 1892, 14 mai 1892, 17 juin 1892, 16 juillet 1892.)

La question ne peut donc plus faire de doute. La jurisprudence est aujourd'hui d'accord avec la grande majorité des auteurs pour reconnaître que les règles fondamentales de la récidive s'appliquent à la loi de 1885.

Quelle est la nature de la récidive de la loi de 1885 ? — Mais, ce point admis, une difficulté reste encore à résoudre : Quelle est la nature de la *récidive spéciale* créée par la loi de 1885 ? M. Laborde (*loc. cit.*) la définit ainsi : « Voici, au point de vue spécial que j'examine, en quoi diffère la récidive punie de la relégation, de la récidive ordinaire. Le premier terme de cette récidive, au lieu d'être composé d'une condamnation unique est souvent composé d'un groupe de condamnations. Il en est ainsi dans les 2e, 3e et 4e cas de relégation. Le second terme, au lieu d'être une infraction, est la condamnation qui intervient sur cette infraction. Cette condamnation est celle qui complète le nombre légal exigé pour rendre un individu relégable ».

Si l'on admet cette définition, on doit se demander quelle solution s'imposera lorsque la condamnation intervenue sur un fait antérieur à une précédente condamnation, ne sera plus, comme dans l'espèce de l'arrêt du 26 février 1889, celle qui doit prononcer la relégation, c'est-à-dire la dernière, mais une ou plusieurs de celles qui composent le « groupe », premier terme de la récidive, — les 3 premières, dans l'hypothèse que nous avons envisagée (voir supra, p. 44).

M. Sarrut (D. 1887.I.148) déclare qu'une telle condamnation devra être retenue, et justifie ainsi son opinion : « Le principe de la récidive est que l'aggravation de la peine ne doit être prononcée que lorsque le prévenu a été averti, par une première condamnation, que sa situation deviendrait plus grave s'il commettait une nouvelle infraction. Or, dès que le premier terme de la récidive, en l'espèce, le « groupe » de condamnations, a son total — c'est-à-dire suivant les cas, 2, 3 ou 6 — le prévenu sait qu'en cas de nouveau délit il sera passible de la relégation, et cela, quelle que soit la date des condamnations relativement les unes aux autres ; car il sait qu'il a encouru 2, 3, ou 6 condamnations et — comme nul n'est censé ignorer la loi — il doit savoir qu'à la première infraction il sera en état de récidive au point de vue de la loi de 1885 ».

Sans doute, comme le dit M. Sarrut, cette théorie aurait l'avantage pratique d'éviter les vérifications de la date précise des condamnations du 1er terme de récidive, mais nous ne pouvons l'admettre. M. Laborde, partant des mêmes prémisses, arrive à une conclusion différente (loc. cit.). Pour lui, « une condamnation ne peut figurer dans le groupe qui constitue ce premier terme de la récidive qu'à la condition d'être motivée par un délit commis depuis que la condamnation qui la précède dans ce groupe est devenue définitive. »

C'est également notre avis, mais il faut reconnaître que la distinction des deux termes de cette récidive spéciale — groupe de condamnations, — et condamnation dernière — est faite pour rendre vraisemblable l'opinion de M. Sarrut.

Pourquoi ne voir dans la récidive de la loi de 1885 que 2 termes? On peut être plusieurs fois récidiviste et si la loi pénale ordinaire punit la première récidive sans édicter des peines de plus en plus sévères pour chaque nouvelle faute, il ne s'ensuit pas que ces fautes ne constituent pas une nouvelle récidive. La loi de 1885 a donc voulu punir la récidive, mais, en raison même de la gravité de la peine qu'elle créait, elle n'a attaché cette peine, suivant les cas qu'à la 2e, la 3e, 6e récidive, c'est-à-dire à la 3e, la 4e ou la 7e condamnation. La conséquence qui en découle tout naturellement, c'est que, chacune de ces condamnations devant constituer récidive au regard de celle qui la précède, doit avoir été prononcée pour un fait postérieur à cette dernière condamnation.

C'est d'ailleurs le système consacré par la jurisprudence, depuis l'arrêt du 26 février 1889, qui n'avait statué que sur la dernière des condamnations exigées :

Jurisprudence ; application de la règle de la récidive à chacune des condamnations. — « Attendu, dit la Cour de Cassation, que les dispositions de l'article 4 de la loi du 25 mai 1885 ne sauraient être appliquées qu'autant que les *diverses condamnations* énumérées dans les différents paragraphes dudit article se rapporteraient à des délits perpétrés successivement, de telle sorte *qu'entre chacun des faits poursuivis, le prévenu ait été averti par un jugement définitif.* »

(Cass. ch. crim., 16 mars 1889.)

Nécessité de préciser autant que possible la date des infractions. — Cette théorie, définitivement consacrée par la jurisprudence, aura pour résultat en notre matière, comme en matière de récidive, d'engager les magistrats à préciser le plus possible la date des infractions qu'ils punissent. En effet, au cas où un jugement adopterait la formule vague, « dans le cours du mois », « de l'année » « depuis moins de 3 ans » on peut arriver à un casier judiciaire ainsi constitué :

1890. 1er février : 4 mois, pour escroqueries commises au cours de l'année 1890.

1890. 1er novembre : 6 mois, pour vol commis au cours de l'année 1890.

1892. 1er juillet : 6 mois, pour vol commis depuis moins de 3 ans.

Et la condamnation actuelle.

Les 3 condamnations rapportées peuvent être intervenues dans les conditions prescrites par la jurisprudence actuelle, mais le contraire peut exister. On ne sait pas notamment si la 2e condamnation n'est pas intervenue sur un délit antérieur à la première, si la 3e n'a pas elle-même réprimé un fait antérieur aux deux autres ou à l'une d'elles. Que faire en ce cas ? Même si l'on suppose qu'en se reportant au dossier des poursuites on puisse avoir la date exacte des infractions, cette constatation ne pourra influer sur le nouveau juge. En effet, il est lié par les précédents jugements qu'il n'est point chargé de réviser ni de compléter. Il doit les prendre tels qu'ils sont, abstraction faite de la procédure qui les a motivés, mais qui échappe à son appréciation. En pareil cas, le libellé des jugements pouvant faire supposer que les condamnations antérieures ne sont pas intervenues comme le veut la loi, le doute devra bénéficier au prévenu, et la relégation ne pourra être prononcée. Les parquets ne sauraient donc apporter trop d'attention à la rédaction des citations qui souvent sont reproduites par le Tribunal dans les « attendus » du jugement.

2° Condamnations par contumace et par défaut.

Les observations que nous venons de présenter permettent de résoudre facilement la question de savoir si les condamnations par défaut peuvent compter en vue de la relégation. Ces condamnations pouvant, quand elles sont devenues définitives, constituer la récidive (Cass., 2 août 1856, 8 décembre 1865 et jurisp. const.), devront en conséquence être comptées dans le total des condamnations exigées pour la relégation, quand elles seront définitives. (Cass., 10 février 1887.)

Les condamnations par défaut acquièrent l'autorité de la chose jugée, deviennent définitives, en matière de crimes, par la prescription de la peine, en matière de délits par l'expiration du délai légal après la signification à personne. Mais lorsque la signification a été faite à domicile, en mairie, ou au Parquet, le jugement n'est définitif que lorsque la peine est prescrite, à moins que le condamné n'en ait eu connaissance. (Art. 187, C. I. C.)

Les Parquets agiront donc prudemment en faisant signifier tous les jugements ou arrêts qui peuvent entraîner la relégation. En effet, c'est de la signification que commence à courir le délai pour la prescription de la peine, et l'absence de signification empêche qu'un jugement par défaut, même exécuté par acquiescement du condamné qui a subi sa peine, devienne jamais définitif. Il y a même intérêt à faire signifier à personne un jugement par défaut après l'expiration du délai de la prescription de l'action publique, car, si le condamné laisse passer sans protestation le délai légal après la signification, le jugement devient alors définitif, il acquiert l'autorité de la chose jugée, et il n'appartiendra pas plus tard aux magistrats d'examiner si la prescription était acquise au moment de la signification. Le jugement étant définitif doit produire son effet, et aucune voie de recours n'est admise contre lui. (Voir Cass., Ch. crim., 8 juillet 1887, B. 264. p. 416.) Ce jugement comptera en vue de la relégation.

Au contraire, le jugement, bien qu'exécuté par suite de l'acquiescement du condamné qui a subi sa peine, ne pourra compter, s'il n'a pas été signifié (Cassat., ch. crim., 22 fév. 1890. B. 44, p. 66, 2 arrêts) : « Attendu que ni l'acquiescement à un jugement par défaut, *non signifié*, ni l'exécution volontaire de ce jugement ne sauraient lui faire acquérir l'autorité de la chose jugée ;

« Que d'une part, en effet, toutes les voies de droit ouvertes contre les jugements des tribunaux de police correctionnelle sont d'intérêt général et d'ordre public ; que, notamment, le prévenu frappé d'une condamnation pénale par un jugement par défaut n'a pas le droit de renoncer au délai que la loi lui

accorde pour former opposition à ce jugement ; qu'un tel jugement ne peut devenir définitif que par l'expiration du délai des
recours dont il est susceptible ;

« Que d'autre part, l'article 187 § 1 qui accorde au prévenu un
délai de 5 jours pour former opposition au jugement par défaut, ne fait courir ce délai qu'à partir de la signification ; que
le 3ᵉ paragraphe ajouté à cet article par la loi du 27 juin 1866,
a eu pour objet, non de changer le point de départ du délai de
l'opposition, et d'en restreindre la durée, mais, au contraire,
d'en proroger l'application dans le cas qu'il prévoit, et de permettre au condamné de former opposition, même quand il
existe une signification remontant à plus de cinq jours, si cette
signification n'ayant pas été faite à personne, a pu rester igno-
rée du prévenu ; que dans ce cas, l'article 187 § 3 autorise l'opposition jusqu'à l'expiration des délais de la prescription de la
peine, à moins qu'il ne résulte d'actes d'exécution *postérieurs à
la signification* du jugement, que le prévenu en a eu connaissance.

« Attendu qu'aucune signification du jugement par défaut
du 3 mai 1889 n'ayant été faite à Foucault, les délais pour former opposition à ce jugement n'ont pu commencer à courir,
que dès lors il n'a pas acquis l'autorité de la chose jugée et
qu'il ne devait pas en être tenu compte au point de vue de la
relégation ; que, par suite l'application qui a été faite de cette
peine au demandeur manque de base légale ;

« Par ces motifs,

« Casse et annule par voie de retranchement et sans renvoi » (1).

Des esprits superficiels pourront traiter une pareille théorie
de « subtilité » juridique : il semble en effet qu'une condamnation ne peut jamais être plus définitive que lorsque le condamné l'a reconnue en se soumettant à la sanction et subissant
sa peine. Nous l'acceptons pourtant entièrement. Nous estimons

---

(1) La Cour de cassation a même décidé qu'un jugement par défaut, *signifié à domicile* et non à personne, *mais dont la peine a été subie*, ne pouvait compter pour la relégation, si le prévenu n'avait pas eu connaissance de
la signification (Cass., 4 août 1883).

qu'en matière pénale, on ne saurait être trop strict. L'interprétation rigoureuse des textes est la sauvegarde de l'individu contre l'arbitraire, et chaque fois que dans l'obscurité de la loi, la jurisprudence fera bénéficier le prévenu du doute qui peut naître du texte, elle aura notre complète adhésion.

Toutefois si, en matière de relégation surtout, l'application des principes doit être rigoureuse, il ne faut pas créer pour ce cas spécial des rigueurs antijuridiques. Il faut, mais il suffit qu'une condamnation par défaut dont la peine est prescrite ait été signifiée, même au Parquet, quand le condamné n'a pas de domicile connu, pour que cette condamnation compte, tant pour la récidive ordinaire que pour la récidive spéciale qui nous occupe. Aussi ne pouvons-nous admettre la thèse soutenue par l'arrêt suivant de la Cour de Lyon, qui refuse de tenir compte d'une condamnation de cette nature :

« Considérant que la loi du 27 mai 1885 a maintenu le principe supérieur en vertu duquel on ne saurait être en état de récidive qu'après l'avertissement résultant d'une condamnation antérieure ;

« Qu'il est nécessaire qu'en vue de la relégation, toute condamnation, même par défaut alors qu'elle est devenue définitive, soit parvenue à la connaissance du condamné antérieurement aux faits délictueux qui ont motivé les condamnations qui l'ont suivie ; considérant que rien dans la procédure n'indique que la condamnation par défaut prononcée contre Colas par le Tribunal correctionnel de Lyon le 1er avril 1882, signifiée au Parquet et devenue définitive par l'expiration du délai de cinq ans, ait été portée à la connaissance de Colas ; que, dans ces conditions, cette condamnation ne peut compter au nombre de celles qui sont nécessaires pour entraîner la relégation ;

Par ces motifs etc. » (Cour de Lyon, 10 août 1894).

Les décisions de la justice ne doivent jamais être lettre morte, et il ne faut pas que le prévenu puisse, par la fuite, se soustraire à la répression, dans la mesure où elle est possible. La seule question que le juge ait à examiner avant de prononcer la relégation est celle-ci : Telle condamnation est-elle devenue *définitive* avant que la condamnation suivante n'intervienne ?

Dans l'affirmative, la condamnation devra être retenue (1).

La jurisprudence, avant 1889, méconnaissait au détriment du prévenu les principes de la récidive ; il serait regrettable que, se jetant dans l'excès contraire, le souci exagéré des intérêts du prévenu lui fît énerver la répression.

3° Délits concomitants ; Non cumul des peines.

Nous avons à envisager maintenant, l'hypothèse inverse de celle que nous venons d'examiner : un prévenu est poursuivi en même temps pour plusieurs délits de nature différente, et le jugement qui le condamne, usant du droit conféré par l'article 365 du Code d'Instruction criminelle, ne prononce qu'une seule peine. On étudie d'ordinaire cette question sous la rubrique « cumul des peines », expression absolument impropre puisqu'il y a, au contraire, cumul des infractions, mais peine et condamnation uniques.

Si les délits concomitants sont tous de nature à compter pour la relégation, s'ils se trouvent tous visés dans un des paragraphes de l'article 4 et dans le même paragraphe, il n'y a pas de difficulté, la condamnation comptera. En effet quand un prévenu est poursuivi à la fois pour escroquerie et vol, il importe peu qu'une seule condamnation, supérieure à 3 mois de prison, intervienne sur ces deux délits, tous deux prévus par l'article 4 § 3. Il y a condamnation pour une catégorie prévue par la loi, sans confusion possible avec un élément étranger : la condamnation doit compter. Mais s'il en est autrement, si l'un des délits réprimés n'est pas visé par notre loi, que faut-il décider ? Cette difficulté a donné lieu à trois théories. Comme il arrive souvent dans les discussions juridiques, la première répond affirmativement, la seconde négativement, et la troisième fait une distinction. Exposons d'abord cette dernière qui est adoptée par la majorité des auteurs.

1er Système. — *La condamnation peut compter, à certaines conditions.* — Le critérium qui sert à distinguer si une con-

(1) C'est ce que déclare implicitement l'arrêt indiqué (Voir p. 55, note).

damnation doit être retenue en vue de la relégation c'est, nous dit-on, l'article 365 du Code d'instruction criminelle. En vertu de cet article, en cas de conviction de plusieurs crimes ou délits, la peine la plus forte est seule appliquée ; ce qui veut dire que la peine du délit ou du crime le plus sévèrement puni par le Code est seule prononcée, et que ce délit ou ce crime est seul réprimé, à l'exclusion des crimes ou délits concomitants. La solution est donc tout indiquée : lorsqu'un individu sera poursuivi pour plusieurs crimes ou délits, on examinera quelle est parmi les infractions réprimées, celle qui est punie par le Code pénal de la peine la plus forte, et si cette infraction est prévue par la loi actuelle la condamnation comptera en vue de la relégation, puisqu'elle aura été prononcée pour cette infraction. Dans le cas contraire, la condamnation ne comptera pas. (Orléans, 2 mars, 9 février, 16 mars, 4 mai 1886 ; Montpellier, 11 mars, 18 mars, 2 avril, 4 février 1886). De cette façon, la solution sera toujours facile, et si, par hasard, les crimes ou délits concomitants sont punis par le Code de peines égales, comme il sera impossible de déterminer l'infraction atteinte, en l'absence de *peine plus forte*, le doute sera interprété en faveur du prévenu et la condamnation par lui encourue ne pourra compter en vue de la relégation. Ce système est très habilement exposé dans l'arrêt suivant :

« Considérant que le délit de rupture de ban n'est pas au nombre de ceux qui peuvent compter pour la relégation (1) ; qu'il faut justifier de deux condamnations à plus de 3 mois de prison pour vagabondage ; que deux des condamnations relevées par les premiers juges ayant été poursuivies à la fois pour rupture de ban et pour vagabondage, une ventilation est impossible et que cette impossibilité aussi bien que le doute doit profiter au prévenu ; que le tribunal a reconnu, il est vrai, cette impossibilité, mais qu'il a déclaré qu'il n'y avait pas lieu de s'y arrêter, l'inculpé condamné pour deux délits à la fois étant plus coupable que celui qui ne l'a été que pour un seul ;

« Mais considérant qu'au point de vue de l'application de la

____

(1) La Cour de cassation a décidé le contraire. Elle admet la rupture de ban au nombre des délits visés par notre loi. (Voir *infra*).

loi sur la relégation le juge ne peut se préoccuper que des délits qui entraînent cette peine si grave ; qu'il n'a pas le droit, eu égard à la culpabilité particulière qu'il doit déterminer, de prendre en considération des délits qui n'ont pas été visés par la loi du 27 mai 1885 ; que la règle à suivre est celle qui est tirée des termes de l'article 365 du Code d'instruction criminelle portant qu'en cas de conviction de plusieurs crimes ou délits la peine la plus forte est seule appliquée ; que le condamné expie sans doute par cette peine tous les délits qu'il a commis, mais qu'il n'en est pas moins vrai qu'il n'est prononcé qu'une seule peine, la plus forte, déterminée par le délit le plus grave ; qu'il y a lieu d'en conclure dans l'espèce qu'aucune peine n'a été prononcée pour le vagabondage (Cass., 11 septembre 1823) ; que lors même que l'article 365 devrait être interprété en ce sens que la peine la plus forte s'appliquerait à tous ces délits, il en résulterait toujours l'impossibilité d'établir une ventilation qui seule permettrait de savoir si le vagabondage a été puni de plus de trois mois d'emprisonnement ; que cette application de la loi a des conséquences regrettables, mais qu'il n'appartient qu'au législateur de la modifier : qu'il suit des considérations qui précèdent que le tribunal ne devait pas faire entrer dans le calcul des peines subies par le prévenu les deux condamnations ci-dessus énumérées ; qu'il n'est pas justifié des deux condamnations à plus de trois mois de prison exigées par l'article 4, § 4 de la loi du 27 mai 1885 et que la relégation ne doit pas être prononcée contre le prévenu ;

« Par ces motifs, etc. » (Orléans, 9 février 1886).

Il existe bien dans ce système une difficulté, ou plutôt un résultat illogique que font justement remarquer plusieurs auteurs, et que nous signalons également : un individu a subi, dans l'espace de dix ans, 2 condamnations à plus de 3 mois pour vol, 1 à plus de 3 mois pour vagabondage, 2 autres à des peines quelconques pour vagabondage, et enfin une 7ᵉ à plus de 3 mois pour coups et vagabondage.

D'après le système exposé, la peine des coups étant la *peine absorbante*, cette dernière condamnation sera réputée prononcée pour coups, et comme ce délit ne compte pas en vue de la relégation, notre prévenu n'encourra pas cette peine dont il eût été passible en vertu d'une condamnation même à l'amende pour vagabondage, non aggravé de coups et blessures. Il peut même se produire un cas plus bizarre : un prévenu a été condamné pour abus de confiance (article 408, C. P.) et violences envers les agents de police (art. 230, C. P.) La peine la plus forte est celle de ce dernier délit: l'abus de confiance ne pourra donc pas être retenu : au contraire, moins coupable, le prévenu s'est borné à de s.mples outrages (art. 224, C. P.), délit moins sévèrement réprimé que l'abus de confiance : la condamnation devra être retenue et le prévenu sera passible de la relégation ; si bien qu'il suffira parfois que le prévenu commette plusieurs délits et aggrave sa responsabilité pour qu'il échappe à la relégation. Mais disons-le tout bas ; que les vagabonds n'entendent pas, car ils sauraient qu'ils rendent leur sort meilleur en « rossant le guet » et ils ne failliraient pas à ce devoir de leur situation qu'ils remplissent souvent inconsciemment, sans se douter qu'ils vont échapper à une peine en commettant un nouveau délit ! Quoi qu'il en soit, ce système est soutenu par M. Jambois (*loc. cit.*, p. 65) et adopté par MM. Tournade (*loc. cit.*, p. 54), Garçon (*loc. cit.*, p. 38), A. Desjardins (*Le Droit*, 27 janvier 1886), Villey (note S. 86.2.77), Sarrut (note D. 86.2. 65). Nous ne pouvons nous y rallier. Nous pensons qu'il est contraire aux vrais principes juridiques, et nous venons de montrer qu'il n'aurait pas même l'avantage d'être heureux comme pratique.

2ᵉ Système. — *La condamnation ne peut jamais compter.* — Toute la question, comme on l'a dit, porte sur l'article 365. Mais il y a diverses façons d'interpréter cet article. Que dit-il ?

« En cas de conviction de plusieurs crimes ou délits, la peine la plus forte sera seule prononcée ». Est-ce à dire que la peine prononcée sera celle du délit le plus sévèrement puni par le Code pénal. Nous ne le pensons pas. Le texte ne dit pas cela. Il peut se faire qu'un délit, grave par lui-même, perde sa gravité par suite des circonstances spéciales dans lesquelles il a été commis, de même que, dans d'autres cas, un délit relativement plus léger peut prendre un certain caractère de gravité. Un exemple : Un misérable est surpris au moment où il ramasse quelques branches de bois dans une propriété privée. Le propriétaire est très strict sur ses droits ; procès-verbal est dressé. Le pauvre diable se retire, mais, chemin faisant, il a le malheur d'avoir une discussion avec un passant ; rixe entre eux ; coups assez violents donnés par notre homme, qui a la tête chaude et le bras un peu lourd ; et bientôt après, citation en police correctionnelle pour vol et coups. Le voleur de bois qui se serait vu condamner à 24 heures d'emprisonnement ou même à l'amende, s'il n'avait commis que ce vol insignifiant, est condamné à 4 mois de prison. Sera-t-il équitable de dire que, la peine la plus forte étant celle qui punit le vol (art. 401), les 4 mois de prison ont pour but de réprimer ce vol de quelques brindilles de bois et que cette condamnation pour vol peut entraîner la relégation ? Ce serait tout simplement draconien. Aussi n'est-ce point là le véritable sens de l'article 365, qui a été édicté dans un but d'humanité, mais serait singulièrement détourné de son but, si on l'entendait comme le fait le système que nous venons d'exposer. Le seul but de l'article 365, son véritable sens est celui-ci : Lorsqu'un prévenu sera convaincu de plusieurs crimes ou délits, soit qu'il y ait un ou plusieurs jugements de prononcés, — en cas de poursuites simultanées ou successives, — les peines prononcées ne pourront jamais former un total supérieur au maximum de la peine prévue par la loi pour le délit ou le crime le plus sévèrement puni. C'est le système consacré par la jurisprudence. Un individu est poursuivi pour coups simples (art. 311, § 1) et vols (art. 401). Quelle que soit la gravité des faits, alors même que chacun des délits semblerait aux juges mériter le maximum de chaque peine, ces peines ne pourront se cumuler, et le prévenu ne pourra pas être condamné à plus de 5 années de prison (sauf le cas de récidive), maximum de la peine prévue par l'article 401. Ce qui ne veut dire, en aucune façon, que la condamnation ne vise qu'un des délits poursuivis.

Elle frappe, en bloc, tous les délits concomitants, mais en vertu de l'article 365, la peine qu'aurait méritée le délit de coups et blessures se trouve confondue dans celle du vol. Si au contraire le maximum de la peine la plus forte n'est pas atteint, rien n'empêche le juge de prononcer deux condamnations, par exemple, 3 mois d'emprisonnement pour vol, 1 mois pour coups et blessures ; mais s'il n'a prononcé qu'une seule peine, 4 mois d'emprisonnement pour les 2 délits, rien n'autorise à refaire après coup la division que le premier juge pouvait seul faire, et surtout à dire que la peine de 4 mois de prison réprime plutôt le délit de vol que le délit de coups et blessures. La vérité juridique est qu'elle s'applique indivisément aux deux délits et que la proportion afférente à chacun d'eux est impossible à établir. L'article 365 ne peut donc en aucune façon permettre de reconnaître le délit qui, dans une condamnation pour délits concomitants, a été spécialement frappé. A plus forte raison il ne permet pas de savoir quelle est la peine afférente à ce délit. Or la loi de 1885 ne s'attache pas seulement aux délits. Elle tient aussi compte (sauf pour certaines condamnations du § 4, art. 4) de la peine prononcée. Comment savoir si un prévenu condamné à 4 mois de prison pour vol et coups, a bien *encouru* une peine de plus de 3 mois pour vol ? Qui dira la gravité de chacun des délits réunis dans la condamnation, non plus *absolument*, eu égard à sa classification dans le Code, mais *relativement* aux circonstances de fait, en tenant compte de la véritable culpabilité de l'agent dans la perpétration de chaque délit ? Comment savoir la peine, qui, dans l'esprit du juge, devait frapper le délit visé par la loi ? Cette ventilation, impossible à faire, est cependant indispensable pour que la relégation soit prononcée conformément au vœu de la loi.

Peut-être pourrait-on se faire représenter les divers jugements de condamnation. Quand le tribunal a pris soin (ce qui arrivera rarement) d'affecter à chaque délit une peine spéciale confondue dans la peine totale, rien de mieux : si la condamnation est suffisante, elle comptera pour la relégation. Mais si le tribunal, comme cela se pratique journellement, n'a pas fait cette ventilation, le juge actuel ne peut se substituer au juge qui a prononcé la condamnation, et le condamné bénéficiera du doute qui existe sur la quotité de peine afférente à chaque délit.

C'est la solution à laquelle se rallie la Cour d'Orléans dans la dernière partie de l'arrêt rapporté plus haut : « Lors même que l'article 365 devrait être interprété en ce sens que la peine la plus forte s'appliquerait à tous ces délits, il en résulterait toujours l'impossibilité d'établir une ventilation qui seule permettrait de savoir si le vagabondage a été puni de plus de 3 mois d'emprisonnement ; que cette application de la loi a des conséquences regrettables, mais qu'il n'appartient qu'au législateur de la modifier, etc... »

Nous ferons pourtant deux exceptions à ce principe. Une condamnation unique prononcée pour plusieurs délits pourra être retenue dans deux cas : C'est d'abord le cas dans lequel une condamnation pour vagabondage, à une peine quelconque, est nécessaire pour compléter le total des 7 condamnations exigées par le paragraphe 4 de l'article 4. En effet, dans cette hypothèse, peu importe que le vagabondage se trouve joint à un autre délit ; puisqu'il a été retenu dans le jugement, le délit existe, et peu importe la quotité de peine qu'il peut avoir fournie à la peine totale, puisque la peine encourue pour vagabondage, si minime qu'elle soit, ne serait-elle qu'une simple amende, suffirait à faire tomber le condamné sous l'application de la loi du 27 mai 1885.

La seconde exception est la suivante : Une condamnation a été prononcée pour deux délits. L'un de ces délits n'est pas visé par la loi de 1885, mais la condamnation prononcée est supérieure au maximum de la peine prévue pour ce délit. Exemple : condamnation à 1 an de prison pour vol et mendicité simple. Le maximum de l'article 274 qui prévoit la mendicité est une peine de six mois d'emprisonnement. Le vol a donc été puni au minimum de six mois de prison et cette condamnation devra compter pour la relégation.

Mais, en dehors de ces deux cas, nous estimons que la loi de 1885 ne permet pas d'admettre en vue de la relégation des condamnations pour délits multiples. Nous le répétons, la loi ne s'attache pas seulement au délit ; elle veut aussi que la condamnation pour ce délit ait une gravité qu'elle indique.

Or, il est impossible de savoir quelle est exactement la peine afférente à chaque délit.

Sans doute, ce système n'est pas à l'abri des critiques et présente en pratique de grands inconvénients. On pourra, comme dans le système précédent, dire qu'il suffit au prévenu d'aggraver sa responsabilité en commettant un délit, non visé par la loi, pour échapper à la relégation. L'observation est juste. Mais on peut répondre que dans le système contraire on verra cette iniquité, un homme passible de la relégation pour avoir commis en même temps ou dans le même temps qu'un délit insignifiant visé par la loi, un délit grave exclu par elle, mais qui seul a motivé une condamnation assez sévère pour que la relégation soit possible. Inconvénients pour inconvénients, nous écartons toujours, dans l'interprétation d'une loi pénale douteuse, ceux qui sont au détriment du prévenu.

D'ailleurs, il nous semble que les difficultés pratiques pourraient disparaître facilement. Il suffirait que les tribunaux prissent l'habitude de rédiger leurs jugements de telle façon que les peines afférentes dans leur esprit à chaque délit, fussent indiquées, avec ou sans confusion suivant les cas, et suivant que le total est supérieur ou inférieur à la peine la plus forte prévue par la loi. Rien n'empêche les tribunaux de rédiger ainsi leur jugement : « Attendu que X, a commis un délit de coups et blessures et un délit de vol ;

1° Condamne X. à 6 mois de prison, 4 mois pour le délit de vol et 2 mois pour le délit de coups et blessures.

2° Ou bien condamne X à 6 mois de prison, 5 mois pour le délit de coups et blessures, 1 mois pour le délit de vol.

Ou 3° condamne X. à 5 ans de prison pour vol, à 1 an pour coups, mais dit conformément à l'article 365, que la peine de 1 an de prison pour coups, se confondra avec celle de 5 ans pour vol.

Dans le 1er et le 3e cas, la condamnation comptera ; dans le second elle sera rejetée, et de cette façon la loi sera obéie, sans être corrigée et refaite dans un sens plus sévère.

3e SYSTÈME. — *Jurisprudence de la Cour de cassation. — La condamnation doit toujours compter.* — La jurisprudence la plus récente, rejetant ce second système, ainsi que le système plus timide que nous avons exposé en premier lieu, admet toute condamnation visant plusieurs délits pourvu que, parmi les délits réprimés, un seul soit prévu par la loi actuelle. Ce système peut être excellent en pratique, mais il nous paraît difficile à soutenir et absolument contraire au texte et à l'esprit même de la loi. Toutefois la Cour de Cassation l'a affirmé à plusieurs reprises : « En cas de délits concomitants, dit la Cour de Cassation, la condamnation a un caractère indivisible et s'attache à chacun des délits ; — la loi sur la relégation en exigeant comme condition de la peine qu'elle édicte des condamnations d'une nature et d'une sorte déterminées, n'a point exclu le cas où l'une de ces condamnations entraînant la relégation serait afférente à un autre délit qui ne serait pas spécifié dans la nouvelle loi ; — s'il en était autrement, le récidiviste condamné pour vagabondage et d'autres délits plus graves, mais étrangers à la relégation, bénéficierait d'une atténuation de peine résultant d'une culpabilité plus grande. » (Cass., 1er juillet 1886).

(Dans le même sens : Cass. 27 mai, 10 juin 1886, et depuis jurisprudence constante.)

Les motifs invoqués par cet arrêt nous semblent donner largement prise à la critique. Tout d'abord, la théorie de l'indivisibilité de la condamnation repose sur une affirmation qu'aucune discussion n'éclaire, qu'aucun argument juridique ne vient appuyer. La Cour a l'air d'émettre un axiome qui n'a pas besoin de démonstration. Or, s'il est vrai que la condamnation frappe indivisément tous les délits concomitants, nous avons démontré (voir *supra*, p. 61) qu'en fait et en droit, elle ne les frappe pas de toute la peine. Chacun d'eux représente dans la peine totale unique une part dont la détermination est impossible à faire, mais serait nécessaire, en vue de la relégation, car la loi de 1885 exige non seulement, comme le prétend la Cour de Cassation, une condamnation déterminée et un délit prévu, *mais un délit déterminé, frappé spécialement et isolément d'une peine également déterminée* et, dans ce système, il peut se faire que la relégation soit réellement prononcée pour des délits que la loi n'a pas voulu viser : nous ne saurions trop le répéter, en matière de délits concomitants de coups et de vol, pour prendre toujours le même exemple, le délit de coups, exclu par la loi, pourra, en réalité, avoir seul motivé la condamnation sévère que prévoit cette loi.

Le second motif n'est pas plus heureux : « La loi, dit la Cour, n'a point exclu le cas où l'une des condamnations entraînant la relégation serait afférente à un autre délit qui ne serait pas spécifié dans la nouvelle loi ».

Nous nous demandons vraiment si nous interprétons un texte pénal, et si les principes habituels en cette matière doivent être oubliés. Comment, il suffira que la loi n'ait point exclu ce cas pour qu'il soit retenu en vue de la relégation ! Non, elle aurait dû le prévoir spécialement et le doute doit s'interpréter, plutôt en faveur qu'au détriment du prévenu. Un pareil « considérant » pourrait avoir sa valeur si la loi n'avait prévu que des délits, sans s'attacher à la peine qui a réprimé ces délits. Mais en demandant pour le vol, etc... des condamnations à plus de 3 mois d'emprisonnement, la loi exige au contraire que ce soit le vol, et le vol seul, qui soit frappé d'une peine de cette importance. Quoiqu'il en soit, cette jurisprudence existe, et, à l'heure actuelle, elle est suivie d'une façon unanime par les Cours et les Tribunaux.

Nous le regrettons, car des avantages pratiques ne nous décideront jamais à fausser le texte et l'esprit d'une loi, et nous ne pouvons mieux faire que de terminer par ces paroles de M. Sarrut (D. 1886, 2,56) qui expliquent la théorie de la Cour de Cassation, sans la justifier : «... Assurément, un système absolu qui écarterait l'application de l'article 365 du Code d'instruction criminelle, et permettrait de compter toujours pour la relégation la peine prononcée pour des délits multiples, présenterait des avantages pratiques considérables; il simplifierait la tâche du Parquet et du juge. La jurisprudence le consacrera vraisemblablement — (c'est fait aujourd'hui); — le praticien ne pourra qu'applaudir ; mais peut-être le jurisconsulte sera-t-il autorisé à regretter que des considérations de fait pèsent d'un poids si lourd dans une discussion de droit pur ».

III

Intervalle dans lequel les condamnations doivent avoir été encourues.

..... Et dans un intervalle de dix ans....... auront encouru les condamnations énumérées à l'un des paragraphes suivants.....

Période décennale. — Il faudra, en outre, que ces condamnations, dont le nombre et la nature sont fixés dans ce même article, aient été encourues dans un intervalle de dix années. C'est cet intervalle de dix ans qui constitue ce qu'on est convenu d'appeler couramment en pratique, la période décennale. Le calcul de cette période a donné naissance à un certain nombre de difficultés.

Sa nature. — Le point de départ de cette période est-il arbitraire ? et peut-on dire, comme le prétend un arrêt de la Cour de Chambéry, « que les condamnations doivent se compter d'une façon générale dans le cours de dix années consécutives, et non point seulement pendant la période décennale qui précède immédiatement la dernière condamnation à prononcer » (Chambéry 4 février 1886). En un mot, suffit-il qu'on puisse trouver *à une époque quelconque* de la vie du condamné une période de dix ans renfermant les condamnations prévues ? Non évidemment ! Nous pensons, et nous sommes d'accord avec l'unanimité des auteurs, qu'un pareil système ne peut être accepté. Le législateur a prévu un certain nombre de condamnations d'ordres différents, deux, trois, quatre ou sept, suivant les cas. Il est certain (voir *infra*, p. 70 et suiv.) que parmi ces condamnations c'est la dernière, c'est-à-dire la 2e, la 3e, la 4e ou la 7e, qui entraîne comme conséquence la relégation, et force le tribunal à prononcer cette peine. C'est donc à partir de la dernière condamnation, celle qui fait prononcer la relégation, ou tout au moins de l'infraction qui la motive (voir *infra*, p. 69) que doit être calculée la période décennale (Voyez notamment dans ce sens *le Droit*, 10 juillet 1886). Et cette solution est conforme aux intentions du législateur qui a voulu frapper les récidivistes incorrigibles : Il y a lieu de croire que celui qui, au moment de sa condamnation actuelle, a, entre ses anciennes condamnations et celle d'aujourd'hui, un intervalle de dix ans sans condamnations graves, a senti le besoin de s'amender et de ne pas s'exposer de nouveau aux rigueurs de la loi. La loi pénale ordinaire a suffi à réprimer ses mauvais instincts ; il n'y a pas lieu d'avoir recours à une peine exceptionnelle. C'est d'ailleurs ce qui ressort clairement de l'explication fournie au Sénat par M. Herbette, commissaire du Gouvernement : « On se propose, disait-il, de frapper les malfaiteurs d'habitude. Or, il est permis de supposer « qu'un condamné *qui demeure dix ans sans commettre de nouveaux et graves méfaits*, n'est pas à considérer, à vrai dire, comme un malfaiteur d'habitude ni comme un récidiviste absolument dangereux. » (*Journal Officiel*, 14 février 1885, page 97).

En outre, si l'on admettait la doctrine contenue dans l'arrêt de Chambéry, la loi actuelle violerait ouvertement les principes de la rétroactivité ; or, l'article 9 de cette loi déclare bien que la loi aura un effet rétroactif, mais il ne le fait qu'avec certaines réserves et sous certaines conditions : Il faut que la nouvelle condamnation encourue, celle qui prononcera la relégation en tenant compte, il est vrai, des peines antérieures à la promulgation de la loi, soit de nature à compter elle-même pour la relégation. C'est dire clairement que la condamnation actuelle sert de point de départ, et que les autres condamnations qui complètent le total exigé pour la relégation doivent avoir été encourues dans une période de dix années calculée en prenant l'époque de la condamnation actuelle comme point de départ.

Prononcer la relégation pour des condamnations encourues pendant une période quelconque de dix années, c'est donc méconnaître absolument le texte et l'esprit de la loi. Au reste, la question ne fait plus de doute, et l'arrêt de Chambéry est resté isolé. La doctrine que nous soutenons est adoptée par la Cour de Cassation, qui, appelée à statuer sur l'arrêt de la Cour de Chambéry cité plus haut, a rendu l'arrêt suivant :

« Attendu, en droit, que des travaux préparatoires de la loi comme de l'économie de ses dispositions, il ressort que le législateur, voulant soumettre à la relégation les malfaiteurs incorrigibles, a pris pour critérium de l'incorrigibilité la répétition de certaines infractions dans un délai relativement court : que si, pendant un intervalle de dix ans, non compris la durée de toute peine subie, le prévenu a encouru des condamnations qui, par leur nombre et leur nature rentrent dans un des cas déterminés par l'article 4, la relégation s'impose ; que si, au contraire, pendant le même intervalle, le prévenu n'a pas encouru de condamnations, *une sorte de prescription* couvre les condamnations antérieures et purge le passé ; que ce n'est donc pas dans une période décennale quelconque de la vie du prévenu qu'il faut rechercher si ce prévenu s'est mis dans les conditions exigées pour la relégation, mais bien dans la période qui précède immédiatement le nouveau délit commis depuis la promulgation de la loi, puisque, d'une part, les condamnations qui appartiennent à une autre période ne comptent plus pour la relégation et que, d'autre part, c'est évidemment dans les temps voisins du délit que doit apparaître la preuve de l'incorrigibilité qui entraîne cette peine accessoire etc.....

« Par ces motifs.. Casse et annule. (Cour de Cassation. 11 mars 1886. Minist. pub. contre Baritel. »

Point de départ de la période décennale.

Mais cette question sur la solution de laquelle la doctrine et la jurisprudence sont aujourd'hui absolument d'accord, en fait naître une autre pour laquelle les solutions proposées sont différentes. Il est admis que le délai de dix ans doit être pris dans le temps qui précède immédiatement la nouvelle poursuite. Mais comptera-t-on à partir de la date du délit, de la date de la 1re condamnation, ou de la date à laquelle cette condamnation devient définitive ?

Quel est le point de départ exact de cette période décennale ? Plusieurs systèmes sont en présence.

1er SYSTÈME. — *Date du délit. (Système de la Cour de Cassation).* — Un premier système prétend que c'est au jour du délit qu'il faut se placer pour remonter de dix ans en arrière et obtenir le point initial de la période décennale.

C'est notamment le système de la Cour de Cassation, ainsi qu'il résulte des termes de l'arrêt cité plus haut : — « ce n'est pas dans une période décennale quelconque de la vie du prévenu qu'il faut rechercher si ce prévenu s'est mis dans les conditions exigées pour la relégation, mais bien dans la période *qui précède immédiatement le nouveau délit commis.* »

Cette solution implicite se trouve confirmée par des arrêts de la même Cour du 28 mai 1886 et du 4 août 1887. — (Dans ce sens, Depeiges, *Comm. de la loi sur les récidivistes*, p. 33 et suiv. — Le Poittevin, *La relégation*, p. 201 et suiv.)

Malgré l'autorité de la Cour suprême, nous ne pouvons adopter ce système. Il est à remarquer tout d'abord que la Cour de cassation ne donne aucun motif pour justifier sa décision. Sans doute, ce système est conforme aux vrais principes juridiques qui veulent qu'on se place à la date de l'infraction pour apprécier le degré de culpabilité et, partant, d'incorrigibilité du prévenu. Ses condamnations antérieures ne l'ont pas suffisamment averti, il commet un délit, et, dès ce jour, on a la mesure de son incorrigibilité. Il serait donc à souhaiter qu'on pût, dès ce jour, sévir contre lui ; malheureusement, ce système nous semble inconciliable avec le texte de la loi qui déroge aux principes. Il a été, à tort suivant nous, transporté du domaine de la récidive antérieure à la loi de 1885, dans celui de la récidive spéciale prévue par cette loi. Il ne faut pas oublier, en effet, que si la récidive des articles 56 et suivants est constituée par une *infraction* consécutive à une condamnation, la récidive en matière de relégation n'existe que par suite d'une *condamnation* consécutive à une ou plusieurs condamnations déterminées.

La loi dit : « Seront relégués..... etc., les récidivistes qui auront *encouru* les condamnations ci-après. »

Or, si l'on se place à la date du délit, cause de la dernière condamnation, pour remonter ensuite de dix ans en arrière, la dernière condamnation n'a pas été *encourue*, et, par suite, le condamné a le nombre voulu de condamnations *moins une*, et n'est pas relégable.

Tout au plus, ce système serait-il juste dans le cas où le prévenu serait dès à présent relégable et où la condamnation actuelle ne viendrait pas parfaire le nombre de condamnations exigé, ce qui revient à dire que la dernière condamnation, dans ce système, ne pourrait jamais compter pour la relégation.

La condamnation qui vient d'être prononcée compte dans le total exigé. — Si cette conséquence est fausse, le système qui lui donne naissance, ne peut lui-même être accepté. Or, il est certain que la dernière condamnation, portée au jugement qui prononce en même temps la relégation, doit compter au nombre des condamnations requises. L'article 10 de notre loi veut que le juge prononce la relégation « en même temps que la peine principale ». C'est dire nettement que la peine édictée par le jugement actuel doit compter dans le total exigé, puisque la relégation en est la conséquence.

Jusqu'au jugement qui prononce la relégation, comme conséquence d'une condamnation rentrant dans une des catégories prévues à l'article 4 de notre loi, le prévenu avait le nombre voulu de condamnations moins une. C'est cette dernière condamnation qui vient parfaire le total exigé.

La relégation est une peine complémentaire obligatoire, conséquence d'un nombre déterminé de condamnations d'une nature spéciale.

Dès que le total exigé est atteint, la relégation suit, nécessairement, la dernière peine prononcée, avant même que cette peine soit devenue définitive.

Ce qui le prouverait au besoin, c'est que la loi a pris soin d'en dispenser dans son article 9 les récidivistes qui ont dès à présent le nombre de condamnations requises, et qui ne peuvent en être passibles que lorsque la nouvelle condamnation qu'ils encourent est elle-même de nature à compter pour la relégation.

« Attendu, dit la Cour de Douai dans un arrêt du 20 janvier 1886, qu'il est de principe que toute condamnation est encourue à l'instant même où elle est prononcée en audience publique par les Tribunaux et Cours compétents et retient ce caractère aussi longtemps que les voies légales ouvertes pour l'attaquer ne l'ont point fait disparaître ; d'où il suit, qu'il y a lieu d'en tirer immédiatement toutes les conséquences qu'elles comportent :

« Attendu qu'il faut dès lors faire entrer en compte, pour la supputation du nombre des condamnations devant entraîner la peine accessoire de la relégation, la condamnation même qui vient d'être encourue par le jugement qui prononce ensuite la relégation ; qu'une telle interprétation, assurément en harmonie avec l'esprit de la loi, est également conforme à son texte ; qu'en vain on objecterait que l'article 10 de ladite loi, en prescrivant la mention des condamnations antérieures formant le nombre légal des condamnations emportant la peine de la relégation, a, par cela même, exclu de ce nombre la dernière condamnation, concomitante de la relégation prononcée et qui ne saurait être comptée comme condamnation antérieure ;

« Mais attendu que la relégation a le caractère d'une peine accessoire ; qu'elle est l'effet légal et nécessaire d'une peine principale, à laquelle elle se rattache, comme à sa cause immédiate et déterminante, à l'instant même où était prononcée la dernière peine qui a parfait le nombre des condamnations ; etc... »

Jurisprudence unanime. — Chose étrange, la Cour de Cassation, se plaçant ici en contradiction directe avec ses arrêts qui prennent la date du délit comme point de départ de la période décennale, a décidé, dans le même sens, que la dernière condamnation comptait pour la relégation, en donnant pour motifs : « que l'article 4 de la loi du 27 mai 1885 s'exprime en termes généraux et ne fait aucune exception à cet égard ; qu'il suffit qu'une condamnation ait été encourue, aux termes dudit article, pour qu'elle soit comptée ; qu'une peine est encourue dès l'instant où elle a été prononcée etc... »

(Cassation 2 mars 1886. Cass. 23 août 1888 et depuis, jurisprudence constante).

La condamnation n'étant encourue, tout au moins que du jour où elle est prononcée, il s'ensuit que si l'on prend la date du délit comme point de départ de la période décennale, la condamnation actuelle se trouvera en dehors de cette période.

Elle ne pourra compter. Le condamné devra avoir dès ce moment le nombre de condamnations exigé, plus la condamnation actuelle.

2ᵉ et 3ᵉ Systèmes. — *Date de la dernière condamnation non définitive ou définitive.* — Il semble donc que le législateur ait voulu faire avant tout une loi pratique en n'examinant, à ce point de vue tout au moins, que la date des condamnations, date qui, seule, est toujours exactement connue. La date du délit, en effet, est souvent incertaine et les tribunaux prononcent parfois des condamnations pour des délits commis au cours d'une ou plusieurs années, sans indication de date précise. La date certaine, celle qui pour la première fois consacre l'existence du délit, c'est la date de la condamnation : c'est cette date qui doit servir de point de départ.

A ce moment seulement, nous sommes d'accord avec les termes de la loi, car, alors seulement la condamnation est encourue. Alors seulement le prévenu est réellement en état de récidive au point de vue de la relégation, puisque, nous ne saurions trop le répéter, en cette matière, c'est la condamnation (tantôt la 2ᵉ, la 3ᵉ, la 4ᵉ ou la 7ᵉ) et non l'infraction (comme en matière pénale ordinaire) qui constitue la récidive spéciale.

Mais ici nous nous trouvons en présence d'une autre difficulté. Le délai décennal court-il du jour où la condamnation est encourue, ou bien seulement du jour où elle devient définitive ?

1° *Le point de départ est la date de la condamnation définitive.* — Des auteurs disent : « Il est un principe qui frappe dès l'abord. Une condamnation n'est réellement *encourue* que si elle est devenue définitive. Jusque-là, elle peut-être reformée soit par l'appel, soit par suite d'un pourvoi en cassation : le condamné peut s'y soustraire, en un mot elle n'est pas *encourue*. »

Cette question présentait, surtout avant la loi du 15 novembre 1892 sur la détention préventive, et présente encore aujourd'hui une très grande importance pratique. En prolongeant le délai par appel ou par un pourvoi en cassation, le récidiviste, légitimement condamné d'abord à la relégation, pourrait ensuite y échapper. Prenons un exemple : Un récidiviste est traduit pour vol devant le tribunal correctionnel, et condamné le 1er mars 1893 à 3 ans de prison. Avant cette époque, il a subi 3 autres condamnations pour vol. La 3e le 1er juin 1890 à 2 ans de prison ; la 2e le 1er mai 1888 à 1 an, et la 1re le 5 septembre 1879 à 6 mois. En faisant le calcul de la période décennale, défalcation faite des peines subies (comme on le verra plus loin) on trouve que cette période remonte au 2 septembre 1879. La première condamnation, qui complète le total de 4 exigé par la loi, ayant été encourue le 5 septembre 1879 se trouve comprise dans la période, le condamné est relégable. La relégation est prononcée. Il fait appel. La Cour statue le 19 mars, dix-huit jours après la condamnation. A ce moment, la période décennale ne remonte plus qu'au 20 septembre 1879. La première condamnation encourue le 5 septembre 1879 n'y est plus comprise, le condamné n'est plus relégable. La Cour, *confirmant* le jugement du tribunal correctionnel, ne peut plus prononcer la relégation (1).

Telle est pourtant la conséquence à laquelle on aboutit si l'on prend comme point de départ de la période la date de la condamnation devenue définitive. Nous ne pouvons adopter un tel système.

2° Le point de départ de la période est la date de la condamnation non définitive qui prononce la relégation. — Il ne faut pas oublier que la relégation est par sa nature une peine complémentaire, conséquence forcée d'un état spécial du condamné. Dès lors que la condamnation principale est maintenue, la relégation qui n'en est que la conséquence doit *à fortiori* subsister. La condamnation première a pour effet en quelque sorte de *figer* les choses. Tout reste en état entre le jour du jugement et le jour de l'arrêt. C'est une véritable suspension de prescription, et ce qui a lieu au jour du jugement a lieu au jour de l'arrêt. Donc, tant que la peine restera telle qu'elle puisse compter pour la relégation, le condamné, qui fut légiti-

(1) Dans ce sens : Laborde, *La Loi*, 22 mai 1886. — Berton, *Code de la Relég.*, p. 41.

mement relégué au jour du jugement, le sera encore au jour de l'arrêt. Il y a entre la peine principale et la peine complémentaire de la relégation une liaison intime. Elles forment un tout indivisible. Le premier juge qui prononçait la peine principale ne pouvait se dispenser de prononcer également la relégation (article 10). Le sort de la peine complémentaire obligatoire est lié au sort de la peine principale : celle-ci subsistant, celle-là doit être également maintenue.

Cette opinion pourrait au besoin se prouver par l'absurde : Le prévenu (hypothèse précédente), en détention, relégué par le jugement de première instance fait appel. La Cour, le 19 mars 1893, confirme ou augmente la peine prononcée. Dans ce cas, en vertu des articles 23 et 24 du Code de procédure qui, sur ce point, n'ont pas été modifiés par la loi du 15 novembre 1892, la peine ne commence à être subie que du jour de l'arrêt. Il n'y a donc pas à défalquer comme peine subie, le temps qui s'est écoulé entre le jugement et l'arrêt ; mais la période décennale remontant alors moins loin (au 20 septembre 1879), le prévenu n'a plus le nombre de condamnations voulu, et ne peut plus être relégué.

Au contraire, la Cour infirme, et diminue sensiblement la peine, tout en la laissant assez forte pour compter en vue de la relégation : toujours en vertu de l'article 24 du Code pénal, qui au point de vue qui nous occupe n'a pas, non plus, été modifié par la loi sur la détention préventive, dans ce cas, la peine de l'appelant court du jour du jugement correctionnel ; donc, la période qui se trouve, d'une part, diminuée des jours écoulés depuis le jugement, doit être, d'autre part, augmentée exactement de ce temps qui est une peine subie ; les choses restent en état, le point de départ de la période ne change pas, les mêmes condamnations comptent pour la relégation ; le condamné est toujours relégué.

La même bizarrerie se produirait en ce qui concerne la détention préventive (Loi du 15 novembre 1892). Supposons que notre prévenu (même hypothèse) soit détenu depuis un mois. Le jugement du 1er mars 1893 décide que la détention préventive ne sera pas déduite de la durée de la peine. Le 18 mars, la Cour confirme purement et simplement. La période remonterait au 20 septembre 1879 et la 1re des condamnations n'y serait pas comprise. Si au contraire, voulant, dans une certaine mesure, user d'indulgence, la Cour après avoir confirmé la peine, décide que la détention préventive en sera déduite, le condamné se trouve avoir *subi* une peine d'un mois au 18 mars. Cette peine proroge d'autant la période qui remonte alors au 20 août. La 1re condamnation est comprise et la relégation doit être prononcée !

Ainsi le condamné digne d'indulgence, et dont la peine est réduite est traité moins favorablement que le plus coupable, celui dont la peine est confirmée sinon augmentée. Le premier qui a droit à quelque pitié est relégué, le second, qui en est indigne, est déchargé de la relégation. Est-ce logique ?

En résumé, pour nous, l'appel ne peut faire tomber la relégation que dans le cas où la nouvelle peine prononcée ne figure plus au nombre des peines exigées pour la relégation, ou en cas d'acquittement. Dans tous les autres cas, la relégation, peine complémentaire, conséquence forcée d'une autre peine prononcée pour un délit auquel la condamnation de 1re instance a en quelque sorte donné date certaine, doit être maintenue et suivre la condamnation principale (1).

Exception. — Date de l'arrêt. — Toutefois, nous devons envisager une situation spéciale qui n'est pas rare en pratique ;

Le jugement de 1re instance a prononcé une peine qui, par son quantum, ne figure pas dans les catégories de l'article 4 de notre loi, par exemple 2 mois pour vol, et, en conséquence la relégation n'est pas appliquée. La Cour réforme le jugement et élève la peine à 4 mois. La relégation peut dès lors être prononcée, quel sera le point de départ de la période décennale, la date du jugement ou de l'arrêt ?

Celle de l'arrêt évidemment. En effet, si la dernière condamnation de la série est encourue du moment où elle est prononcée, dans l'espèce la condamnation à 2 mois ne pouvait compter pour la relégation, il n'y a donc de condamnation encourue,

(1) Dans ce sens : Tournade. *loc. cit.*, p. 29.

au point de vue qui nous occupe, c'est-à-dire devant entraîner comme conséquence la relégation que celle supérieure à 3 mois. C'est donc la date de la condamnation terminant la série exigée, dans l'espèce la date de l'arrêt, qui doit être prise comme point de départ de la période décennale.

Notre opinion d'une façon générale peut donc s'exprimer ainsi :

La période décennale a pour point de départ, la date de la condamnation NON DÉFINITIVE, *qui, complétant le total de 2, 3, 4 ou 7 exigé par la loi, doit prononcer la relégation.*

Nous le répétons d'ailleurs : sans doute, il eût été préférable au point de vue juridique pur, que le législateur pût adopter la date du délit comme point de départ de la période. Mais cette date est souvent inconnue ; le législateur a voulu que la dernière condamnation fût *encourue* ; il a été dominé par l'idée de condamnation et non par celle de délit. Il a créé une nouvelle récidive non plus de *condamnation à infraction nouvelle* mais de *condamnation à condamnation nouvelle.* D'autre part, le caractère de la relégation ne permet pas, pour apprécier si elle doit être prononcée, de se placer à une autre date que celle de la condamnation dont elle est le complément.

OBSERVATION. — Il est inutile d'ajouter que le terme final étant admis, pour obtenir le terme initial de la période on devra prendre le jour suivant du même mois, 10 ans avant, c'est-à-dire que si le point de départ est le 21 janvier 1893, la période décennale remontera au 22 janvier 1883, et non au 21 janvier ; dans ce cas en effet, la période serait de 10 ans et 1 jour. C'est d'évidence. D'autre part, par analogie avec ce qui se fait d'ordinaire, par exemple en matière de prescription, il n'y a pas lieu de se préoccuper du nombre de jours variable des mois, et l'on doit prendre la date correspondante du mois, 10 ans avant, ou la date correspondante du mois auquel on arrive par suite de la défalcation des peines subies.

Condamnations antérieures. — *Première des condamnations de la série.* — Nous avons jusqu'à présent raisonné en n'envisageant que la dernière condamnation de la série, celle qui vient d'être prononcée. Que décidera-t-on pour la première des condamnations de cette série ? La question peut avoir une grande importance : La période remonte au 1er janvier 1879. Le relégable a subi une condamnation le 9 janvier pour un délit commis le 18 décembre 1878. Cette condamnation devra-t-elle être retenue, bien que la date du délit ne se trouve pas comprise dans la période décennale ? Il est tout d'abord évident que si on admet la date du délit, cause de la dernière condamnation pour point de départ de la période, il faudra, pour apprécier si une des condamnations de la série est comprise dans cette période, envisager également la date du délit qui a motivé cette condamnation. On ne saurait, en effet, étendre arbitrairement la période de 10 ans, en y faisant entrer des condamnations encourues pour des délits commis, bien avant le début de cette période (3 ans par exemple en matière de délits, 10 ans en matière de crime puisque la prescription n'est acquise que par ces délais) et porter ainsi la période à 13 ou 20 ans, ou même plus (en cas d'interruption de prescription). Si l'on prend comme point de départ de cette période la date à laquelle la dernière condamnation est devenue définitive, la question ne fera également aucune difficulté. C'est aussi la date de la condamnation, définitive qui devra être envisagée pour le premier terme de la série, et la condamnation précitée qui n'est devenue définitive que le 12 janvier ne comptera pas.

Mais si, au contraire, on admet avec nous que le point de départ de la période se place à la date de la condamnation non définitive qui prononce pour la 1re fois la relégation que faudra-t-il décider ? Nous estimons que, même dans ce cas. pour toutes les condamnations antérieures, la date à retenir est celle à laquelle la condamnation est devenue définitive. En effet, si l'on peut dire, en ce qui concerne la dernière condamnation, que, pour le juge, elle est encourue dès quelle est prononcée, c'est surtout en s'appuyant sur le texte de la loi qui fait obligation de prononcer la relégation en même temps que la peine principale, c'est-à-dire avant que celle-ci soit définitive ; ce raisonnement n'est plus vrai pour les condamnations antérieures. Celles-ci ne sont acquises contre le condamné que du jour où elles n'ont plus été susceptibles d'aucun recours. C'est donc de ce jour seulement qu'elles peuvent être retenues.

IV

Défalcation des peines subies.

..... Non compris la durée de toute peine subie.....

Il est certain que le condamné, pendant tout le temps qu'il subit sa peine, a peu de mérite à rester honnête, ou tout au moins à ne pas encourir de nouvelle condamnation. Il ne commet pas de nouvelle faute, parce qu'il ne peut guère faire autrement.

La *décennalité* étant admise comme période de récidive, il était juste d'en retrancher le temps pendant lequel le condamné était dans l'impossibilité de donner cours à ses mauvais penchants, parce qu'il n'était pas en état de liberté. C'est ce qu'a voulu la loi. Ici, elle est d'une clarté parfaite, et il est impossible de s'y tromper. Ce qu'on doit défalquer, c'est toute *peine subie*. Il ne suffirait pas que le récidiviste ait encouru une condamnation, qu'une peine ait été prononcée contre lui, il faut que cette peine ait été *subie*.

Ainsi, une condamnation qui n'aura pas encore été exécutée au moment de l'application possible de la relégation, comptera au nombre des condamnations exigées, si d'ailleurs elle est devenue définitive, mais la peine ne devra pas être défalquée de la période décennale, puisque cette peine n'a pas encore été subie.

Nous insistons sur ce point, parce que, dans la pratique, une condamnation de ce genre peut créer des difficultés. Elle figure sur le casier, sans autre indication, et le plus souvent c'est aux réponses du prévenu qu'on peut voir si celui-ci est ou n'est pas relégable.

Le tribunal dans ce cas agira sagement en invitant le Parquet à prendre auprès du Parquet du tribunal qui a prononcé la condamnation, tous les renseignements utiles. En pratique, depuis une circulaire de la Chancellerie il est d'usage de joindre aux dossiers d'information, contre les prévenus relégables, des extraits d'écrou délivrés par les maisons d'arrêts où le condamné a subi sa peine. De cette façon toute erreur est évitée.

Donc, pour qu'il y ait défalcation, il faut que la peine ait été non pas seulement *prononcée* comme le voulait le projet de loi, mais *subie*, conformément à un amendement du Commissaire du Gouvernement, M. Herbette, qui fut adopté (Sénat, 12 et 13 fév. 1885).

Il en résulte qu'on doit retrancher de la période décennale toute peine qui a été subie dans le cours de cette période, alors même que cette peine ne pourrait pas compter pour la relégation, soit parce qu'elle est inférieure au *quantum* fixé, soit parce qu'elle aurait été prononcée pour des délits non spécifiés à la présente loi (une peine d'emprisonnement pour coups et blessures ou pour mendicité simple par exemple (Jurisprudence constante).

On doit défalquer même les peines politiques subies. — Mais ce principe ne comporte-t-il pas une exception, et devra-t-on augmenter la période décennale des peines subies pour faits politiques. L'article 3 que nous avons étudié plus haut dit formellement que de pareilles *condamnations ne pourront en aucun cas être comptées.* Or n'est-ce point les faire compter que d'augmenter la période de la durée des peines qu'elles ont prononcées ? N'est-ce point violer la loi ? Nous ne le pensons pas. Ce que la loi a voulu c'est que les condamnations comptant pour la relégation aient été encourues pendant une période de dix ans de liberté. Or, dès que le récidiviste a été incarcéré quelle que soit d'ailleurs la cause de son incarcération, la période décennale n'est plus complète.

De plus, la loi fait une distinction complète entre la *condamnation* et la *peine*.

La condamnation compte pour la relégation telle qu'elle a été prononcée, sauf exception (1) ; la peine n'est défalquée qu'autant qu'elle a été subie.

(1) Voir : *Confusion. Délits concomitants*, p. 36 et 57.

L'ordre même des articles nous porte à admettre cette solution. Après avoir posé en principe dans l'article 3 que les condamnations politiques n'entraîneraient pas la relégation, le législateur, dans l'article 4, veut que *toute peine subie* soit défalquée de la période décennale. Il semble que, s'il eût entendu faire une exception en faveur des peines politiques, il n'eût pas employé des termes aussi généraux sans faire une restriction quant aux peines prononcées pour faits politiques. Le texte actuel de l'article 3 eût été placé après l'article 4. L'ordre inverse adopté par la loi semble démontrer que le législateur a dérogé pour les peines subies au principe qu'il posait quant aux condamnations, en matière politique. On devra donc augmenter la période décennale de la durée de la peine subie, même pour faits politiques ou connexes (1).

Condamnations effacées : Amnistie. Révision. Réhabilitation. — Devra-t-on également augmenter cette période de la durée d'une peine subie à la suite d'une condamnation effacée depuis par une amnistie ? La Cour de cassation répond négativement :

« Attendu que l'amnistie porte avec elle l'abolition des délits qui en sont l'objet et des condamnations qui auraient été ou pourraient être prononcées, et qu'au regard des Tribunaux, ces délits, sauf les droits des tiers, sont comme s'ils n'avaient jamais été commis ;

« Attendu qu'on ne peut tenir compte, pour leur attribuer une portée pénale, ni de la condamnation même, ni de ses conséquences juridiques : que ce serait ne pas considérer le délit et la condamnation comme inexistants que d'accorder à la peine subie le pouvoir de proroger la période décennale et de la faire remonter au delà d'autres condamnations qui entraîneraient alors la relégation ; que cette peine accessoire serait ainsi la conséquence de la condamnation abolie par l'amnistie ;

« Attendu etc... » (Cass. ch. crim., 28 octobre 1887. B. crim., 1887. B. 360.)

Cette théorie, qui est confirmée par la majorité des auteurs,

(1) Dans ce sens : Garçon, *loc. cit.*, p. 12 ; Le Poittevin, *loc. cit.*, p. 207.

ne nous paraît pas acceptable, en présence d texte formel de notre article qui parle de *toute peine* subie. Sans doute, l'amnistie a pour résultat, par suite d'une fiction juridique, d'effacer complètement le passé. Mais, il n'en est pas moins vrai que, pendant un certain temps, le prévenu actuel a été privé de sa liberté, et écroué en vertu d'une condamnation régulière. Or, le sens indiscutable de notre article, le but qu'il s'est proposé, tel qu'il résulte et des travaux préparatoires et du texte, lui-même très clair, c'est de frapper les récidivistes qui ont encouru certaines condamnations dans un intervalle de 10 ans passés à l'état de liberté. Bien que la condamnation ait été depuis l'objet d'une amnistie, en fait le condamné a passé un certain temps sous les verrous. Pendant ce temps il n'était pas libre et ne pouvait pas commettre de délit. Le vœu de la loi est donc que la période décennale retranche ce temps, qui a été, à un moment du moins, une véritable *peine subie.*

La Cour de cassation déclare qu'agir ainsi c'est en réalité tenir compte d'une condamnation effacée, par l'amnistie, tant dans le passé que dans l'avenir. C'est une erreur, nous semble-t-il. Il est vrai que cette façon d'agir a pour effet de proroger la période et de rendre dans certains cas un prévenu relégable ; mais ce n'est pas la *condamnation* dont on tient compte ; on considère simplement la *peine subie,* quelqu'en soit d'ailleurs la cause ; il suffit qu'à un moment donné cette peine ait été régulièrement subie.

Le raisonnement de l'arrêt rapporté pourrait aussi bien s'appliquer aux peines prononcées pour faits politiques ou connexes. Notre loi prend soin de dire que les condamnations de cette nature ne pourront jamais compter. Or, en fait, la défalcation des *peines subies* pour crimes ou délits politiques ou connexes a également pour résultat de rendre, dans certains cas, le prévenu relégable. Pourtant, nous avons admis que de pareilles peines devaient être défalquées, et même certains auteurs qui rejettent la défalcation en cas d'amnistie, l'admettent en matière de peines politiques et connexes, et expliquent ainsi leur décision : « Et d'ailleurs, qu'importe la cause de la condamnation, le condamné pendant toute la durée de sa peine n'a-t-il pas été hors d'état de nuire? » (Sic : Le Poittevin, *loc. cit.*, p. 207 ; Garçon. *loc. cit.*, p. 12). On ne saurait mieux dire en ce qui concerne les condamnations couvertes par une amnistie. La fiction de la loi ne pourra jamais faire qu'il n'y ait pas eu privation de liberté.

Si favorables que nous soyons à une interprétation bienveillante pour le prévenu quand le texte est obscur, nous ne pouvons pas, quand il est d'une clarté parfaite, faire bénéficier le prévenu d'une fiction juridique, alors que la loi a eu en vue la situation réelle du prévenu, dix années de liberté, *réelle* et non *fictive*.

On devra donc, à notre avis, déduire toute peine subie même à la suite d'une condamnation, depuis amnistiée. Ce que nous disons de la peine suivie d'une amnistie, s'applique au cas d'une peine suivie de révision, la révision produisant les mêmes effets que l'amnistie. A plus forte raison devra-t-on déduire également la peine prononcée par une condamnation dont le prévenu a été depuis réhabilité, car la réhabilitation ne peut être traitée plus favorablement que l'amnistie, et d'ailleurs, les auteurs qui écartent la peine couverte par une amnistie sont d'accord pour opérer la défalcation d'une peine suivie d'une réhabilitation (*Contrà*, Garçon, *loc. cit.*) qui, par sa nature même, n'a d'effet que dans l'avenir et non dans le passé (1).

On ne doit déduire que la peine réellement subie. — Mais si toute peine subie doit être déduite, on ne doit déduire que la peine réellement subie et non celle qui peut être portée au jugement. En effet, suivant les cas, la peine peut avoir été notablement diminuée parce qu'elle a été subie en cellule (Loi du 5 juin 1871), elle peut avoir été réduite par voie de grâce. Dans ces différents cas on ne devra tenir compte que du temps *réellement passé en prison*.

La détention préventive ne doit pas être déduite. — D'ailleurs, le texte ne parle que de *toute peine subie* et non pas seulement de détention. La détention préventive, si longue qu'elle puisse

---

(1) Il est inutile d'ajouter que les peines subies en vertu de condamnations militaires ou maritimes, *quelle qu'en soit la cause*, devront être défalquées.

être, suivie ou non d'une poursuite ou d'une condamnation, n'entrera donc jamais en ligne de compte. Il est vrai de dire que depuis la loi du 15 novembre 1892 dans la majorité des cas, la détention préventive se confondra avec la peine elle-même. Il n'y aura d'exception que lorsque le juge l'aura formellement spécifié, ou bien quand, sur appel du condamné, la cour aura confirmé ou augmenté la peine prononcée en première instance (V. *supra*, p. 75).

Comment se fait la défalcation. — Maintenant, comment doit-on opérer pour défalquer ces peines subies ? En réalité c'est par voie d'addition et de retranchement qu'on procédera. Le point de départ de la période décennale, obtenu en remontant de 10 ans en arrière à partir de la condamnation actuelle, est reculé d'autant d'années, mois ou jours, qu'en comprend le *total* des *peines subies* par le condamné. On obtient ainsi un nouveau point de départ de la période décennale ; ce point de départ doit lui-même être reculé du nombre d'années, mois ou jours, formé par les *peines subies* par le condamné pendant l'espace de temps dont on vient d'augmenter la période, et ainsi de suite.

Un exemple fera mieux comprendre le mécanisme de ce calcul.

Prenons un bulletin n° 2 :

Dates	Infractions	Peine prononcée
12 mars 1865.	Vol	1 an.
6 février 1868.	Vol	6 mois.
6 juin 1869.	Vagabondage	1 mois.
15 avril 1871.	Vagabondage	2 mois.
10 février 1872.	Filouterie	15 jours.
14 janvier 1874.	Vol	4 mois.
21 août 1876.	Abus de confiance	6 mois.
30 juillet 1880.	Vagabondage	3 mois.
18 mai 1881.	Vol	2 ans.
15 janvier 1884.	Vol	4 mois.
17 mars 1885.	Abus de confiance	6 mois.

Et enfin. condamnation actuelle :

21 février 1886.	Vol	1 an.

La période décennale remonte donc au 22 février 1876. Depuis cette date jusqu'à sa condamnation actuelle, ce récidiviste a encouru 5 condamnations ; j'admets que toutes les peines ont été subies), qui forment un total de 6 mois, + 3 mois, + 2 ans, + 4 mois, + 6 mois, soit, trois ans et sept mois. Le point de départ de la période reculera de ce nombre d'années et de mois: il sera reporté au 22 juillet 1872.

Mais, de cette date au 22 février 1876, qui était originairement le point de départ de la période, le condamné a subi une peine de 4 mois de prison. La période est donc reculée de 4 mois. Son point de départ sera le 22 mars 1872. Les condamnations encourues avant cette date ne seront pas à compter pour la relégation. Au contraire celles qui ont été encourues depuis, pourront, comme dans le cas actuel, faire tomber le récidiviste sous l'application de la loi.

Il peut arriver que le point de départ, déterminé comme nous venons de le voir, tombe sur une peine en cours. Dans l'exemple pris plus haut, supposons que la peine de 15 jours de prison prononcée pour filouterie le 10 février 1872 ait été de six mois. L'origine de la période se trouvant être le 22 mars 1872, le condamné n'avait encore subi que 41 jours de sa peine. Depuis le 22 mars 1872 il a donc subi 6 mois — 41 jours, et l'origine de la période devra être reculée de la durée de cette *peine subie* ; mais d'un autre côté entre le 22 mars, ancien point d'origine. et le nouveau point d'origine obtenu, le condamné a subi les 41 jours qu'il avait déjà faits. Il faudra donc reculer le point de départ de ces 41 jours, c'est-à-dire qu'on recule d'abord de 6 mois — 41 jours, puis de 41 jours, au total six mois, ce qui revient à dire que, dans ce cas spécial, il faut reculer le point de départ de toute la durée de la peine au cours de laquelle il se trouve tomber.

Point de départ des peines subies. — Ici se place une question d'une grande importance pratique : quel est le point de départ des peines subies ? Depuis la loi sur la détention préventive qui a modifié les articles 23 et 24 du Code pénal, 4 hypothèses peuvent se présenter :

1° Le condamné détenu préventivement n'a formé aucun recours contre le jugement ou l'arrêt qui l'a frappé. — Dans ce cas la peine courra, du jour du jugement ou de l'arrêt, si le juge a spécifié que la détention préventive ne serait pas imputée sur la durée de la peine, — du jour du mandat d'arrêt ou de dépôt, dans le cas contraire.

2° Le condamné a échoué dans le recours qu'il a formé. — Si le juge a spécifié que la détention préventive serait déduite de la durée de la peine, celle-ci ne commencera à courir que du jour de la condamnation définitive.

Si la détention devait être imputée sur la durée de la peine, celle-ci courra du jour du mandat, mais il faudra l'augmenter du temps écoulé entre le jugement et le jour où la condamnation est devenue définitive.

3° Le condamné a triomphé dans le recours qu'il a formé. — Dans ce cas, la peine commencera à courir soit à la date du mandat, soit à la date du jugement de première instance, suivant que le juge a ou n'a pas décidé que la détention préventive serait imputée sur la durée de la peine.

4° Enfin, si le condamné est à l'état de liberté, la peine ne commencera à courir que du jour de la constitution volontaire, après que le jugement sera devenu définitif.

Ces différents cas peuvent présenter en pratique de grandes difficultés. Les extraits des registres d'écrou qu'il est d'usage de se faire délivrer indiquent bien le point de départ et la fin de la peine, mais, il arrive que par suite de la façon dont la peine a été subie (emprisonnement en cellule) cette peine ne soit plus celle portée au casier ; aussi, dans l'espèce envisagée sous le n° 2, on aura beau attentivement examiner l'extrait d'écrou qui porte à la fois la véritable peine subie et le temps de détention préventive qui lui, ne doit pas être défalqué (temps écoulé entre le jugement et l'arrêt confirmatif) ; il sera difficile de faire la distinction.

Dans le cas où le condamné était libre (n° 4), il faut songer que la peine peut être exécutée longtemps après la condamnation et que, par suite, elle doit augmenter de sa durée la période décennale, alors que, en s'en rapportant aux indications du casier on pourrait croire le contraire. Enfin, il ne faut pas oublier que, dans le cas où la détention préventive sera imputée sur la durée de la peine, le point de départ de la période décennale pourra tomber sur une peine en cours, sans que rien sur le casier vous en avertisse. C'est l'extrait d'écrou en main qu'il faudra opérer sous peine d'erreur.

Le calcul de la période décennale et des peines qui l'augmentent doit donc être des plus minutieux. C'est un véritable travail mathématique que le législateur a imposé au juge alors qu'il eût pû, il nous semble, choisir un délai fixe, aussi rationnel, et plus pratique.

V

NOMBRE DE CONDAMNATIONS QUI ENTRAINE COMME CONSÉQUENCE LA RELÉGATION
DÉLITS QUE CES CONDAMNATIONS DOIVENT RÉPRIMER
QUANTUM DE LA PEINE QU'ELLES DOIVENT PRONONCER

Article 4 (Suite).

Les condamnés qui auront encouru, en y comprenant la condamnation actuelle (*supra*, p. 70), un certain nombre de condamnations prévues aux différents paragraphes de l'article 4 seront passibles de la relégation. Examinons successivement chacun de ces paragraphes :

I

Deux condamnations.

1° *Deux condamnations aux travaux forcés ou à la réclusion, sans qu'il soit dérogé aux dispositions des paragraphes 1 et 2 de l'article 6 de la loi du 30 mai 1854.*

La loi assimile, au point de vue de la relégation, la peine des travaux forcés à celle de la réclusion. Elles entrent pour une quantité égale dans le total exigé. Pour que la relégation soit prononcée en vertu de ce paragraphe, il suffira que le condamné, dès à présent, et en y comprenant au besoin la condamnation actuelle, ait encouru, dans la période légale, ou deux condamnations aux travaux forcés, ou deux à la réclusion, ou enfin, une condamnation aux travaux forcés et une à la réclusion.

La relégation doit être prononcée comme conséquence de toute peine temporaire de travaux forcés. — Notre paragraphe a formellement spécifié qu'il entendait ne pas déroger aux dispositions des paragraphes 1 et 2 de l'article 6 de la loi du 30 mai 1854. Faut-il en tirer cette conclusion que la relégation n'est pas applicable aux individus condamnés à 8 ans de travaux forcés et plus? Il en résulterait une anomalie que fait justement remarquer M. Garçon. (La loi des récidivistes, *Journ. du Dr. crim.*, 1885, page 291.)

En vertu de l'article 6 de la loi de 1854, le condamné à une peine de 8 ans de travaux forcés doit résider à perpétuité dans la colonie où il a subi sa peine ; quand la peine est inférieure à 8 années, il doit y résider pendant un temps égal à la durée de sa peine. Mais, sa peine proprement dite expirée, le temps que doit passer le condamné dans la colonie y est passé à l'état de liberté, sans aucune obligation au travail.

Dans ces conditions, le récidiviste qui encourt la relégation comme conséquence d'une condamnation à 8 ans de travaux forcés, devrait, conformément à la loi de 1854, rester dans la colonie où il vivrait à l'état de liberté.

Celui qui n'aura été condamné qu'à une peine inférieure, 5 ans par exemple, devrait résider après l'expiration de sa peine, 5 ans dans la colonie, à l'état de liberté, et ce temps passé, il serait soumis à la relégation ordinaire, individuelle ou collective suivant les cas, mais soumis à une surveillance spéciale, et astreint au travail à moins qu'il ne possède des moyens d'existence indépendants de son travail.

Il en résulterait que les plus coupables seraient les mieux traités, et que, en tout cas, le récidiviste relégué pour les condamnations correctionnelles serait toujours plus sévèrement puni que le récidiviste de crimes. Ce serait là, à coup sûr, un résultat des plus illogiques, mais cette inconséquence n'est qu'apparente. En effet, le séjour dans la colonie imposé aux condamnés aux travaux forcés n'est pas une peine accessoire ou complémentaire : c'est une simple mesure administrative qui n'est exécutée qu'à l'expiration de la peine. La relégation, au contraire, est une peine complémentaire qui doit être exécutée après la peine principale. Lorsqu'un individu condamné aux travaux forcés aura en même temps été frappé de la relégation, il devra donc subir cette peine complémentaire, quand sa peine de travaux forcés sera expirée, et sans tenir compte du séjour forcé dans la colonie, qui, simple mesure administrative ne peut être substi-

tuée à une peine. Quel sera donc l'intérêt de l'article 6 de la loi
de 1854? Il n'en subsistera pas moins. En effet, au cas où le
condamné, en ce qui concerne la relégation, serait l'objet d'une
mesure de clémence, il devrait quand même, en vertu de la loi
de 1854, rester suivant les cas à temps ou à perpétuité dans la
colonie, mais alors à l'état de liberté. Il en sera de même quand
le condamné sera âgé de plus de 60 ans à l'expiration de sa
peine, puisque la relégation ne lui est plus applicable : Telle a été
évidemment la pensée du législateur, car l'inconséquence signalée par M. Garçon est trop manifeste pour n'avoir pas frappé
les distingués auteurs du projet de loi.

D'ailleurs, quelle que soit l'opinion sur cette difficulté, il ne
s'agit-là que de mesures d'exécution dont les tribunaux n'ont
pas à se préoccuper. Ils devront donc prononcer la relégation
comme conséquence d'une seconde condamnation aux travaux
forcés à temps, quelle qu'en soit la durée. C'est ce qu'a décidé
la Cour de cassation :

« Attendu que la peine accessoire de la relégation doit être
prononcée dans tous les cas prévus par la loi, excepté dans les
circonstances où elle serait inconciliable avec une peine perpétuelle ;

Attendu que la condition de résidence dans la colonie, imposée aux condamnés à huit ans de travaux forcés pendant toute
leur vie après leur libération, n'est pas une peine, qu'elle n'est
inconciliable, ni avec l'interdiction de séjour, ni avec la relégation ; que cette dernière peine doit, en conséquence, être appliquée aux condamnés à huit ans de travaux forcés qui ont encouru en nombre suffisant, dans l'intervalle déterminé par la
loi, les condamnations spécifiées dans les divers paragraphes
de la loi du 27 mai 1885.

Par ces motifs, etc...

(Cass., 27 oct. 1888, *B. crim.*, p. 564).

Dans le même sens, Cass., 20 sept. 1888, *B. crim.*, p. 462.
Cass., 6 mai 1892, B. p. 211.

*Quid, en cas de condamnation aux travaux forcés à perpétui-
té ?* — En sera-t-il de même quand la seconde condamnation se-

ra à perpétuité ? Évidemment non. On pourrait dire tout d'abord avec M. Tournade (*loc. cit.*, p. 32) et différents auteurs, que la relégation n'étant pas applicable aux condamnés qui seront âgés de plus de 60 ans à l'expiration de leur peine, ne pourra être prononcée contre celui qui est condamné à perpétuité. Mais c'est là un argument plus spécieux que probant ; en effet, si la peine n'est pas réduite, la relégation n'a pas à s'occuper du condamné ; et en cas de réduction, il peut se faire que le condamné n'ait pas 60 ans à sa libération. La véritable raison est donnée dans l'arrêt suivant de la Cour de Cassation :

« Attendu que si la Cour d'assises de la Seine, après avoir par l'arrêt susvisé, prononcé contre Gauthier la peine des travaux forcés à perpétuité, l'a condamné en outre à la relégation, cette seconde partie de la condamnation est en contradiction avec la première ; qu'il est de principe que toute peine prononcée est *censée devoir être intégralement subie*, et que, par la nature des choses, la relégation qui ne reçoit son application qu'à l'expiration de la peine principale, ne peut avoir effet, en cas de condamnation à une peine principale perpétuelle..... »

« Qu'enfin les magistrats ne peuvent, sans excès de pouvoir, régler par avance l'éventualité, qu'il ne leur appartient pas de prévoir, d'une remise ou d'une diminution de peine, qui appartient uniquement à l'initiative du chef d'État »,

(Cass., 1er juillet 1886.)

(Dans ce sens, Tournade, *loc. cit.*; Garçon, *op. cit.*, p. 19 ; Le Poittevin, *op. cit.*, p. 182; Berton, *op. cit.*, p. 72; Jambois. *op. cit.*, p. 52).

Remarquons que dans ce cas, si la peine est réduite par voie gracieuse, à moins d'une remise formelle du séjour dans la colonie, l'article 6 de la loi du 30 mai 1854 trouvera encore son application.

II

Trois condamnations.

2° Une des condamnations énoncées au paragraphe précédent, et deux condamnations, soit à l'emprisonnement pour faits qualifiés crimes, soit à plus de trois mois d'emprisonnement pour :

Vol ;

Escroquerie ;

Abus de confiance ;

Outrage public à la pudeur ;

Excitation habituelle de mineurs à la débauche ;

Vagabondage ou mendicité par application des articles 277 et 279 du Code pénal.

Ce paragraphe n'offrira pas de difficultés sérieuses en pratique. Il exige trois condamnations, une de celles énoncées au paragraphe précédent, c'est-à-dire aux travaux forcés, ou à la réclusion, et deux autres condamnations. Ces dernières peuvent être de genres différents : 1° Elles peuvent consister en peines d'emprisonnement prononcées pour faits qualifiés crimes ; 2° Elles peuvent avoir été prononcées pour un des délits spécifiés à la fin du paragraphe, à la condition qu'elles soient supérieures à trois mois.

Ainsi, dans ce cas, en résumé, il doit exister trois condamnations qui peuvent être ainsi réparties : Une condamnation ou aux travaux forcés ou à la réclusion, et deux autres, soit toutes deux pour faits qualifiés crimes, soit toutes deux à plus de 3 mois de prison pour un des délits spécifiés, soit enfin, une de ce genre, et l'autre pour faits qualifiés crimes.

Condamnations pour faits qualifiés crimes. — Mais qu'entend-on exactement par ces expressions : *Condamnations à l'emprisonnement pour faits qualifiés crimes* ? En général, c'est le cas où, le Jury ayant admis des circonstances atténuantes en faveur de l'accusé, la Cour d'assises a abaissé la peine jusqu'à l'emprisonnement qui, dans ce cas, ne peut être inférieur à une année. Il était donc inutile de spécifier le quantum de la condamnation prononcée dans ce cas, puisque la loi elle-même a fixé un minimum.

Excuse de provocation. — Mais il y a une hypothèse *spéciale* dans laquelle il eût été utile de fixer ce quantum. C'est le cas où le Jury admet en faveur de l'accusé l'existence d'une excuse légale. La peine peut alors descendre à six mois de prison, et, si la Cour admet en outre des circonstances atténuantes, elle peut consister en un emprisonnement de quelques jours et même en une simple amende (art. 326, 463 Code pénal).

Une condamnation de ce genre, à moins de trois mois d'emprisonnement, devra-t-elle compter pour la relégation ? Aux termes étroits de la loi, le doute est impossible. Cette condamnation comptera. Mais bien que nous soyons en matière pénale, c'est-à-dire de droit étroit, une telle interprétation nous paraîtrait trop judaïque. Elle serait en contradiction absolue avec l'esprit de la loi. Un membre de la Commission du Sénat, M. Ninard, donnant lecture de ce 2ᵉ paragraphe, disait :... « et deux condamnations, soit à l'emprisonnement pour faits qualifiés crimes... Je m'arrête sur ces mots, et je fais observer au Sénat qu'il n'y a pas de condamnation pour faits qualifiés crimes qui soit inférieure à un an de prison. »

Il résulte de cette déclaration que le législateur a simplement entendu viser les condamnations prononcées pour des faits qualifiés crimes, qui à raison des circonstances atténuantes accordées par le jury n'ont été punis que d'un emprisonnement d'une année au minimum.

L'hypothèse spéciale de l'admission d'une excuse légale a été volontairement omise. Et cette omission a peut-être plusieurs raisons : En effet, des auteurs considérables admettent que, dans le cas d'excuse légale, le fait qualifié crime, n'est plus qu'un simple délit. L'excuse rejaillit sur le fait et change en quelque sorte sa qualification. Au contraire des circonstances atténuantes qui ne fixent pas de peine proprement dite et laissent au juge une certaine latitude, l'article 326 lie le juge qui ne peut plus prononcer qu'une peine de 1 à 5 ans d'emprisonnement, ou de six mois à deux ans suivant les cas. Ces peines sont des peines correctionnelles, et conformément à l'article 1 du Code pénal, les faits qu'elles répriment ne sont que des délits.

Sans doute cette doctrine n'est pas admise d'une façon générale par la jurisprudence, mais le rapporteur de la commission a pris soin de dire implicitement que le projet de loi entendait exclure les condamnations de cette nature en spécifiant, que celles qu'il visait ne pouvaient être inférieures à 1 année d'emprisonnement.

Cette explication nous paraît la seule acceptable, car nous ne pouvons admettre, avec M. Garçon (*op. cit.*, 294), que le législateur n'ait pas songé à notre hypothèse.

Il y a songé. mais il l'a volontairement écartée en la passant sous silence.

Ainsi, les condamnations de ce genre, qu'elles soient à quelques jours de prison, ou bien qu'elles prononcent le maximum de la peine, cinq années d'emprisonnement, ne devront en aucun cas, entraîner la relégation.

Sans doute. il peut paraître étrange qu'un récidiviste condamné à 5 ans de prison par la Cour d'assises pour meurtre reconnu excusable, ne soit pas de ce chef, s'il a d'ailleurs encouru les autres condamnations requises, passible de la relégation. Serait-il moins étrange qu'il fût relégué à la suite d'une condamnation à 24 heures de prison pour le même meurtre reconnu excusable, si la Cour admet d'ailleurs des circonstances atténuantes ? Et pourtant la loi ne distingue pas ; si la première condamnation était admise, la seconde devrait nécessairement produire le même effet.

On peut s'expliquer d'ailleurs. au point de vue moral, que le législateur n'ait pas admis de telles condamnations. Celui qui a commis une faute reconnue excusable, n'a péché pour ainsi dire que par suite d'une force étrangère : il a manqué de volonté pour résister à l'infraction, mais il n'a pas eu une intention réellement criminelle ou délictueuse ; ce n'est pas un condamné de ce genre qu'on peut ranger parmi les malfaiteurs d'habitude visés par la loi actuelle.

Ne doivent donc être comptées en vue de la relégation parmi les condamnations pour faits qualifiés crimes, que celles qui ont été prononcées à la suite de circonstances atténuantes accordés par le jury et qui édictent une peine d'au moins une année d'emprisonnement.

Cette doctrine, nous le répétons, nous semble absolument fidèle à l'esprit de la loi. Il eût été préférable, sans aucun doute, d'avoir un texte absolument clair, mais tel qu'il est le texte est d'accord avec la majorité des auteurs qui font du crime *excusable* un simple délit. Les auteurs du projet de loi ont à coup sûr admis cette doctrine, et c'était leur droit de législateurs. D'autre part, autant nous sommes hostile à toute extension d'un texte pénal, autant nous trouvons équitable de restreindre la portée de ce texte, quand l'intention du législateur est au moins douteuse, et quand la restriction ne peut que profiter à l'inculpé.

Excuse de minorité. — La même solution devra-t-elle être admise lorsqu'il s'agit de l'excuse de minorité (art. 67, C. P.) ? Les crimes commis par les mineurs de 16 ans sont, en vertu de cet article, punis de peines correctionnelles ou même d'une simple détention dans une maison de correction. Dans ce cas, la jurisprudence, contrairement à ce qu'elle décide en matière d'excuse de provocation, admet que les crimes commis par des mineurs de 16 ans ne sont que de simples délits et se prescrivent par 3 ans. Si on admet cette jurisprudence, il n'y a plus là condamnation pour *faits qualifiés crimes*, et la condamnation ne pourra compter qu'autant qu'elle sera prévue par un des paragraphes de la loi qui visent les délits. Un auteur, M. Garçon, fait justement remarquer l'inconséquence à laquelle on aboutit : « Puisque le crime commis par un mineur de 16 ans, qui a agi avec discernement n'est qu'un simple délit, la condamnation ne devra compter que si le délit est compris dans l'énumération du paragraphe 2. Et voici l'incorrection à laquelle nous aboutissons en dernière analyse : un mineur est condamné à 10, 20 ans d'emprisonnement pour meurtre, à cinq ans d'emprisonnement pour viol, ces condamnations ne compteront pas, car les infractions ne sont pas dans l'énumération de notre article. Il n'est, au contraire, condamné qu'à six mois de prison pour vol qualifié, on tiendra compte de la sentence, car le vol est un délit spécifié, les solutions semblent découler logiquement des principes posés par la jurisprudence et par notre loi spéciale » (Garçon, *loc. cit.*, p. 24).

Les auteurs qui veulent écarter ce système sont obligés de s'appuyer sur une prétendue intention du législateur qui aurait voulu « viser tout fait puni d'une peine criminelle en raison duquel, pour un motif quelconque, une peine d'emprisonnement serait seule prononcée » (Le Poittevin, *loc. cit.*, p. 185).

Cette intention du législateur n'est qu'une induction qui ne repose sur aucun document législatif. Nous avons au contraire démontré que le législateur n'avait entendu viser que les peines prononcées pour crime, qui, à raison des circonstances atténuantes, pouvaient descendre à une année d'emprisonnement sans jamais être inférieures (Sénat, Rap. de M. Ninard). Nous sommes donc en présence d'une double hypothèse, comme pour l'excuse de provocation : ou le législateur n'a pas songé à l'excuse de minorité, et nous ne devons pas compléter la loi ; l'omission doit bénéficier au prévenu ; — ou bien, et c'est notre opinion, il y a songé, mais a volontairement écarté de telles condamnations.

Cette solution s'imposerait, suivant nous, alors même que, contrairement à la jurisprudence, on ferait du crime commis par le mineur un crime véritable et non un simple délit, car l'observation de M. Ninard aurait toujours sa portée, et ne permettrait pas d'admettre une catégorie de condamnations oubliée ou volontairement passée sous silence. Une pareille condamnation ne pourrait donc compter qu'autant qu'elle aurait été motivée par un fait prévu au paragraphe 2 : — vol, abus de confiance, — et compterait seulement en vertu de ce paragraphe ; c'est la conséquence illogique signalée par M. Garçon ; mais nous ne saurions trop répéter qu'il n'appartient pas à l'interprétation de corriger les erreurs de la loi.

Vol. — *Tous les délits compris dans la section* vol *doivent-ils être retenus ?* — La plupart des délits spécifiés dans ce paragraphe sont assez nettement déterminés par leur seule énumération. Toutefois, on peut avoir à se demander quels sont les délits qui doivent être compris sous le terme général de vol ou abus de confiance. En effet, ces termes généraux, suivant les qualificatifs spéciaux qu'ils reçoivent, tombent sous l'application d'articles différents. Sous la rubrique générale de *vol* viennent notamment se placer, le vol dans les champs, le vol de récoltes, les larcins, filouteries etc... Ces vols *spéciaux* devront-ils être comptés pour la relégation. Il nous semble que la réponse ne peut faire aucun doute, et doit être affirmative. Tous ces différents genres de vols spéciaux se classent tous sous la rubrique des soustractions frauduleuses. Ils se différencient seulement parce qu'ils ont été exécutés, soit dans des lieux différents (vol de récoltes, vol dans les champs), soit d'une façon dissemblable (larcins, filouteries), mais n'en sont pas moins purement et simplement des vols, supposant tous la soustraction frauduleuse de la chose d'autrui. D'ailleurs, en pratique, ces qualifications se trouvent rarement sur le casier judiciaire d'un condamné. Qu'il y ait eu en réalité *larcin*, c'est-à-dire *vol furtif*, ou *filouterie* c'est-à-dire *vol adroit*, le terme général et compréhensif de vol est seul employé. Il en est de même pour le vol de récoltes, qui. bien que puni par un article spécial, l'article 388 du Code pénal, figure en général au casier sous le terme générique de vol.

La discussion de la loi au Sénat, a, du reste, complétement éclairé la question. Le rapporteur de la commission, M. de Verninac s'exprimait ainsi : « Pour le vol commis dans les champs. le vol de récoltes, vol compris dans notre énumération non pas d'une façon spéciale, mais d'une façon qui rentre dans la définition générale du *vol...* ». (*Jour. Officiel*, 11 fév. 1885, page 99.)

En outre, M. de Gavardie appela spécialement l'attention du Sénat sur le vol dans les champs ; M. Bérenger posa nettement la question de savoir si le vol de récoltes devait être compris sous la dénomination générale de vol. M. Ninard répondit au nom de la commission, et de ses explications ressort la preuve que le terme employé par la loi est général, et comprend toutes les soustractions frauduleuses classées sous la rubrique *vol*. (*Jour. Officiel*, 11 février 1885, pag. 100, 101, 102).

Mais faudra-t-il aller plus loin et dire que tous les délits classés au Code pénal sous la rubrique *vols* devront être comptés pour la relégation?

Dans la section *vols* nous voyons en effet figurer, outre les vols proprement dits, les délits prévus par les articles 389 (vol dans les champs au moyen de l'enlèvement de bornes), 387 (altération de liquides commis par un voiturier ou un batelier), 399 (contrefaçon ou altération de clefs), 400 (chantage, § 2. — Détournement d'objets saisis, §§ 3 et 4. — Détournement d'objets donnés en gage, § 5).

Il est bien évident que le législateur n'a eu en vue que le vol au sens usuel et légal du mot, c'est-à-dire l'appropriation frauduleuse de la chose d'autrui. Autrement, il aurait pris soin de spécifier qu'il entendait viser non pas le vol seulement, mais tous les délits classés au Code pénal dans la section *vols*.

Le vol au moyen de l'enlèvement de bornes, bien que commis à l'aide de certaines manœuvres, n'en est pas moins une véritable soustraction frauduleuse de la chose d'autrui ; c'est le vol immobilier si l'on veut, mais c'est un vol véritable, et une condamnation en vertu de l'article 389 devra compter. Au contraire, les délits prévus par les articles 387, 399, 400, n'ont aucun des caractères du vol : ce sont des délits spéciaux, ayant des caractères différents, et s'ils ont été classés dans la section des vols, ce n'est pas parce qu'ils sont des vols véritables, mais parce que le vol est le délit dont ils se rapprochent le plus. Pour nous résumer, les délits classés à la section *vols* qui pourront motiver la relégation seront seulement ceux prévus par les articles 388, 389 et 401 du Code pénal, qui tous, différents par l'objet sur lequel ils portent, par le lieu où ils sont commis, par la façon dont ils sont exécutés, réunissent les éléments essentiels du vol, c'est-à-dire la soustraction frauduleuse de la chose d'autrui.

Fraude au préjudice des restaurateurs — (*ne compte pas*). — Mais que décider relativement au délit de filouterie d'aliments, ou fraude au préjudice des restaurateurs, prévu par la loi du 26 juillet 1873 et le paragraphe additionnel à l'article 401 du Code pénal ? D'abord, il est bien certain que ce délit est puni par le 4e paragraphe de l'article 401 qui punit aussi le vol. Mais il ne faut pas oublier que ce paragraphe a été ajouté par la loi de 1873.

Le délit de filouterie d'aliments créé par cette loi, n'est ni un vol proprement dit (il n'en a aucun des caractères constitutifs), ni une escroquerie, ni un abus de confiance.

Avant la loi de 1873, la jurisprudence, très partagée, en faisait tantôt un vol, tantôt une escroquerie ou un abus de confiance. Souvent aussi, elle en faisait un fait spécial, répréhensible à coup sûr au point de vue moral, mais ne tombant sous l'application d'aucun texte pénal. C'est dans ces circonstances qu'est intervenue la loi de 1873, et son intervention, devenue nécessaire, reconnaît implicitement et prouve suffisamment que le délit qu'elle prévoit est un délit *sui generis*. La loi n'a pas dit : la filouterie d'aliments est un vol qui tombe sous l'application de l'article 401, mais bien : « la filouterie d'aliments est un délit qui doit être réprimé ; il sera puni des peines portées en l'article 401 ».

La filouterie d'aliments étant un délit *sui generis*, il s'ensuit qu'on ne peut la faire compter en vue de la relégation. La loi actuelle ne l'a pas prévue spécialement, et nous ne pouvons, en matière de droit pénal, étendre arbitrairement les termes de la loi (Voyez dans ce sens : Jambois, *Cod. prat.*, pag. 54. Garçon, *op. cit.*, p. 33. Depeiges, *op. cit.*, p. 39. Le Poittevin, *op. cit.*, p. 55. Berton, *op. cit.*).

Un jugement du Tribunal correctionnel de Chambéry a pourtant décidé le contraire : « Attendu, dit ce jugement, que cette interprétation (celle qui exclut la fraude du total exigé) n'est pas admissible, car elle aurait pour conséquence d'ajouter à la loi et de créer des exceptions qui n'ont pas trouvé place dans son texte ; que, d'une manière générale, le législateur a visé le vol, sans entrer dans le détail des diverses soustractions frauduleuses que la pratique désigne sous des noms particuliers ; qu'il suit de là que l'article 4 comprend tous les délits inscrits au Code pénal sous la rubrique « vols », depuis l'article 379, jusques et y compris l'article 401, etc... » (Chambéry, 5 février 1886).

Ainsi, dans ce système, on devrait retenir non seulement le vol proprement dit, mais encore *le vol par enlèvement de bornes, la contrefaçon ou l'altération de clefs* (art. 399), *l'extorsion de signature ou d'écrits* (art. 400, § 1), *le chantage* (art. 400, § 2), *le détournement d'objets saisis, le recel de ces objets* (art. 400, §§ 3, 4, 5, 6) et enfin la *fraude au préjudice des restaurateurs* (art. 401, § 4).

Logiquement tout ce qui est compris au Code sous la rubrique « abus de confiance » devrait également compter, et l'on devrait retenir, outre l'abus de confiance proprement dit, (art. 407 à 408), *l'abus des besoins, faiblesses ou passions d'un mineur* (art. 406) *et la soustraction d'une pièce produite en justice* (art. 409) (voir *infra*). Or, on conviendra que quelques-uns de ces délits ne dénotent pas chez leur auteur ce danger social que la loi a voulu prévenir.

Le raisonnement du jugement de Chambéry pèche par la base : S'il « n'est pas permis de créer des exceptions qui n'ont pas trouvé place dans le texte de la loi », il est encore moins permis de faire entrer dans ce texte des délits qu'il ne comprend pas. Si le législateur, « d'une manière générale, a visé le vol, sans entrer dans le détail des diverses *soustractions frauduleuses* que la pratique désigne sous des noms particuliers », il n'en faut pas moins, pour qu'un délit puisse être retenu, qu'il constitue, d'après le jugement lui-même, une *soustraction frauduleuse* de la chose d'autrui, soustraction qui ne peut exister dans la fraude au préjudice des restaurateurs, puisqu'il y a, dans ce cas, *remise volontaire* de la chose et non pas l'appréhension, la *contractatio fraudulausa* qui caractérise le vol. Les motifs mêmes du jugement sont donc contraires à la théorie que consacre son dispositif (Dans le sens de ce jugement : Tournade, *op. cit.*, p. 86).

Ce jugement est d'ailleurs resté isolé, et la jurisprudence, d'accord avec l'unanimité des auteurs, a consacré le système contraire qui rejette la fraude au préjudice des restaurateurs du total des condamnations exigées :

« Attendu que l'énumération des délits spécifiés au paragraphe 2 de l'article 4 est strictement limitative, et que les Tribunaux ne sauraient, sans excès de pouvoir, l'étendre par voie d'analogie à d'autres infractions ; qu'il n'est pas possible, notamment, d'assimiler au vol le délit prévu par la loi du 26 juillet 1873, laquelle forme la disposition finale de l'article 401 du Code pénal ; qu'en effet, ce délit *sui generis*, improprement appelé « filouterie d'aliments », ne présente pas l'un des caractères essentiels de la soustraction frauduleuse, à savoir l'appréhension d'une chose contre le gré et à l'insu du propriétaire de cette chose ; »

Par ces motifs, — Casse et annule.

(Cour de Cassation, 15 juillet 1886).

« Attendu, dit encore la Cour de Cassation, dans un autre arrêt, que la loi du 26 juillet 1873 n'a rendu l'article 401 du Code pénal applicable au fait de se faire servir des aliments qu'on se sait dans l'impossibilité de payer, que parce que cette fraude ne réalisait ni les conditions du vol, ni celles de l'escroquerie, ni celles de l'abus de confiance, et échappait à toute répression ;

Par ces motifs, — Casse et annule.

(Cassation, 5 juin 1886. Jurisprudence constante.)

Abus de confiance. — De même, on ne devra admettre comme abus de confiance que les délits qui, d'après le langage juridique, renferment les éléments d'un *abus de confiance*.

Le délit prévu par l'article 406, *abus des besoins de faiblesses ou des passions d'un mineur*, ne contient aucun de ces éléments essentiels. Il n'y a pas là de chose confiée, employée à un usage auquel elle n'a pas été destinée. Au contraire, le délit existe alors même que le mineur a été absolument consentant. Il en est de même pour le délit prévu par l'article 409 (soustraction d'une pièce produite en justice) qui n'a aucun des caractères de l'abus de confiance, au sens juridique du mot. D'ailleurs ce dernier délit, qui n'est puni que d'une amende, ne pourrait pas tomber sous l'application de la loi actuelle.

Au contraire, l'abus de blanc-seing, prévu par l'article 407, contient tous les caractères de l'abus de confiance proprement dit. Il y a là, comme dans l'article 408, une chose confiée à un tiers et détournée par lui de l'usage qui lui était destiné. L'abus de blanc-seing, au même titre que l'abus de confiance proprement dit, tombera donc sous l'application de la loi actuelle, mais ces deux délits, prévus par les articles 407 et 408 sont les seuls qui puissent être retenus.

Escroquerie. — Outrage public a la pudeur. — Excitation de mineurs a la débauche. — Vagabondage. — Mendicité. — Nous croyons inutile d'insister en ce qui concerne l'escroquerie, l'outrage public à la pudeur, l'excitation habituelle de mineurs à la débauche, qui ne peuvent évidemment comprendre que les délits prévus par les articles 330, 334 et 405 du Code pénal.

Quant au vagabondage et à la mendicité, le texte prend soin de préciser qu'ils ne tomberont sous l'application de notre paragraphe que lorsqu'ils auront les caractères exigés par les articles 277, 278, 279 du Code pénal, c'est-à-dire quand ils sont ce qu'on est convenu d'appeler *qualifiés*.

Tentative et complicité. — L'article 4 de la loi que nous étudions est absolument muet sur les condamnations pour tentative ou complicité des délits spécifiés. Dans le silence de la loi que doit-on décider?

Il faut remarquer tout d'abord, que la question n'a aucun intérêt en ce qui concerne les condamnations aux travaux forcés ou à la réclusion, la loi actuelle s'attachant à la peine seule et non à la nature du crime qui l'a motivée. Mais il en est autrement en matière de délit, et même de condamnation à l'emprisonnement pour faits qualifiés crimes.

Il nous semble qu'il ne peut guère exister de divergences sérieuses en ce qui touche les condamnations pour tentative. La tentative, aux termes mêmes de la loi, est un délit qui n'a manqué son effet que par des circonstances indépendantes de la volonté de son auteur. Le degré de criminalité est absolument le même au cas de tentative de délit que dans le cas où le délit a été entièrement consommé.

D'ailleurs, la loi pénale a entendu assimiler d'une façon générale la tentative de l'infraction à l'infraction elle-même, sauf exception spéciale : c'est le but de l'article 2 du Code pénal. Dans l'esprit de la loi, il n'y a pas en réalité deux infractions différentes : — infraction consommée et infraction tentée, — mais bien une infraction qui est punissable au même degré dès que, nettement caractérisée par un commencement d'exécution, elle n'a manqué son effet *que par des circonstances indépendantes de la volonté de son auteur*. Cette interprétation qui s'applique à la tentative en général, doit à fortiori être admise pour la tentative spéciale d'un délit, tentative qui, par exception, n'est punissable que dans les cas où la loi la prévoit expressément (Art. 3, C. P.). La confusion entre la tentative du délit et le délit lui-même — tentative et délit prévus par le même article — est ici complète.

Quand une loi spéciale édictera certaines peines accessoires contre un délit, — si la tentative de ce délit est également punie par le Code pénal, — la peine accessoire s'appliquera à la tentative sans qu'il soit besoin de le dire expressément, parce que, en droit pénal ordinaire — et surtout en matière de délit — la tentative de l'infraction et l'infraction elle-même sont absolument assimilées.

Une condamnation pour tentative de vol, d'escroquerie etc., comptera donc pour la relégation au même titre que la condamnation pour vol, escroquerie etc. (Dans ce sens : Sauvageol, Observ. sur la loi relative à la relégation des récidiv. *Gaz. des Trib.*, 18 décembre 1885. — Garçon, *op. cit.*. p. 26. — Jambois, *op. cit.*, p. 57. — Villey, Note P. 86. 1. 435. S. 86. 2. 76. — Sarrut, Note. D. 86. 1. 50. — Depeiges, *op. cit.*, p. 99. — Le Poittevin, *op. cit.*, p. 167).

En sera-t-il de même des condamnations pour complicité d'un délit ? La question est plus délicate. On a pu argumenter de la façon suivante :

La complicité, tant pour les crimes que pour les délits, est punie par l'article 59 du Code pénal des mêmes peines que le délit ou le crime. C'est un principe général qui ne peut faiblir que devant une exception formelle. Contrairement à la tentative du délit qui n'est punissable que par exception, c'est par exception que la complicité d'un délit resterait impunie.

L'article 59 punit la complicité, combiné avec l'article qui prévoit le délit ; la tentative, au contraire, est punie par un seul et même article, celui du délit. Dans certains cas même (art. 63, C. P.), les peines qui frappent le complice sont différentes de celles qui punissent l'auteur principal. En un mot, il semble que la complicité de délit est un délit spécial, caractère que ne possède pas la tentative de ce délit.

Existe-t-il d'ailleurs chez le complice, égalité de criminalité ? La perversité est-elle la même ? Le complice qui n'est qu'un auteur secondaire est moins pervers à coup sûr, et si la loi le punit des mêmes peines, c'est plutôt dans un but de protection sociale que dans l'intérêt d'une répression égale frappant des infractions d'une criminalité égale.

La loi actuelle n'ayant pas visé la complicité dans son arti
cle 4, on ne pourra donc pas prononcer la relégation en vertu
d'une condamnation de ce genre.

Cette opinion, au premier abord, paraît confirmée par la ge-
nèse même de la loi : Le projet (*Journ. offic.* Doc. parl., 1883,
p. 409. art. 2), ne visait qu'un des modes de complicité : *le recel.*
Qui dicit de uno negat de altero ; en vertu de ce brocard, tous
les autres modes de complicité se trouveraient implicitement
exclus du calcul de la relégation. Dans le texte définitif adopté
par la Chambre des Députés et le Sénat, le *recel* lui-même ne
figure pas. Faut-il en conclure que la complicité n'est pas assimilée au délit lui-même, et qu'une condamnation pour complicité ne pourra jamais entraîner la relégation ?

Non, assurément ! Pour démontrer que les condamnations
pour complicité doivent être admises, ce qui nous semble la solution juste, il faut, à notre avis, raisonner autrement. La discussion assez confuse de la loi n'est pas faite pour nous éclairer.
C'est à l'aide des principes généraux du droit qu'on peut résoudre facilement la difficulté. Ce que nous avons dit de la tentative est vrai de la complicité. L'article 59 du Code pénal, qui
punit la complicité des mêmes peines que le délit ou le crime,
n'a point créé une infraction spéciale ; il a simplement décidé
que le délit — qu'on y ait pris part comme auteur principal ou
comme complice, — serait puni des mêmes peines. Mais qu'il y
ait vol ou complicité de vol, escroquerie ou complicité d'escroquerie, c'est toujours de vol, toujours d'escroquerie qu'il s'agit.
La complicité n'est qu'un mode d'exécution d'un délit, et non
un délit spécial.

Voilà pourquoi l'argument tiré des travaux préparatoires ne
nous a jamais touché. La présence du « recel » dans le texte
primitif est-elle pourtant si difficile à expliquer ?

On l'a dit et bien dit : Le recel est un mode de complicité
assez différent des autres. Il n'y a plus là coopération à l'action
par les moyens énoncés dans les articles 60, 61, 62, du Code
pénal, avant ou pendant l'infraction. C'est après l'infraction
que le recéleur intervient, et la peine qui le frappe, hors
de proportion avec la criminalité qui lui est propre, tient sur-

tout compte de l'intérêt social. Aussi le législateur, en raison de cette criminalité atténuée, a décidé que, dans certains cas, la peine de l'auteur principal ne serait pas applicable au complice par recel (art. 63, C. P.).

Ce sont toutes ces considérations qui ont pu faire un instant illusion au législateur de 1885. Il a cru voir dans la complicité par *recel* un *délit spécial* puni, dans certains cas au moins, de peines spéciales, et dès lors, ne pensant pas justement qu'un délit spécial fût compris dans la rubrique générale de vol etc. il a pris soin de le viser expressément. Plus tard, il a sans doute compris que, si différent que puisse être le recel des autres genres de complicité, ce n'est malgré tout qu'un des modes, une des physionomies distinctes qu'affecte l'infraction, et, pour ne pas sembler écarter les autres modes de complicité en ne visant que celui-là, il a simplement supprimé le mot recel qui figurait dans le projet, et s'en est rapporté aux principes généraux du droit pénal. Sans doute, il n'existe dans les documents parlementaires et dans la discussion de la loi aucune trace de cette préoccupation, et l'on peut dire qu'il s'agit là d'une simple explication d'auteurs qui cherchent à soutenir leur thèse. Mais nous ajouterons que, le mot même *recel* eût-il été maintenu, en l'absence de toute exclusion formelle des autres modes de complicité, les principes nous eussent conduit quand même à admettre les condamnations pour complicité, parce que, visant le recel, mode de complicité le moins grave, il eût été étrange que le législateur eût entendu exclure les autres, et surtout parce qu'il y a assimilation complète, au point de vue pénal, entre l'auteur du délit et le complice de ce délit.

Cette assimilation, en ce qui concerne la tentative comme la complicité, a toujours été reconnue par la jurisprudence. Aussi la question qui vient de nous occuper n'a-t-elle pas fait difficulté devant les Cours et Tribunaux où les décisions nombreuses et unanimes n'ont fait aucune différence entre les condamnations comme auteur principal ou comme complice d'un délit, pour un délit consommé ou pour une simple tentative.

« Attendu, dit la Cour de cassation, que l'article 2 du Code pénal assimile la tentative du crime au crime même ; qu'aux termes de l'article 3 du même Code, les tentatives de délit sont considérées comme le délit ; et qu'enfin l'article 401 assimile la tentative de vol au vol et la punit de la même peine ;

« Attendu, au point de vue de la complicité, que le complice est considéré comme aussi coupable que l'auteur principal et encourt la même peine ; qu'une condamnation ne change pas de nature selon qu'elle est prononcée contre un auteur ou contre son complice ; que les conséquences légales sont les mêmes ».

(Cass., 10 mai 1890.)

III
Quatre condamnations.

3° Quatre condamnations, soit à l'emprisonnement pour faits qualifiés crimes, soit à plus de trois mois d'emprisonnement pour les délits spécifiés au paragraphe 2 ci-dessus..

Ce paragraphe, comme le précédent, assimile les condamnations pour faits qualifiés crimes aux condamnations pour les délits énumérés dans le paragraphe 2. Les observations que nous avons faites relativement aux faits qualifiés crimes ont ici leur utilité. Sous réserve de ces observations, les deux genres de condamnations peuvent se suppléer mutuellement, et dès que le chiffre de 4 condamnations est atteint, la relégation est applicable, à la condition d'ailleurs que les condamnations pour délits spécifiés au paragraphe 2 soient supérieures à trois mois d'emprisonnement.

IV
Sept condamnations.

4° Sept condamnations, dont deux au moins prévues par les deux paragraphes précédents, et les autres, soit pour vagabondage, soit pour infraction à l'interdiction de résidence signifiée par application de l'article 19 de la présente loi, à la condition que deux de ces condamnations soient à plus de trois mois d'emprisonnement.

Ce paragraphe exige un total de sept condamnations. Mais ces condamnations sont de nature différente. Comment doivent-elles se répartir ? Sur ces sept condamnations, dit le texte, *deux au moins* doivent être prévues par les deux paragraphes précédents.

Quelles sont les condamnations prévues par les paragraphes 2 et 3. Nous trouvons d'abord les condamnations pour :

Vol. — Escroquerie. — Abus de confiance. — Outrage public à la pudeur. — Excitation habituelle de mineurs à la débauche. — Vagabondage ou mendicité, par application des articles 277 et 279 du Code pénal ; — et ensuite les condamnations à l'emprisonnement pour faits qualifiés crimes.

Condamnations aux travaux forcés ou à la réclusion. — Ces deux genres de condamnations seront-elles les seuls qui pourront former le chiffre minimum de deux exigé par la loi ? Posons la question plus clairement : Parmi ces condamnations ne pourrait-on pas faire figurer une condamnation aux travaux forcés ou à la réclusion prévue par le paragraphe 1 ?

Les partisans de ce système disent :

Le texte exige deux au moins des condamnations prévues par les paragraphes 2 et 3. Mais le paragraphe 2 comprend aussi, outre les condamnations citées plus haut, *une condamnation prévue au paragraphe* 1. Ce qui reviendrait à dire, d'après eux, que le paragraphe que nous étudions prévoit deux condamnations au moins visées par les paragraphes précédents, soit que ces condamnations aient été encourues pour les délits spécifiés ou pour faits qualifiés crimes, soit enfin que parmi ces deux condamnations il s'en trouve une aux travaux forcés ou à la réclusion.

La loi, ajoute-t-on, ne pouvait viser directement le paragraphe 1er sous peine de viser 2 condamnations aux travaux forcés ou à la réclusion, ce qu'elle ne voulait pas faire, puisqu'elle n'entend admettre ici qu'une seule de ces condamnations, complétant au besoin le nombre minimum de deux condamnations prévues par les paragraphes 1, 2 et 3 (Dans ce sens : Jambois, *Code pratique de la Relégation*, page 26).

Comment en serait-il autrement, ajoute-t-on. On admettrait deux condamnations à 3 mois et 1 jour dans le calcul de la relégation, et, au contraire, les cinq condamnations complé-

mentaires restant d'ailleurs les mêmes, si au lieu des 2 condamnations à plus de 3 mois sus-indiquées, le prévenu n'en comptait qu'une seule pour vol simple, mais une autre aux travaux
forcés ou à la réclusion pour vol qualifié, cette dernière ne
pourrait s'ajouter à la première pour former le minimum de
2 exigé par la loi ! Serait-ce raisonnable ? — Quelque séduisant
que puisse être ce système, nous ne pouvons l'accepter. C'est,
il nous semble, pousser trop loin la largeur d'interprétation que
de réparer les omissions ou les erreurs du législateur et vouloir
lui faire dire ce qui n'a jamais été dans sa pensée.

Nous pensons en effet, que ce cas spécial n'a pas été prévu par
le législateur. Il est hors de doute que la loi telle que nous la
comprenons aboutit à une conséquence absurde, celle que nous
signalions plus haut. Mais il ne faut pas oublier que ce cas se
produira, et se produira seulement, pour des condamnations
prononcées antérieurement à la loi actuelle, — condamnations
que l'article 9 permet, il est vrai de faire entrer dans le calcul
de la relégation. — Or, la loi a été faite, on en conviendra, beaucoup plus en vue de l'avenir qu'en vue du passé. C'est seulement à la suite de certaines observations, qu'on se décida à
autoriser la relégation pour les récidivistes qui, actuellement
sous le coup ou sur la limite de la relégation viendraient à commettre de nouveaux délits prévus par la loi projetée. — En outre, les diverses catégories d'infractions, prévues et classées
d'après leur gravité, sont absolument distinctes. La séparation
des paragraphes est complète, ainsi que l'a d'ailleurs reconnu la
jurisprudence. Il nous semble que ce serait violer l'esprit et le
texte de la loi que de faire compter pour le paragraphe 4, spécialement consacré aux délinquants de moindre importance, une
condamnation pour crime, prévue par le paragraphe 1. Pour
qu'un récidiviste condamné aux travaux forcés avant la promulgation de la loi puisse être relégué, il faudra, à notre avis, qu'il
puisse être atteint, ou par le 1er paragraphe de l'article 4, ou
par le second. Prenons un exemple : Un récidiviste a encouru
deux condamnations aux travaux forcés avant 1883, et en moins
de dix ans. Il est de nouveau condamné pour vol en 1886, à six
mois de prison. Il ne sera point relégable. Au contraire, si à

cette époque il encourt soit *une* condamnation à la réclusion, soit *deux* condamnations à plus de trois mois pour vol, il sera relégué, dans le premier cas, en vertu du paragraphe 1, dans le second en vertu du paragraphe 2. — En un mot, nous ne croyons pas qu'il soit possible d'étendre d'une façon arbitraire la rétroactivité étroite consacrée par la loi que nous étudions. Voilà pour l'esprit de la loi.

Le texte selon nous confirme cette interprétation. Que dit-il ? « Deux condamnations prévues par les *deux* paragraphes précédents ».

Quelles sont les condamnations prévues par ces 2 paragraphes ? Ce sont exclusivement les condamnations pour :

Vol. — Escroquerie. — Abus de confiance. — Outrage public à la pudeur. — Excitation habituelle de mineurs à la débauche. — Vagabondage et mendicité par application des articles 277 et 279 du Code pénal.

En dehors de ces sept délits différents, nos deux paragraphes sont muets sur toute autre infraction. et si le paragraphe 2 parle d'une condamnation aux travaux forcés ou à la réclusion il ne la prévoit pas, il se contente de rappeler une infraction prévue par le paragraphe 1. On répond : la loi ne pouvait viser directement le paragraphe 1, sous peine de viser deux condamnations aux travaux forcés ou à la réclusion et elle voulait n'en viser qu'une seule. Cet argument est spécieux. Si le législateur avait entendu faire entrer une condamnation de cette nature dans le total exigé par le paragraphe 4, il l'eût dit d'une façon explicite, au lieu de cacher sa volonté dans une obscurité à peu près complète. S'il eût entendu comprendre les condamnations aux travaux forcés dans le total exigé par le paragraphe 4, il lui était facile de dire : « *Sept condamnations dont deux au moins prévues par les trois paragraphes précédents…..* » Le texte eut-il été obscur ?. En aucune façon : on n'eut certainement pas dit qu'il pouvait exister deux condamnations aux travaux forcés ou à la réclusion, puisque ce cas est prévu par le paragraphe 1 : mais on eut conclu logiquement qu'il pouvait en exister *une*.

On parle des conséquences illogiques qui résulteraient de la doctrine que nous adoptons. Ces conséquences sont, à coup sûr, fàcheuses, mais ce n'est pas à l'interprétation de refaire la loi ; elle doit l'accepter telle qu'elle est, et le rapporteur de la commission a pris soin d'expliquer dans son rapport ces inconséquences possibles : « Nous devons reconnaître, disait-il, qu'il est facile d'imaginer de nombreuses espèces dans lesquelles la loi ne frappera pas des individus certainement plus coupables que ceux qui tomberaient sous le coup de son application ».

Cette explication nous semble justifier à merveille ce que peut avoir de regrettable la conséquence à laquelle on aboutit. Mais les termes et l'esprit même de la loi ne nous permettent pas d'adopter une autre solution. Le texte est peut-être obscur, mais nous répéterons que l'obscurité de la loi doit être interprétée en faveur de celui qu'elle frappe. (Dans ce sens : *Journal le Droit*, décembre 1885).

Nous verrons que la jurisprudence de la Cour de cassation admet le remplacement facultatif d'une condamnation prévue expressément, par une condamnation figurant dans un paragraphe antérieur (p. 114). Elle est par suite en opposition avec la solution que nous admettons (Dans le sens de la jurisprudence : Le Poittevin, *loc. cit.*, p. 187).

Condamnations prévues par les paragraphes 2 *et* 3. — *Deux au moins*. — Nous venons de voir que, sur le total de 7 condamnations exigé par ce paragraphe, il devait s'en trouver au moins deux prévues par les paragraphes 2 et 3.

Peut-il s'en trouver plus de deux ? Les termes de la loi permettent dès l'abord de répondre affirmativement. En effet, dire qu'il doit exister *au moins* deux condamnations de cette nature, c'est dire implicitement qu'il peut en exister un plus grand nombre. Mais, existe-t-il un maximum, et, dans ce cas, quel est-il ? La réponse nous semble facile.

Le paragraphe 3 prévoit le cas de *quatre* condamnations pour délits visés au paragraphe 2. Donc, pour le paragraphe 4 qui nous occupe, le nombre de ces condamnations ne pourra être supérieur à *trois*. En effet, s'il en existait *quatre*, le paragraphe 3 serait seul applicable. Cette interprétation est absolument conforme à l'idée du législateur qui nous est révélée par les travaux préparatoires. Le projet primitif fut modifié sur les observations

de M. Ninard qui s'exprimait ainsi : « La relégation serait encourue par *deux au moins* des condamnations prévues par les deux
paragraphes précédents et par les condamnations pour vagabondage ou mendicité. Il pourrait ainsi se produire qu'au lieu de
deux condamnations pour vol, escroquerie, abus de confiance,
etc., suivies de cinq condamnations pour vagabondage simple,
il se rencontrât 3 condamnations pour vol, et 4 condamnations
seulement pour vagabondage. La relégation alors ne serait pas
encourue et il en résulterait cette singulière conséquence, qui
frappe immédiatement, qu'une condamnation pour l'un des délits spécifiés au paragraphe 3 : vol, etc., n'équivaudrait pas à
une condamnation pour vagabondage. Ce n'est pas là assurément la pensée de la commission ; ce n'est pas assurément
non plus la pensée du Sénat ; c'est encore moins l'esprit de la
loi » et sur la proposition de M. Ninard, le texte actuel fut
adopté.

Aucun doute ne peut donc exister sur ce point.

Doit-il exister deux condamnations supérieures à 3 mois pour
vagabondage ou interdiction de séjour ? — Il restera dès lors, un
complément de 3 ou 4 condamnations, suivant qu'on aura admis *deux* ou *trois* condamnations prévues par les paragraphes 2
et 3. Parmi ces condamnations, *deux* doivent elles-mêmes être
supérieures à 3 mois d'emprisonnement, les autres pouvant être à
des peines quelconques. Ces deux condamnations devront-elles
avoir été prononcées pour vagabondage ou infraction à interdiction de séjour ; ou bien, la 3e condamnation possible prévue
par les paragraphes 2 et 3, comptera-t-elle, au nombre de ces
quatre condamnations supérieures à 3 mois exigées par notre
paragraphe, si bien qu'une seule condamnation supérieure à 3
mois pour vagabondage ou infraction à interdiction de séjour
sera suffisante ? Ne pourra-t-on pas même se contenter de quatre
condamnations supérieures à 3 mois, prévues aux paragraphes
2 et 3 ?

La solution de cette difficulté a donné lieu à trois systèmes :

1er SYSTÈME. — *La 3e condamnation prévue par les paragraphes*
précédents compte au nombre des 4 condamnations supérieu-

res à 3 mois. — Dans ce système, on argumente ainsi : La loi en exigeant, au moins deux, et au plus trois condamnations prévues par le paragraphe 2, a entendu les faire toutes compter pour la relégation. Dans le cas spécial de *deux* qu'elle prévoit, il faut un complément de 5 condamnations pour vagabondage ou infraction à interdiction de séjour, et, comme ces délits sont moins graves que les précédents, elle exige que deux de ces condamnations soient à plus de 3 mois. Elle obtient ainsi, comme dans le paragraphe précédent un total de 4 condamnations à plus de 3 mois.

Mais s'il existe trois condamnations prévues par le paragraphe 3, il ne reste plus qu'un complément de 4 condamnations. Cette 3ᵉ condamnation qui tantôt existe, tantôt n'existe pas, se trouve englobée dans les 5 *autres* complétant le minimum de *deux* prévu par le paragraphe 2. Elle est assimilée, en tant que peine, aux condamnations prononcées pour vagabondage ou infraction à interdiction de séjour, et lorsque la loi veut que « *deux de ces condamnations soient à plus de 3 mois* », elle comprend dans ce nombre de deux la 3ᵉ condamnation prévue par le paragraphe 2, qui *peut* exister.

La logique est d'ailleurs ici d'accord avec l'interprétation. On comprend facilement qu'une condamnation pour un délit grave, compte autant, sinon plus, qu'une condamnation pour un délit plus léger.

« La 3ᵉ condamnation, en vertu du paragraphe 2, dont parle le paragraphe 4 en commençant, dit M. Desjardins, compte dans les *autres*, c'est-à-dire dans les 5 qui restent. Le mot *autres*, est ici extrêmement large. Quand, à la fin, notre paragraphe demande que deux des condamnations soient à plus de 3 mois, il ne donne pas au mot *autres* un sens plus restreint (*Le Droit*, 11 juillet 1886).

Cette interprétation est confirmée, dit-on, par les documents parlementaires. Au cours de la discussion de ce paragraphe au Sénat, M. Ninard, membre de la commission, s'exprimait ainsi : « Mais, tenant compte du danger sérieux que le vagabondage fait courir à la sécurité des villes et des campagnes, tenant compte du mouvement d'opinion qui s'est manifesté contre de pareils délinquants, nous avons cru sage et légitime de faire entrer le vagabondage dans la catégorie des délits pouvant encourir la relégation ».

Et plus loin, parlant de la mendicité qui, dans le projet, était assimilée au vagabondage, et qui depuis a été supprimée :

« Le mendiant que nous visons, c'est le mendiant vagabond, bien portant, fort, vigoureux, qui refuse le travail, et qui, *après des condamnations successives pour de graves fautes*, persiste dans la vie oisive. »

Ainsi, il résulte de ces explications que le vagabondage n'entre dans la catégorie des faits pouvant entraîner la relégation, qu'après des *condamnations successives pour des fautes graves*. Les fautes graves nécessaires pour que le délit de vagabondage ou d'infraction à interdiction de séjour puisse motiver la relégation, ce sont les *deux* ou les *trois* condamnations pour un des délits visés aux paragraphes 2 et 3, et de telles condamnations doivent compter avant toutes les autres.

Un arrêt de la Cour de Montpellier a confirmé cette théorie : « Attendu, dit cet arrêt, que le paragraphe 4 de l'article 4, en exigeant *au moins* deux condamnations prévues par les paragraphes précédents, en admet un plus grand nombre et jusqu'à *trois*, et permet ainsi de comprendre au besoin la 3e parmi les *autres* condamnations dont deux doivent être à plus de trois mois d'emprisonnement ; que ce paragraphe s'applique donc, non seulement à ceux qui ont subi deux des condamnations énoncées aux paragraphes 2 et 3 et cinq condamnations dont deux à plus de 3 mois pour l'un des deux délits spéciaux mentionnés au dit paragraphe 4, mais aussi à ceux qui ont encouru 3 condamnations prévues par les deux paragraphes précédents et quatre condamnations dont une au moins à plus de trois mois pour *l'un* de ces délits (Montpellier, 4 février 1886).

2e SYSTÈME. — *Système de la Cour de cassation.— On peut admettre au nombre des quatre condamnations supérieures à trois mois, non seulement trois, mais même quatre condamnations prévues par les paragraphes 2 et 3, en un mot la substitution complète des condamnations encourues pour délit plus grave à celles*

*pour délit plus faible est permise, au moins en ce qui concerne
les 4 condamnations supérieures à 3 mois.* — C'est le système de
la Cour de cassation :

« Attendu que le demandeur ayant, dans la période décennale
antérieure au fait poursuivi, subi quatre condamnations à plus
de trois mois d'emprisonnement pour vol et abus de confiance,
aurait, aux termes du paragraphe 3 de l'article 4 de la loi du
27 mai 1885, encouru la peine accessoire qu'elle édicte, si elle
avait été déjà promulguée ;

« Mais attendu que Thurot a été condamné par l'arrêt attaqué,
pour vagabondage simple, à trois mois d'emprisonnement seulement, d'où il suit que la décision qui l'a atteint ne rentrait,
ni par la qualification du fait incriminé, ni par l'élévation de la
peine appliquée, dans les conditions prescrites par le paragraphe 3 de l'article 4 sus-rappelé ; que dans ces circonstances le
demandeur ne se trouvait pas, à ce premier point de vue, passible de la relégation ; que, par suite, la Cour de Bourges, en
se fondant, pour prononcer contre lui cette peine accessoire, sur
la combinaison des dispositions qui précèdent avec l'article 9 de
la loi du 27 mai 1885, en a méconnu la véritable portée :

« Mais attendu que Thurot, au moment où il comparaissait devant le Tribunal de Nevers, avait déjà subi, dans le délai ci-
dessus mentionné, outre quatre condamnations pour vol et abus
de confiance, à plus de trois mois d'emprisonnement, deux condamnations pour vagabondage ; que, dans ces circonstances,
une nouvelle condamnation, à raison d'un des délits spécifiés
par la loi du 27 mai 1885, suffisait, aux termes du paragraphe 4
de son article 4, pour en entraîner l'application ; qu'en fait,
l'arrêt attaqué a infligé à Thurot, inculpé de vagabondage, la
peine de trois mois d'emprisonnement ;

« Attendu que vainement la Cour d'appel de Bourges constate
qu'en comptant cette condamnation, le prévenu n'en a encouru
que trois pour vagabondage, alors que le paragraphe 4 de l'article susmentionné suppose cinq condamnations motivées par
ce délit ou par des infractions au ban de résidence ;

« Attendu que cette interprétation judaïque est contredite par
les éléments du débat à la suite duquel le texte de l'article 4 a

été arrêté ; qu'en énonçant dans le paragraphe 4 que les condamnations pour des faits énumérés par les deux paragraphes
précédents doivent être de deux au moins, la loi a eu pour but
de spécifier un minimum, et non d'en limiter le nombre, et que,
par suite, lorsqu'il atteint un chiffre supérieur, il entraîne *a
fortiori* la peine de la relégation ;

« Attendu que la rédaction primitive de cette disposition a été
précisément modifiée, au cours de la discussion de la loi, pour
dissiper toute équivoque sur ce point ; que, dès lors, c'est à tort
que la Cour de Bourges a considéré le paragraphe 4 de l'article 4 de la loi du 27 mai 1885 comme inapplicable à la cause,
et que, dans ces circonstances, il y a lieu de reconnaître que la
peine de la relégation infligée au demandeur se trouve justifiée
par les dispositions de la loi sus-visée ;

Par ces motifs,

Rejette le pourvoi » (Cassation, 13 mars 1886). Dans le même
sens, Cass., 26 juin 1886.

3e Système. — *Parmi les quatre condamnations supérieures
à 3 mois, il faut à la fois deux condamnations prévues par les
paragraphes 2 et 3, et deux pour vagabondage ou infraction
à interdiction de séjour.* — Ce système, que nous adoptons, nous
semble le seul qui soit fidèle au texte et même à l'esprit de
la loi.

Il résulte, en effet, nettement des travaux préparatoires que
le législateur a entendu faire une distinction complète entre les
divers paragraphes de l'article 4. Chacun de ces paragraphes a
pour but de frapper un état spécial de récidive : récidive de
crime (§ 1), récidive mixte de crime et délit (§ 2), récidive de délits graves (§ 3), et enfin récidive mixte de délits graves et de
vagabondage ou d'infraction à interdiction de séjour (§ 4). Dans
ce dernier paragraphe, la loi a entendu frapper spécialement le
vagabondage et l'infraction à l'interdiction de séjour ; toutefois
ne trouvant pas, à eux seuls, ces délits suffisamment graves, elle
ne les frappe que lorsqu'ils accompagnent certains autres délits plus sérieux, révélant chez le vagabond une perversité que
le vagabondage seul n'établit pas suffisamment. Mais cette exi-

gence de la loi ne modifie pas le caractère essentiel du paragraphe, qui veut, avant tout, réprimer le vagabondage et l'infraction à l'interdiction de résidence.

Cette considération ressort des discussions du projet de loi : Le texte primitif visait exclusivement le vagabondage et l'infraction à interdiction de résidence, et c'est à la suite d'une discussion sur le caractère de ces délits qu'on a exigé des condamnations de nature plus grave. Mais il faut à la fois pour que ce paragraphe soit applicable : 1° *deux* condamnations au minimum prévus par les paragraphes 2 et 3 (*trois* au maximum) ; 2° *deux* condamnations au minimum à plus de 3 mois pour vagabondage ou infraction à interdiction de séjour ; 3° *trois* condamnations (ou *deux* seulement si le maximum de 3 prévues par les paragraphes 2 et 3 est atteint) pour vagabondage ou infraction à interdiction de séjour, à des peines quelconques. En un mot, il faut au moins 4, au plus 5 condamnations prévues spécialement par notre paragraphe dont deux à plus de 3 mois. Chacune des exigences de ce paragraphe s'explique naturellement : La loi entend reléguer les *vagabonds incorrigibles* et *dangereux :* Les deux premières condamnations exigées (celles prévues aux parag. 2 et 3) prouvent que le vagabond est capable de graves méfaits, les deux autres ; supérieures à 3 mois pour vagabondage, démontrent que les avertissements résultant des deux (ou trois) autres condamnations pour le même délit ne l'ont pas amendé et qu'il est réellement incorrigible. Mais ce serait, à notre avis, singulièrement méconnaître l'esprit, aussi bien que le texte de la loi que d'appliquer la relégation à un récidiviste qui, parmi ses condamnations à plus de 3 mois n'en aurait qu'une (1ᵉʳ système) ou même aucune (2° système) pour vagabondage.

Il est bon de remarquer que, dans ce dernier cas (système de la Cour de cassation) la difficulté n'a pas d'intérêt sérieux pour l'avenir ; elle ne peut guère se présenter que pour les condamnations antérieures à la loi. En effet, dans l'avenir le récidiviste qui aura encouru 4 condamnations prévues au paragraphe 3, sera forcément relégué. Le récidiviste, en vertu du paragraphe 4, pourra donc au plus se présenter devant le tribunal avec 3 de ces condamnations. Mais il pourra se faire que, la relégation ayant été omise dans le jugement devenu définitif, ou remise par mesure gracieuse, le récidiviste soit de nouveau poursuivi, pour vagabondage. La question que nous avons examinée se posera donc encore, et en vertu de la jurisprudence de la Cour de cassation, la relégation pourra être prononcée à l'occasion de cette poursuite pour vagabondage.

Ce système a été consacré par plusieurs arrêts de Cour d'appel, la plupart annulés, d'ailleurs, par la Cour de cassation :

« Considérant que Kergonnard est poursuivi pour infraction à interdiction de séjour ; qu'il ne peut être relégué qu'en vertu du paragraphe 4 de l'article 4 ; que, s'il a subi six condamnations pour vol, son casier n'en porte aucune pour infraction à un arrêté d'interdiction, et une seule, pour vagabondage, à huit jours de prison ; qu'il y a donc lieu d'examiner si les condamnations pour vol peuvent remplacer les condamnations pour vagabondage et infraction à interdiction exigées par le paragraphe 4 de l'article 4 : qu'aux termes de ce paragraphe doivent être relégués les individus qui auraient encouru « sept condamnations, dont deux au moins prévues par les deux paragraphes précédents, et les autres, soit pour vagabondage, soit pour infraction à l'interdiction de résidence, signifiée par application de l'article 19 de la présente loi, à la condition que deux de ces autres condamnations soient à plus de trois mois » ; que, d'après le texte même du paragraphe, le total de sept condamnations se divise en deux catégories distinctes ; que la première se compose des condamnations visées par les paragraphes précédents, c'est-à-dire de condamnations pour crimes ou faits qualifiés crimes, ou à plus de trois mois d'emprisonnement pour les délits spécifiés au paragraphe 2 ; que la seconde catégorie comprend au contraire uniquement les condamnations pour vagabondage et infraction à interdiction de séjour ;

« Considérant que si, dans le total des sept condamnations, le nombre respectif de chacune de ces catégories n'est pas fixé d'une manière absolue, la loi indique pour chacune d'elles un minimum de deux ; qu'elle emploie, en effet, relativement à la première catégorie, l'expression de deux au moins, et qu'elle exige pour la seconde le minimum de deux condamnations à plus de trois mois ;

« Considérant que le législateur, dans ce paragraphe de l'article 4, a voulu atteindre les vagabonds incorrigibles ; mais que, ne considérant pas le vagabondage seul comme suffisant pour entraîner la relégation, il a exigé en outre des condamnations d'une nature plus grave, sans que, par cette addition, il ait modifié le caractère essentiel de ce paragraphe ;

« Considérant que cette interprétation ressort des discussions auxquelles la loi a donné lieu ; que le texte primitif visait exclusivement les condamnations pour vagabondage ou infraction à interdiction de séjour, et que c'est à la suite d'une discussion, portant sur le caractère de ces délits, qu'on a modifié l'ancien texte et exigé des condamnations d'autre nature ;

« Considérant que la jurisprudence a reconnu qu'une séparation complète existait entre les différents paragraphes de l'article 4 ; qu'elle a été établie notamment pour celui qui, aux termes de l'article 9, a encouru des condamnations pouvant entraîner, dès maintenant, la relégation ; qu'elle n'admet de condamnations à la relégation qu'au cas d'une poursuite nouvelle rentrant dans le paragraphe à appliquer ; qu'ainsi, l'individu passible de la relégation en vertu du paragraphe 3, à raison de 4 condamnations pour vols, ne peut être relégué qu'au cas de nouvelle condamnation pour vol ou pour l'un des délits de ce même paragraphe ; que le législateur n'a voulu, en effet, prononcer une peine aussi grave qu'autant que l'individu relégable commettrait un fait nouveau de la nature de ceux qui l'en rendent passible ;

Considérant que si l'on admettait la substitution absolue, dans le paragraphe 4, de condamnations pour vol aux condamnations pour vagabondage sur une poursuite nouvelle pour vagabondage, on reléguerait comme vagabond un individu qui l'encourt uniquement à raison de ses condamnations pour vol ; qu'on aggraverait donc la situation faite au prévenu par les condamnations précédentes ;

Par ces motifs, etc. (Paris, 8 avril 1886) ;

(Dans le même sens : Bourges, 21 janvier 1886.)

Bien que la doctrine de ces arrêts ait été rejetée par la Cour de cassation, nous estimons qu'elle constitue la saine interprétation du texte pénal que nous étudions.

Les raisons que donne la Cour de cassation de sa théorie ne peuvent nous satisfaire. Gênée par un texte très clair, sinon très logique, la Cour se borne à déclarer que l'interprétation contraire à la sienne (celle de la Cour de Bourges et de la Cour de Paris) est trop judaïque, et elle veut invoquer, à l'appui de sa thèse, la discussion de la loi et la modification apportée au texte primitif. Le projet de loi soumis au Sénat était ainsi conçu : « *Deux au moins* des condamnations prévues par les paragraphes précédents, et cinq condamnations dont *deux au moins* à trois mois d'emprisonnement soit pour mendicité ou vagabondage, soit pour infraction à l'interdiction de résidence, etc... » C'est sur une observation de M. Ninard que la rédaction primitive fut modifiée. Mais les observations présentées par M. Ninard et rapportées plus haut (voir p. 111) font comprendre la portée de cette modification. Après avoir proposé le texte actuel, M. Ninard ajoutait encore : « Le Sénat aperçoit immédiatement la différence entre les deux rédactions, et voit disparaître par la loi nouvelle, cette anomalie que j'ai constatée tout à l'heure, à savoir qu'une condamnation pour l'un des délits énumérés dans le paragraphe 3 n'équivaudrait pas à un délit de vagabondage simple » (Sénat, 10 fév. 1885).

Cette observation est très juste : Elle permet de compter au nombre des *cinq* condamnations primitivement exigées pour vagabondage, etc., la 3e condamnation prévue par les paragraphes 2 et 3 qui *peut* exister. Avant le texte actuel, même au cas de trois condamnations de cette nature il aurait toujours fallu *cinq autres* condamnations pour vagabondage etc. La nouvelle réduction a donc eu pour but, dans la pensée de son auteur, de permettre d'assimiler la 3e condamnation prévue par les paragraphes 2 et 3 à une condamnation pour vagabondage etc., même inférieure à 3 mois et un jour de prison, et rien de plus. Dans ce paragraphe 4, le législateur ne pouvait prévoir le cas de quatre condamnations visées aux paragraphes précédents, parce que ce cas était déjà visé par le paragraphe 3. Nous devons le répéter : la loi a été faite en vue de l'avenir ; le législateur n'a pu songer à une situation, qui pour motiver l'application du paragraphe 4, doit exister antérieurement à la loi, puisque, dans le cas contraire le récidiviste eut été passible de la relégation en vertu du paragraphe 3. La loi a donc simplement prévu le cas où il pourrait y avoir 3 condamnations prévues aux paragraphes 2 et 3 et un certain nombre d'autres condamnations spéciales. Ces 3 condamnations ne rendaient pas le récidiviste relégable (puisque le paragraphe 3 exige un minimum de 4) ; elle a entendu que les 3 condamnations comptent toutes dans le nouveau total de 7 exigé par le paragraphe 4. Elle n'a pas dit et voulu dire autre chose ; elle a au contraire formellement exigé la condition de 2 condamnations supérieures à 3 mois pour vagabondage ou interdiction de séjour.

Pourtant, la Cour de cassation, outrant son système, est allée beaucoup plus loin. Peut-on, en effet, savoir où l'on s'arrêtera, quand, en matière pénale, on commence à vouloir scruter les desseins secrets du législateur ? Quand on perd le texte de vue, on s'égare de plus en plus. C'est ce qui est arrivé.

Remplacement des condamnations pour vagabondage ou infraction à interdiction de séjour même inférieures à 3 mois, par des condamnations pour délits prévus au paragraphe 3, même inférieures à 3 mois. — Jusqu'ici, nous ne nous sommes préoccupés que des quatre condamnations supérieures à 3 mois exigées par notre paragraphe 4. Non seulement la Cour de cassation admet que ces quatre condamnations peuvent toutes avoir été encourues pour délits prévus au paragraphe 3, mais, dans ses derniers arrêts, elle pose en principe que la substitution complète est permise, tant pour les condamnations supérieures que pour les condamnations inférieures à 3 mois d'emprisonnement; en un mot, en vertu de ce paragraphe qui semble frapper spécialement le vagabondage et l'infraction à interdiction de séjour, on pourrait, d'après elle, prononcer la relégation contre un individu qui n'a subi aucune condamnation pour vagabondage ou infraction à interdiction de séjour. Toute une série d'arrêts a adopté cette théorie, timidement émise dans l'arrêt du 13 mars 1886, et affirmée par l'arrêt suivant, le dernier qui soit intervenu sur la matière :

« Attendu qu'avant d'être condamné par l'arrêt attaqué à trois mois d'emprisonnement pour vol, Chenet avait déjà encouru dans un intervalle de dix ans, non compris la durée de toute peine subie, sept condamnations, savoir : quatre à plus de trois mois d'emprisonnement pour vol ou tentative de vol, deux à trois mois ou moins de trois mois pour vol, et une à moins de trois mois pour vagabondage ; que dans ces conditions le ministère public en appel a requis la condamnation du prévenu à la peine accessoire de la relégation en vertu du paragraphe 4 de la loi du 27 mai 1885 ;

« Attendu que, contrairement à ces réquisitions, la Cour d'appel a refusé d'appliquer cette peine en se fondant sur ce que le prévenu, n'ayant jamais été condamné pour infraction à l'interdiction de résidence et n'ayant subi qu'une condamnation pour vagabondage, ne pouvait être soumis à la relégation en vertu du paragraphe 4 de l'article 4 de la loi du 27 mai 1885 qui exigerait, suivant elle, comme condition formelle de son application, le concours de quatre condamnations au moins pour l'un ou l'autre de ces délits ;

« Attendu qu'en fixant à 4 le nombre des condamnations pour vagabondage ou infraction à l'interdiction de résidence qui serait nécessaire pour justifier l'application du paragraphe 4 de l'article 4 précité, alors que ce paragraphe en suppose 3, l'arrêt attaqué admet qu'une de ces condamnations peut être remplacée par une de celles spécifiées aux paragraphes 2 et 3 dudit article, mais qu'il déclare que cette substitution ne peut se produire que jusqu'à concurrence d'une seule condamnation ;

« Attendu que cette interprétation, que n'autorisent point les termes employés par le législateur, est contraire à l'esprit de la loi du 27 mai 1885 ; qu'il résulte en effet des travaux préparatoires de cette loi et notamment de la discussion qui a précédé l'adoption du paragraphe 4 de l'article 4 : 1° que ce paragraphe, en exigeant pour son application deux au moins des condamnations prévues par les paragraphes 2 et 3, a seulement fixé un minimum et que, si ce minimum est dépassé, les con-

damnations excédentes, quel qu'en soit le nombre, doivent *a
fortiori* être comptées en vue de la relégation ; 2° qu'en ce qui
concerne les autres condamnations destinées à parfaire le nombre de sept, il n'est pas indispensable qu'elles aient été prononcées pour vagabondage ou infraction à l'interdiction de séjour et qu'on peut indifféremment les remplacer par des condamnations encourues pour l'un des délits spécifiés aux deux
paragraphes précédents, à la condition que sur le total des sept
condamnations retenues, quatre au moins, dont deux de celles
prévues aux paragraphes 2 et 3, soient à plus de 3 mois d'emprisonnement ;

« Attendu qu'en refusant de faire entrer dans le calcul des
condamnations destinées à compléter le nombre de sept, quatre
des condamnations encourues par Chenet, pour vol ou tentative de vol, l'arrêt attaqué a faussement interprété et violé le
paragraphe 4 de l'article 4 de la loi du 27 mai 1885 ;

« Attendu, d'ailleurs, que les faits souverainement constatés
par la Cour d'appel justifient la qualification qu'ils ont reçue
et la peine d'emprisonnement qui a été appliquée et que l'arrêt
est régulier en la forme ;

« Casse et annule *parte in qua* et seulement en ce qu'il a refusé d'appliquer à Chenet la peine de la relégation... et renvoie
devant la Cour d'appel de Grenoble (Cass., 6 juillet 1893. Ch.
crim.) (1).

(Dans ce sens : Cass., 24 novembre 1887. Cass., 11 mars 1887.
— Sur renvoi : Toulouse, 8 juin 1887). Certains auteurs (Jambois,
op. cit., p. 27. Tournade, *op. cit.*, p. 40. Berton, *op cit.*, p. 35),
admettent également la substitution en ce qui concerne les condamnations supérieures à 3 mois prévues au paragraphe 3. Il
est permis de penser qu'ils n'adopteraient pas la dernière jurisprudence de la Cour de cassation, postérieure à la date de leurs
ouvrages.

Ainsi l'équivalence absolue est admise entre les condamna-

(1) Nous espérons que la Cour de Grenoble, saisie du renvoi, persistera
dans la jurisprudence de l'arrêt cassé, et que la Cour de cassation, chambres
réunies, reviendra sur sa première interprétation comme elle l'a déjà fait en
matière de confusion.

tions pour vagabondage ou infraction à interdiction de séjour et les condamnations prévues aux paragraphes 2 et 3, que ces condamnations *soient ou non supérieures à 3 mois de prison.* Cette théorie est en contradiction formelle avec le texte de la loi : « On peut indifféremment les remplacer, dit la Cour, par des condamnations encourues pour l'un des *délits spécifiés aux deux paragraphes précédents*, à la condition que sur le total des sept condamnations retenues, quatre au moins, dont deux de celles prévues aux paragraphes 2 et 3. soient à plus de 3 mois d'emprisonnement ».

Or, la loi ne vise pas simplement dans les paragraphes 2 et 3 certains délits, mais des *condamnations supérieures à 3 mois* pour ces délits. Le délit est inséparable de la peine qui l'a réprimé : quand cette peine est supérieure à 3 mois le délit compte pour la relégation ; au-dessous de cette peine, le délit est écarté. Le législateur a estimé, à tort ou à raison, que ces délits, lorsqu'ils ne motivaient pas une peine déterminée, ne faisaient pas courir à la société un danger assez grand pour justifier l'application de la relégation. Rien dans le texte du paragraphe 4 n'autorise à séparer le délit de la condamnation minimum exigée ; on y vise toujours les *condamnations* et non pas seulement les délits prévus aux paragraphes 2 et 3 ; rien ne vient démontrer qu'on ait entendu déroger à la règle posée, à savoir que les condamnations inférieures à 3 mois et 1 jour pour les délits spécifiés ne sauraient motiver la relégation. Ce n'était pas d'ailleurs l'intention du législateur qui, nous l'avons établi, ne voulait, dans ce paragraphe, atteindre que les vagabonds. les autres récidivistes plus dangereux étant visés par les paragraphes précédents. En admettant la théorie de la Cour de cassation, on arrivera à reléguer, en vertu d'un paragraphe qui a voulu frapper les vagabonds, des récidivistes qui n'ont subi aucune condamnation pour vagabondage, celui, par exemple, qui aura encouru 7 condamnations pour vol, 4 à 3 plus de 3 mois et les autres à des peines quelconques, même à l'amende.

On ne sait même où l'on s'arrêtera dans cette voie. Pourquoi admettrait-on simplement les délits qui sont visés aux paragraphes précédents. De deux choses l'une : ou bien il faut prendre ces délits avec la condamnation supérieure à 3 mois (puisque ces délits ne sont prévus qu'à la condition d'être frappés de cette peine minima) et alors si on admet l'équivalence elle ne pourra se produire que pour les condamnations, supérieures à 3 mois ; ou bien le texte du paragraphe 4 permet d'admettre des condamnations quelconques, inférieures à 3 mois et 1 jour, *même celles pour vagabondage et infraction à interdiction de séjour*, et alors on se demande pourquoi on ne retiendrait pas en vue de la relégation, des condamnations pour coups et blessures, fraude au préjudice des restaurateurs, détournement d'objets saisis, etc. — condamnations qui sont d'ordinaire plus graves que des condamnations pour vagabondage, — voire même des condamnations à l'amende pour des délits insignifiants. Cette conséquence serait absurde mais la théorie de la Cour de cassation y conduit logiquement, car rien, ni dans l'esprit ni dans le texte de la loi, ne permet d'admettre les délits de vol, escroquerie etc., à moins que les condamnations soient supérieures à 3 mois, et si on les admet, alors qu'ils ne sont nulle part visés dans la loi c'est qu'on peut admettre toute espèce de condamnation !

Le législateur n'a voulu ni cette conséquence, étrange mais logique, ni ce qu'a décidé la Cour de cassation.

Si mal rédigée que puisse être la loi qui nous occupe, le législateur pouvait facilement exprimer sa pensée si elle eût été conforme à la doctrine adoptée par la Cour de cassation ; la rédaction du paragraphe 3 eût au contraire été plus simple que la rédaction actuelle ; il suffisait de dire : « sept condamnations, dont deux au moins en vertu des paragraphes 2 et 3, et les autres, soit pour les faits spécifiés aux paragraphes 2 et 3, soit pour vagabondage ou infraction à interdiction de séjour, à la condition que sur ces sept condamnations il en existe au moins quatre, à plus de 3 mois d'emprisonnement. » Le législateur n'a pas adopté cette rédaction parce qu'elle ne rendait pas sa pensée. Il voulait avant tout frapper les vagabonds, nous l'avons démontré suffisamment. D'ailleurs le texte est très net, et ne permet pas d'entrer dans la voie d'interprétation, toujours dangereuse en matière pénale, ouverte par la Cour de cassation. Rechercher l'esprit dont était animé le législateur quand on est en présence d'un texte précis, c'est méconnaitre les principes qui dominent notre droit pénal.

Sans doute, avec le système que nous adoptons, un certain nombre de récidivistes échapperont aux rigueurs de la loi. Certains mêmes ne seront pas relégués dont la criminalité sera plus grande qu'elle ne sera chez d'autres qui subiront la relégation. Mais cette conséquence regrettable ne peut nous étonner, le rapporteur de la loi, M. de Verninac ayant pris soin de la prévoir lui-même. Il eût été à souhaiter que la loi fût mieux faite, plus complètement étudiée, et que le système de la Cour de cassation eût été celui du législateur. De cette façon on eût pu chasser de France des récidivistes dangereux qui, avec le texte actuel, ne pourront être atteints. C'est évidemment cette considération *pratique* qui a inspiré la décision de la Cour de cassation. Certes le sort des récidivistes atteints par cette jurisprudence est peu digne d'intérêt ; mais, malgré la satisfaction qu'on éprouve à pouvoir débarrasser le pays de malfaiteurs incorrigibles, nous ne saurions nous élever trop énergiquement contre la tendance manifestée par cette jurisprudence. En décidant, comme elle l'a fait, la Cour de cassation est sortie de son rôle. Comme le dit fort justement M. Garçon (*Journal de droit criminel*) : « Ce n'est plus interpréter la loi, mais la corriger. Et, si l'on entre dans cette voie avec une pareille loi, où donc s'arrêtera-t-on ? Que resterait-il du texte de l'article 4, si l'on faisait toutes les corrections nécessaires ? » Il n'appartient pas au juge de se substituer au législateur. La théorie de la Cour de cassation porte une grave atteinte au principe jusqu'alors incontesté qui veut que le droit pénal soit pris *stricto sensu*. Il y a dans un pareil mode d'interprétation un véritable danger, car le respect absolu du texte, est, en matière pénale, la seule garantie contre l'arbitraire.

SYSTÈME MIXTE. — *Deux condamnations prévues au paragraphe 3. — Deux à plus de 3 mois pour vagabondage ou infraction à interdiction de résidence. — Substitution facultative pour les 3 autres.* — Il existe un système mixte adopté par la Cour de Paris et par certains auteurs. On admet que les condamnations prévues par les paragraphes 2 et 3 (c'est-à-dire supérieures à 3 mois) peuvent remplacer 3 des condamnations complémentaires pour vagabondage ou infraction à interdiction de séjour. En un mot, dans ce système, il faut sept condamnations dont deux au moins à plus de 3 mois pour vagabondage ou infraction à interdiction de séjour, et cinq autres, ou pour vagabondage, — ou prévues par les paragraphes précédents, à condition qu'il en existe au moins 2 de ces dernières (Dans ce sens, Garçon, *op. cit.*, p. 41 et suiv. — Villey, Note P. 86.1.439. — Sarrut, Note D. 86.2.50. — Le Poittevin, *op. cit.*, p. 191).

Ce système serait beaucoup plus admissible que le précédent : Il respecte au moins les deux condamnations pour vagabondage supérieures à 3 mois, et s'arrête devant ce texte formel « à la condition que 2 de ces condamnations, etc... » Toutefois nous ne pouvons l'accepter.

Pour nous, le paragraphe 4 n'est applicable qu'à la condition qu'il existe au plus *cinq*, au moins *quatre*, condamnations pour vagabondage, — 2 à plus de 3 mois, 3 ou 2 à des peines quelconques, — et au moins 2, au plus 3 condamnations prévues aux paragraphes précédents (c'est-à-dire à plus de 3 mois). Ce système est le seul, à notre avis, qui se concilie avec le texte et l'esprit de la loi. En ce qui concerne le texte, nous n'avons pas à insister, les systèmes contraires, étant obligés de le combattre avec les intentions présumées du législateur. Pour l'esprit de la loi, nous croyons avoir suffisamment démontré (voir p. 119) et nous n'y reviendrons pas que la modification proposée par M. Ninard avait eu simplement pour but de substituer à un texte obscur un texte clair (on le croyait du moins !) et de permettre de compter pour la relégation la 3ᵉ condamnation facultative autorisée par les mots « au moins » de la rédaction, étant donné d'autre part qu'on ne pouvait prévoir plus de trois de ces condamnations, ce cas étant déjà visé par le paragraphe 3. Faut-il encore répéter que le paragraphe 4 a voulu seulement frapper les vagabonds qui, tout d'abord étaient seuls visés ?

Remplacement d'une condamnation pour vagabondage simple par une condamnation pour vagabondage qualifié. — Peut-on remplacer une des condamnations pour vagabondage simple par une condamnation pour vagabondage en vertu des articles 277 et 279 du Code pénal ? Ce point ne peut à notre sens faire l'objet d'aucune difficulté. Le délit prévu par les articles 277 et 279 est un vagabondage accompagné de certaines circonstances aggravantes ; mais il n'en reste pas moins un délit caractérisé par les mêmes éléments, qui doit, sans aucun doute, compter parmi les condamnations prévues au paragraphe 4. D'ailleurs le texte ne distingue pas et le terme « vagabondage » employé par lui comprend le vagabondage aggravé aussi bien que le vagabondage simple. La condamnation pour vagabondage qualifié, qu'elle soit ou non supérieure à 3 mois, doit donc, s'il y a lieu, être comptée au nombre des 7 condamnations exigées, au même titre qu'une condamnation égale pour vagabondage simple (*Sic* : Le Poittevin, *op. cit.*).

La condamnation à l'amende pour vagabondage ou infraction à interdiction de séjour doit-elle être retenue ? — Enfin, il est un cas qui se présentera rarement en pratique, mais qu'il est bon d'examiner. Un vagabond est poursuivi : Les circonstances atténuantes lui sont accordées dans une très large mesure, et il n'est condamné qu'à l'amende. Cette condamnation comptera-t-elle pour la relégation ? Le doute est impossible. La loi ne fait aucune distinction ; elle demande simplement un complément de 3 condamnations pour s'adjoindre aux 4 condamnations à plus de 3 mois qu'elle exige. Elle ne dit en aucune façon que ces condamnations devront être à l'emprisonnement. Dans les discussions parlementaires, rien ne nous autorise à dire que telle a été réellement l'intention du législateur, et quelque sévérité qu'on puisse montrer en admettant une telle condamnation, le texte nous force à l'accepter.

(*Sic* : Garçon. *loc. cit.*, p. 57. — Le Poittevin, *loc. cit.*, p. 195.)

La même solution s'impose pour une condamnation à l'amende réprimant l'infraction à interdiction de séjour.

M. Sarrut (note Dalloz, 1886, 2, p. 49) est d'un avis contraire :

« Toutefois, dit-il, on ne saurait faire état du vagabondage simple ou de l'infraction à l'interdiction de résidence punis d'une simple amende, hypothèse que la pratique n'a vraisemblablement jamais réalisée. Cette restriction résulte tout à la fois de l'esprit de la loi, le législateur n'ayant voulu s'occuper du vagabondage simple ou de l'infraction à l'interdiction de résidence qu'autant qu'ils révélaient un danger social par l'importance de la condamnation, et du texte de la loi, car l'article 4 en parlant d'un intervalle de 10 ans, *non compris la durée de toute peine subie*, indique bien qu'il ne vise que des condamnations à des peines corporelles. On sent d'ailleurs qu'il y aurait une disproportion manifeste entre une peine d'amende et la relégation ».

(Dans ce sens également Tournade, *loc. cit.*, p. 41).

M. Sarrut, comme M. Tournade, invoque l'esprit de la loi à l'appui de sa thèse. Mais ici, comme ailleurs, nous répéterons que l'esprit de la loi n'a rien à voir en présence d'un texte formel : Or la loi retient le vagabondage dès qu'il est constaté par une condamnation quelconque. Si même il était besoin d'invoquer l'esprit de la loi, il semble qu'il serait contraire à la thèse que l'on soutient : Le législateur a entendu frapper l'individu qui se livre au vagabondage, qui n'a ni domicile, ni moyens d'existence ; or, on admettra que ces conditions existent dès qu'une condamnation, même à l'amende, intervient. Il peut exister des circonstances très atténuantes, mais les éléments constitutifs du délit n'en subsistent pas moins.

Le motif, tiré par M. Sarrut de l'article 4 (intervalle de 10 années non compris *la durée de toute peine subie*) est-il plus probant ? Non assurément. Il ne faut pas en conclure en effet, comme le fait M. Sarrut, que la loi n'entend viser que les peines corporelles. Il y a là une confusion certaine entre les condamnations qui motivent la relégation et celles qui prorogent la période décennale, et, de la nature de ces dernières, il ne faut pas induire la nature des premières quand le texte d'ailleurs ne présente aucune équivoque.

Il y aurait disproportion, ajoute-t-on, entre une peine d'amende et la relégation ! La disproportion sera-t-elle moins choquante quand la relégation sera la conséquence d'une condamnation à 24 heures d'emprisonnement ?

Les anciennes condamnations pour rupture de ban doivent-elles être assimilées aux condamnations pour infraction à interdiction de séjour? — Notre paragraphe prévoit, outre les condamnations pour vagabondage, les condamnations pour infraction à interdiction de séjour. Ce délit est un délit nouveau créé par l'article 19 de la loi actuelle qui a substitué l'interdiction de résidence à la surveillance de la haute police jusqu'alors en vigueur. Une difficulté peut naître de cette substitution : Les anciennes condamnations pour rupture de ban, prononcées en vertu de la loi sur la surveillance de la haute police, pourront-elles remplacer les condamnations pour infraction à interdiction de séjour, et, comme ces dernières, motiver la relégation?

La plupart des auteurs paraissent répondre négativement, et il ne nous semble pas qu'il puisse s'élever sur la solution de cette question un doute sérieux. La loi prévoit expressément les condamnations : « *soit pour vagabondage, soit pour infraction à l'interdiction de résidence signifiée en vertu de l'article 19 de la présente loi* ».

On objectera vainement que la surveillance de la haute police et l'interdiction de séjour ont entre elles des ressemblances frappantes, qu'elles sont prononcées pour les mêmes causes, pour la même durée, et que l'article qui punit l'infraction à l'interdiction de résidence est toujours ce même article 45 qui réprimait les infractions à la loi du 23 janvier 1874.

Sans doute, les analogies sont pour ainsi dire complètes entre les deux peines, et comme on l'a fait remarquer très justement elles ne se différencient que par le mode de désignation des lieux où le condamné ne peut résider : sous le régime de la loi de 1874, le condamné doit résider dans certains lieux ; sous le régime actuel, il peut aller partout, sauf dans certains lieux où il lui est interdit de paraître.

Mais la différence est encore assez notable et vaut bien la peine qu'on l'envisage : « La surveillance de la haute police, dit M. Sarrut (note Dalloz, 86.2.50), était une peine bien plus grave que ne l'est aujourd'hui l'interdiction de séjour...... et notamment la peine de la rupture de ban était prononcée autrefois pour un très grand nombre d'infractions que ne réprime plus la loi nouvelle. Actuellement l'article 45 du Code pénal n'est applicable qu'au seul fait de pénétrer dans une localité dont le séjour est interdit. Il suit de là que l'interdiction de résidence est tout autre chose que la surveillance de la haute police, et aussi que la rupture de ban était un délit bien distinct de celui d'infraction à l'interdiction de résidence. Le délit de rupture de ban n'existe donc plus et il semble juridique de n'en point faire état à propos de la relégation ».

Nous irons plus loin : L'assimilation entre les deux peines serait-elle plus complète, alors même qu'on ne pourrait trouver entre elles aucune différence sérieuse, nous resterions convaincus que la rupture de ban ne peut entraîner les mêmes conséquences que l'infraction à l'interdiction de séjour.

En effet, le délit qui, sous la loi de 1874, était dit *rupture de ban*, reçoit dans la loi actuelle un nouveau nom : C'est *l'infraction à l'interdiction de séjour*. Ce délit n'existait pas, c'est l'article 19 de notre loi qui le crée, et comme le dit le texte de la loi, c'est seulement pour les condamnations prononcées *en vertu de l'article* 19 que la relégation pourra être prononcée.

Il faut, avant tout, faire dire à la loi ce qu'elle dit, sans aller chercher dans la conscience du législateur ce qu'il aurait pu dire. Nous avons un texte absolument clair, absolument précis, et quelque similitude qui puisse exister entre les deux peines, nous nous refusons à admettre que l'une puisse se substituer à l'autre.

C'est dans ce sens qu'a statué l'arrêt suivant de la Cour de Paris :

« Attendu qu'on ne saurait compter au point de vue de la relégation les condamnations encourues pour rupture de ban ;

« Attendu, en effet, que la loi, parlant, dans le paragraphe 4 de l'article 4, « de l'infraction à l'interdiction de résidence signifiée par application de l'article 19 », ne saurait être appliquée en dehors de ces termes ;

« Attendu que l'infraction à l'interdiction de résidence constitue un délit qui n'existe que depuis la promulgation de la loi, délit complètement distinct de celui de rupture de ban qui existait avant sa promulgation ; que, par suite, aucune condamnation pour rupture de ban prononcée antérieurement à la mise en vigueur de la loi ne peut compter au point de vue de la relégation ;

Par ces motifs, etc. (Paris, 3 février 1886).

C'est à notre avis le seul système conforme aux principes d'interprétation admis en matière pénale. Sans doute, on peut regretter que le législateur ait omis de viser la rupture de ban. Il eut été pratique de se débarrasser de la sorte de criminels endurcis. Mais la pratique n'a rien à faire dans une saine interprétation, et quelle que soit d'ailleurs *l'utilité* d'une solution, on doit adopter la solution juridique, conforme aux principes étroits du droit pénal, sans se laisser guider, comme on semble trop le faire pour la loi actuelle, par la théorie du péril social.

Toutefois, la Cour de cassation a consacré la thèse contraire :

« Attendu qu'aux termes de l'article 9 de la loi du 27 mai 1885, les condamnations encourues antérieurement à la promulgation de ladite loi, doivent être comptées en vue de la relégation conformément à l'article 4 ;

« Attendu que, d'après le paragraphe 4 de ce dernier article, l'infraction à l'interdiction de séjour signifiée par application de l'article 19 est rangée parmi les délits susceptibles d'entraîner la relégation ;

« Attendu que si l'article 19 de la loi du 27 mai 1885, supprime la peine de la surveillance de la haute police, il la remplace par la défense faite au condamné de paraître dans les lieux dont l'interdiction lui sera signifiée par le gouvernement avant sa libération ; que l'article 19 ajoute, d'une part, que les dispositions qui réglaient l'application ainsi que la remise ou la suppression de la surveillance de la police et les peines encourues par les contrevenants restent applicables à l'interdiction de résidence, et, d'autre part, que les condamnés à la surveillance de la haute police, avant la promulgation de la loi, restent soumis à l'interdiction de séjour ;

« Attendu que les deux peines ne diffèrent que par le mode de désignation des lieux où il est interdit au condamné de paraître ; qu'elles sont prononcées pour les mêmes causes, dans les mêmes conditions, pour la même durée et sous la même sanction ; qu'il est donc inadmissible que le législateur, en déclarant que l'infraction à l'interdiction de séjour comptait pour la relégation, n'ait pas entendu comprendre dans cette expression l'infraction au ban de surveillance ;

« Attendu dès lors qu'en mettant au nombre des condamnations antérieures à la loi du 27 mai 1885, pouvant entraîner la relégation, celle pour rupture de ban, l'arrêt attaqué, loin de violer les articles susvisés de ladite loi, en a fait une juste et saine application ;

PAR CES MOTIFS, etc., (Cass., 15 avril 1886).

Dans le même sens : Cass., 25 avril 1886, 26 juin 1886. Montpellier, 4 février 1886 (Les Cours et Tribunaux se sont depuis ralliés à cette jurisprudence). Le Poittevin, *op. cit.*, p. 162.

Dans notre sens : Tournade, *loc. cit.*, p. 42 ; Depeiges, *loc. cit.*, p. 42 ; Jambois, *loc. cit.*, p. 41 ; Laborde, *La Loi*, 22 mai 1886 ; Villey, note Sirey, 86, 2, 74. — Paris, 3 février 1886. — Orléans, 9 février 1886, 8 avril 1886, 16 mars 1886.

V

Individus vivant de la prostitution d'autrui et de la tenue de jeux illicites.

ART. 4. — (Suite). *Seront considérés comme gens sans aveu, et seront punis des peines édictées contre le vagabondage, tous individus qui, soit qu'ils aient ou non un domicile certain, ne tirent habituellement leur subsistance que du fait de pratiquer ou de faciliter sur la voie publique l'exercice de jeux illicites, ou la prostitution d'autrui sur la voie publique.*

Délit nouveau. — Le délit créé par ce dernier paragraphe est un délit absolument nouveau. La jurisprudence avait déjà à plusieurs reprises décidé que le fait par un individu de n'avoir comme moyens d'existence que le produit de la prostitution d'autrui constituait le délit de vagabondage (Cassation, 23 août 1883). Cette jurisprudence n'était pas d'ailleurs universellement adoptée (Tribunal corr. de Toulouse, 10 mars 1886). Aujourd'hui encore, sous l'empire de la loi du 27 mai 1885, cette question est laissée à l'appréciation des Tribunaux (Jugement précité).

Ce que notre paragraphe a prévu, c'est une espèce différente, ne tombant sous l'application d'aucun texte pénal, et consistant à ne tirer *habituellement* sa subsistance que du fait de *pratiquer ou faciliter la prostitution d'autrui sur la voie publique* (Desjardins. *Le Droit*, 27 janvier 1886).

Avant la loi actuelle, les Tribunaux étaient dans l'impossibilité de condamner comme vagabond un individu qui, ayant lui-même un domicile certain, vivait du produit de la prostitution d'une fille qu'il accompagnait sur la voie publique et dont il facilitait le trafic. Il en était de même à l'égard des individus qui, ayant un domicile certain, ne tiraient leurs moyens d'existence que du produit de jeux illicites tenus sur la voie publique. Ceux-là seuls pouvaient être frappés qui employaient des manœuvres frauduleuses constituant contre eux le délit d'escroquerie.

C'est cette lacune que la loi s'est proposée de combler. Examinons quelles sont les conditions nécessaires pour que ce paragraphe puisse être applicable.

Conditions du délit. — Tout d'abord nous n'avons pas à nous inquiéter du domicile. Que les prévenus aient ou non un domicile certain, ils seront justiciables de notre paragraphe s'ils se trouvent d'ailleurs dans les conditions suivantes :

1° Si le fait qui leur est reproché est HABITUEL. On ne pourrait donc condamner en vertu de ce paragraphe l'individu arrêté en flagrant délit, si d'autre part on n'établissait pas contre lui le fait de s'être, assez souvent pour qu'on puisse y voir une habitude, livré aux mêmes actes. Il ne suffirait même pas que plusieurs faits du même genre eussent été relevés contre lui, il faut qu'il soit démontré qu'il ne vit que de la pratique de ces actes, qu'il les pratique *habituellement* et qu'il en fait métier.

2° Il faut, en second lieu, que ces actes aient été commis sur la *voie publique*. Le proxénétisme, même habituel, qui se commet partout ailleurs que sur la voie publique, n'est pas visé par notre loi, en sorte que le fait de pratiquer ou de faciliter la prostitution dans un *lieu public* (théâtres, brasseries ou cafés) ne sera pas punissable. Comme le fait justement remarquer M. Berton, la loi dit : *voie publique*, ses termes ne peuvent être étendus (Berton, *loc. cit.*, p. 98).

3° Il faut, enfin, qu'il y ait *pratique ou facilitation* des actes visés. La pratique, c'est le fait qui consiste à agir soi-même comme *agent direct*. En ce qui concerne la prostitution d'autrui sur la voie publique, c'est le fait par un individu de raccoler des filles qui se prostituent et lui remettent tout ou partie des produits de leur prostitution.

Pour les jeux illicites, c'est le fait de tenir soi-même sur la voie publique les jeux non autorisés.

La « facilitation » des actes visés, consiste pour le premier, la prostitution, à surveiller le trafic que font des filles, à faire soi-même, au nom de ces filles, des propositions aux passants, à raccoler pour elles — et pour le second, les jeux illicites, à allécher les assistants en jouant et en perdant devant eux, en un mot à se faire le compère et le complice de celui qui tient le jeu.

Ainsi dès que ces trois éléments se trouvent réunis, mais à cette seule condition, le paragraphe 5 de l'article 4 est applicable.

Quels sont les jeux illicites visés ? — Ici une question se pose : Quels sont les jeux illicites visés par notre paragraphe. La vraie solution est donnée par le discours de M. Waldeck-Rousseau ministre de l'Intérieur : « Qu'entendra-t-on par jeux illicites tenus sur la voie publique ?.... Je réponds que, dans ma pensée, cela doit s'étendre à tous les jeux qui sont pratiqués sur la voie publique en dehors d'une autorisation : l'autorisation du préfet de police à Paris, celle des préfets et des maires dans les départements et dans les communes, c'est-à-dire de ces jeux de hasard qui ne sont pas en eux-mêmes une escroquerie. »

Les jeux illicites visés ici sont donc simplement ceux qui n'ont pas été autorisés par l'administration compétente. Quant à ceux qui renferment les éléments constitutifs de l'escroquerie ils étaient, avant la loi actuelle, et restent toujours justiciables de l'article 405 du Code pénal.

Comment se fera la preuve. — Mais, comment se fera la preuve du délit en question. Suffira-t-il d'établir que le prévenu ne tire habituellement sa subsistance que du produit de la prostitution d'autrui sur la voie publique, ou de jeux illicites tenus sur la voie publique ?

Si l'on s'en réfère au discours prononcé par M. Waldeck-Rousseau, ministre de l'intérieur, il semble bien qu'il faut que le prévenu soit pour ainsi dire pris en flagrant délit :

« Il ne faut pas seulement, disait M. Waldeck-Rousseau, qu'on vive de la prostitution sur la voie publique, il faut qu'on la pratique sur cette voie publique, qu'on la facilite, qu'on l'exerce ; il faut en un mot trouver le vagabondage en une *espèce de flagrant délit* dans l'accomplissement de cette série d'actes. »

Devra-t-on en conclure que tout individu qui n'a pas été surpris sur la voie publique se livrant aux actes visés devra être acquitté, alors qu'il est d'ailleurs prouvé qu'il se livre habituellement à ces actes et qu'il n'a pas d'autres moyens d'existence? Nous ne le pensons pas. Le texte de la loi n'exige nullement le flagrant délit véritable, mais une sorte de flagrant délit. Il veut simplement qu'il soit bien établi que le prévenu se livre habituellement aux actes incriminés sur la voie publique. Il y aura là, à coup sûr, une appréciation de fait assez délicate laissée aux Tribunaux. L'expression même employée par le ministre de l'intérieur, « espèce de flagrant délit » démontre qu'il n'y a pas en cette matière de flagrant délit véritable. Si nous en comprenons bien le sens, elle veut simplement dire que les faits auront dû être constatés à plusieurs reprises pour constituer un délit.

Il faudra d'ailleurs que l'individu poursuivi ait été lui-même vu sur la voie publique, pratiquant ou facilitant l'exercice des jeux illicites ou de la prostitution d'autrui pour qu'un délit puisse être relevé contre lui, mais la preuve pourra être faite par tous les modes usités, procès-verbaux et témoins ordinaires.

Dans ce sens le Tribunal de Toulouse a jugé que « la loi du 27 mai 1885 ne punit que les individus coupables d'avoir facilité l'exercice de la prostitution sur la voie publique (4 avril 1886). (Dans le même sens, Tribunal corr. de Valence, 3 décembre 1885) et le Tribunal de la Seine, suivant sa jurisprudence constante, a condamné pour vagabondage un souteneur sur les *simples dépositions de témoins* qui avaient vu à *plusieurs reprises* le prévenu *surveillant sur la voie publique* la prostitution d'une fille (11 décembre 1893).

Peines applicables. — Le nouveau délit créé par ce paragraphe est puni « des peines édictées contre le vagabondage » (art. 271, 272, C. P.). Le texte ne faisant aucune distinction, on doit évidemment décider que lorsque ce délit sera accompagné des circonstances aggravantes prévues pour le vagabondage, (travestissement, port d'armes, etc... art. 277, 278, 279, C. P.) il sera puni des peines portées aux articles 276, 277 et 279, du Code pénal. De même, l'article 281 du Code pénal qui porte au maximum les peines édictées par les articles 153 et 161 du Code pénal (faux certificats, etc.) quand elles sont prononcées contre des vagabonds est applicable aux prévenus qui tomberaient également sous le coup de ce dernier paragraphe de la loi actuelle.

La condamnation comptera pour la relégation. — En réalité, notre paragraphe ne crée pas, à proprement parler, un nouveau délit; il étend simplement les conditions constitutives d'un délit déjà existant, le vagabondage. Ce délit étant prévu à l'article 4 de la loi actuelle, la condamnation pourra motiver la relégation alors qu'elle serait intervenue en raison des éléments nouveaux qui constituent le vagabondage.

VI

Nouveau cas de relégation facultative. — Loi du 18 décembre 1893.

Association de malfaiteurs. — Nous avons vu que la loi du 27 mai 1885, qui a créé la peine de la relégation, en a fait, en principe, une peine obligatoire, qui s'impose au juge dès que le condamné se trouve dans un certain état de récidive. Il n'y avait jusqu'alors qu'une exception, c'était en matière de condamnations militaires ou maritimes. Mais une dérogation plus sérieuse a été apportée au principe de l'obligation par la loi du 18 décembre 1893, qui a modifié les articles 265, 266, 267 du Code pénal, et abrogé l'article 268.

La nouvelle loi est ainsi conçue :

ARTICLE 1er. — Les articles 265, 266 et 267 du Code pénal sont remplacés par les dispositions suivantes :

ART. 265. — Toute association formée, quelle que soit sa durée ou le nombre de ses membres, toute entente établie dans le but de préparer ou de commettre des crimes contre les personnes ou les propriétés, constituent un crime contre la paix publique.

ART. 266. — Sera puni de la peine des travaux forcés à temps quiconque sera affilié à une association formée ou aura participé à une entente établie dans le but spécifié à l'article précédent.

La peine de la relégation pourra en outre être prononcée, sans préjudice de l'application des dispositions de la loi du 30 mai 1854 sur l'exécution de la peine des travaux forcés.

Les personnes qui se seront rendues coupables du crime mentionné dans le présent article seront exemptes de peine, si avant toute poursuite, elles ont révélé aux autorités constituées l'entente établie ou fait connaître l'existence de l'association.

ART. 267. — Sera puni de la réclusion quiconque aura sciemment et volontairement favorisé les auteurs des crimes prévus à l'article 265 en leur fournissant des instruments de crime, moyens de correspondance, logement ou lieu de réunion.

Le coupable pourra en outre être frappé, pour la vie ou à temps, de l'interdiction de séjour établie par l'article 19 de la loi du 27 mai 1885.

Seront, toutefois, applicables au coupable des faits prévus par le présent article les dispositions contenues dans le paragraphe 3 de l'article 266 ».

ART. 2. — L'article 268 du Code pénal est abrogé.

La relégation, telle qu'elle est prévue par le nouvel article 266, n'a plus le caractère que nous lui avons connu dans la loi de 1885. Ce n'est plus la conséquence d'un état de récidive, conséquence forcée qui se produit seulement après deux condamnations au moins, mais bien une peine complémentaire facultative dont le juge est armé et dont il pourra se servir, s'il le veut, à la suite d'une condamnation même réduite à deux ans de prison, — par suite des circonstances atténuantes, — et alors que le condamné n'aurait subi aucune autre condamnation.

Cette pénalité rigoureuse s'explique par le danger exceptionnel que semblent présenter les associations dites « anarchistes » contre lesquelles la nouvelle loi a surtout voulu sévir. Voici d'ailleurs en quels termes M. Flandin, rapporteur de la loi à la Chambre des députés (*Journ. off.*, 15 déc. 1893, p. 288), expliquait l'adoption de cette mesure de rigueur :

« Les malfaiteurs désignés dans l'article 265 pouvant constituer, par leur présence en France, un danger inquiétant pour la sécurité des citoyens et de l'Etat, votre commission a cru devoir, avec le complet assentiment du gouvernement, compléter la sanction pénale qui vous était proposée, en attribuant au juge la faculté de prononcer, suivant la gravité des circonstances, la mesure accessoire de la relégation à l'expiration de la peine. Il est à remarquer, au surplus, que cette mesure ne sera pas OBLIGATOIRE comme elle l'est aux termes de la loi du 27 mai 1885 sur les récidivistes, mais simplement FACULTATIVE (1).

(1) Un projet de loi, actuellement soumis à la Chambre des députés, apporte une nouvelle dérogation au principe de la relégation obligatoire en *autorisant* les tribunaux à prononcer la relégation contre les individus condamnés pour propagande *anarchiste*. Si ce projet est adopté, nous l'étudierons plus loin.

VI

DES EFFETS DE CERTAINES MESURES AU POINT DE VUE DE LA RELÉGATION.
GRACE. — RÉHABILITATION. — AMNISTIE. — RÉVISION.

Art. 5. — *Les condamnations qui auront fait l'objet de grâce, commutation ou réduction de peine, seront néanmoins comptées en vue de la relégation. Ne le seront pas, celles qui auront été effacées par la réhabilitation.*

Grâce. — Cet article n'a besoin d'aucun commentaire. Il s'explique de lui-même. Ses dispositions sont absolument sages : il ne faut pas que l'individu, qui, à la suite d'une mesure de faveur, d'une remise de peine complète ou partielle, a commis une nouvelle infraction, bénéficie d'une faveur dont il s'est montré indigne. La condamnation prononcée contre lui, si elle est visée par la loi actuelle, sera donc prise telle qu'elle a été prononcée, abstraction faite de la mesure gracieuse qui l'a réduite. Mais il ne s'agit ici que des condamnations prévues à la loi (§ 1, 2, 3, 4) et non de celles qui, sans compter à proprement parler pour la relégation, rendent parfois cette peine applicable en augmentant la période décennale, et en y faisant entrer des condamnations antérieures qui viennent compléter le total exigé. Nous avons vu que, pour de telles condamnations, il faut s'attacher à la *peine subie*, c'est-à-dire au temps réellement passé en prison.

Réhabilitation. — Toutefois, il est une mesure de faveur qui anéantit la condamnation d'une façon définitive : c'est la réhabilitation. Il s'agit là d'une mesure consacrée par un arrêt de l'autorité judiciaire, et la nature même de la réhabilitation est d'effacer, pour l'avenir, la condamnation avec toutes ses conséquences. Elle ne peut intervenir qu'après un certain temps d'épreuve qui permet de considérer comme définitif le retour du condamné au bien. A partir de ce moment, au point de vue pénal, il commence, en quelque sorte, une nouvelle vie. Tel n'est pas le caractère de la grâce. Il était donc naturel que les condamnations effacées par la réhabilitation ne fussent pas ressuscitées en quelque sorte pour venir charger l'individu qui, revenu au bien après elles, était, depuis, retombé dans l'infraction (1).

Amnistie et Révision. — Si de telles condamnations ne doivent pas être comptées, à *fortiori* ne devra-t-on pas compter celles qui ont été l'objet d'une amnistie ou d'une revision, puisque ces mesures ont pour résultat, l'une par une fiction légale, l'autre en réalité, non seulement de dire que l'infraction a été rachetée par la bonne conduite et le repentir, mais bien de déclarer qu'il n'y a jamais eu d'infraction (1).

(1) En ce qui concerne la *défalcation des peines subies.* Voir plus haut.

VII

EXCEPTION AU PRINCIPE GÉNÉRAL.
INDIVIDUS AGÉS DE PLUS DE SOIXANTE ANS OU DE MOINS DE VINGT-UN ANS.

I

Les sexagénaires et les mineurs de vingt-un ans ne peuvent être relégués.

Art. 6. — *La relégation n'est pas applicable aux individus qui seront âgés de plus de soixante ans ou de moins de vingt-un ans à l'expiration de leur peine.*

Toutefois, les condamnations encourues par le mineur de vingt-un ans compteront en vue de la relégation s'il est, après avoir atteint cet âge, de nouveau condamné dans les conditions prévues par la présente loi.

La relégation ne peut être prononcée contre les mineurs de vingt-un ans ou les sexagénaires. Il était humain en effet de ne pas appliquer une peine aussi rigoureuse aux individus que leur âge peut rendre incapables de supporter les fatigues d'une traversée ou d'un séjour laborieux aux colonies. C'est à l'expiration de la peine principale qu'il faut se placer pour examiner l'âge du condamné. Au cours de la seconde délibération devant le Sénat, M. Herbette, commissaire du gouvernement, a nettement précisé le sens de ce paragraphe dans l'observation suivante, reconnue exacte par le rapporteur : « Lorsqu'un individu sera frappé d'une condamnation, qui, jointe aux peines précédemment encourues, entraînerait la relégation, si la durée de cette condamnation est telle qu'elle doive expirer après que l'individu aura dépassé l'âge de soixante ans » — on pourrait ajouter, ou avant qu'il n'ait atteint l'âge de 21 ans — « la relégation ne sera pas prononcée par le tribunal ou par la cour. C'est bien là, n'est-ce pas, la signification précise que la commission attache au texte qu'elle soumet au Sénat? »

Ainsi il est bien établi que lorsqu'un individu de moins de 21 ans, ou presque sexagénaire, sera sous le coup de la relégation, le tribunal devra examiner quel sera son âge quand il aura subi la peine qui vient de lui être infligée en y ajoutant au besoin les peines antérieures qu'il peut avoir à purger. Ce calcul n'ira pas toujours sans certaines difficultés. Il faudra se préoccuper du point de départ de la peine ; en cas d'appel, ce point de départ est variable (voir *suprà* p. 84 et suiv.).

On pourrait faire diverses hypothèses dans lesquelles, par suite de son appel, même en cas de réduction de peine, le prévenu tantôt échapperait à la relégation qu'il encourait en première instance, tantôt encourrait la relégation à laquelle il échappait devant le premier juge :

X. est né le 1ᵉʳ février 1835. Il a déjà subi trois condamnations à plus de 3 mois pour vol. Le 3 mars 1892, il est arrêté, poursuivi et condamné, le 10 mars, à 3 ans de prison pour vol.

A l'expiration de sa peine, c'est-à-dire le 2 mars 1895, il aura 60 ans accomplis et le Tribunal ne peut, par suite, prononcer la relégation contre lui. Le ministère public ou le condamné fait appel : La peine est réduite à 1 année. Mais alors, le condamné n'aura plus 60 ans à l'expiration de sa peine, c'est-à-dire au 2 mars 1893, et la relégation devra être prononcée par la Cour C'est une inconséquence nouvelle de la loi actuelle qui en compte tant d'autres.

Autre hypothèse: X. est né le 1ᵉʳ mars 1873. Le 28 février 1893, il est condamné à 1 an de prison pour vol et le jugement spécifie que la détention préventive qu'il a subie ne sera pas imputée sur la durée de la peine. Ses condamnations antérieures le font tomber sous le coup de la relégation, mais à l'expiration de sa peine, c'est-à-dire le 27 février 1894, il n'aura pas encore 21 ans. La relégation ne peut être prononcée. Il fait appel et le jugement est confirmé le 10 mars. Mais aux termes des articles 23 et 24 du Code pénal, modifiés par la loi du 15 novembre 1892, la peine ne commence à courir que du jour de l'arrêt ; elle ne finira donc que le 9 mars 1894. A ce moment X. aura

21 ans accomplis, et la relégation devra être prononcée contre lui.

La peine prononcée doit, pour le calcul de l'âge du condamné, être considérée comme devant être subie intégralement. — Mais, pour calculer l'âge du condamné à l'expiration de la peine principale, le juge devra-t-il considérer la peine prononcée ou celle qui sera réellement subie ? En effet, sans parler des remises de peine par voie gracieuse qui peuvent abréger la durée de la détention, on sait que pour les peines supérieures à 3 mois les peines subies en cellule sont réduites du quart (Loi 5 juin 1875). Dans notre seconde hypothèse X. serait donc libéré le 9 décembre 1893, et n'aurait pas atteint l'âge de **21** ans. La relégation sera-t-elle appliquée ? C'est affaire entre le condamné et l'autorité administrative, mais le juge ne pouvait prévoir le mode de détention et était tenu de prononcer la relégation. La peine qu'il doit envisager dans son calcul est celle qu'il inflige. Il n'a pas à tenir compte des détails d'exécution, qu'il ne connaît pas, et qui sont laissés aux soins de l'autorité administrative. La réduction accordée par la loi aux détenus en cellule, de même que la grâce, ne peut modifier la peine elle-même. C'est une faveur faite au condamné, une mesure d'administration que le juge ne peut prévoir au moment où il prononce la peine : or, c'est à ce moment-là également qu'il doit prononcer la relégation. Donc, pour les tribunaux, aucune hésitation : Quand un individu relégable aura, à l'expiration de la peine qu'il vient d'encourir, plus de **21** ans, ou moins de 60 ans, le juge devra toujours prononcer la relégation sans s'inquiéter de savoir si la peine sera subie en cellule ou autrement : c'est le chiffre même de la peine qui s'impose à lui.

Que fera l'autorité administrative quand un condamné à la relégation terminera, en vertu de la loi de 1875, sa peine principale avant 21 ou 60 ans ? Dans le premier cas, il y aura relégation prononcée par un jugement définitif : elle pourra l'exécuter ; alors il se produira cette anomalie que, malgré les termes de la loi, un mineur de 21 ans sera relégué en vertu d'un jugement définitif régulier. La loi sera donc, en apparence, violée, mais le condamné y gagnera en somme un peu de liberté, puisqu'il passera le quart de sa peine dans la demi-liberté de la relégation collective, ou la quasi-liberté de la relégation individuelle, et il ne faut pas oublier que la détention en cellule — mesure administrative — ne peut faire échec à l'application d'une loi générale.

Dans le second cas, l'individu qui sortira de prison avant 60 ans, ne pourra être relégué puisque la relégation n'a pas été prononcée contre lui.

Nous avons raisonné jusqu'ici dans l'hypothèse d'un condamné détenu préventivement. Examinons maintenant : 1º le cas où le condamné a été laissé en liberté (hypothèse qui, d'ailleurs, ne se produira presque jamais en pratique) et 2º celui où le condamné est en fuite.

1º X. a 20 ans et demi ; ses antécédents le rendent passible de la relégation ; il est condamné de nouveau à 4 mois de prison pour vol. — S'il subit sa peine immédiatement, il n'aura pas 21 ans à l'expiration de cette peine ; si au contraire il n'est écroué que deux ou trois mois après le jugement, sa peine finie, il aura 21 ans accomplis. Si, au contraire, X. a 59 ans et demi, la situation inverse pourra se produire, et dans les deux cas, c'est plus tard seulement qu'on connaîtra l'âge du condamné à l'expiration de sa peine.

Or le tribunal est tenu de prononcer la relégation, s'il y a lieu, en même temps que la peine principale. Que devra-t-il faire dans ces deux hypothèses ? La difficulté est plus apparente que réelle. Le tribunal n'a pas à s'inquiéter de la diligence ou du retard que mettra le Parquet à faire exécuter la peine ; il doit simplement se placer, pour apprécier l'âge du condamné, au jour où la peine peut être exécutée, c'est-à-dire, dans ce cas, au jour où, les délais d'appel étant expirés, la condamnation deviendra définitive. C'est de ce jour que, pour le juge, la peine est censée devoir être exécutée.

2º X. est en fuite et est condamné par défaut (1). La situation est plus compliquée. En effet, le jugement ne deviendra définitif que par l'expiration des délais d'opposition ou d'appel

1. Nous verrons plus loin que la relégation peut être prononcée contre un prévenu défaillant.

après signification à la personne du prévenu (ou après un acte
d'exécution constatant qu'il a eu connaissance de cette signification) ; autrement, ce jugement peut être réformé jusqu'au
jour où la peine sera prescrite.

A quel moment le tribunal pourra-t-il se placer pour apprécier l'âge du condamné à l'expiration de la peine principale ?
Devra-t-il, dans cette double hypothèse, ne pas frapper X... de
la peine de la relégation, qu'il soit mineur de 21 ans, ou presque sexagénaire, pour cette raison qu'il ignore la date à laquelle
le jugement deviendra définitif ? Nous ne le pensons pas. Il faut,
avant tout, que la justice ne soit pas désarmée, et qu'un condamné ne puisse pas se soustraire, par la fuite, à une aggravation de peine. Il ne faut pas que sa situation soit meilleure
que celle du prévenu arrêté. En réalité, le jugement par défaut
peut devenir définitif par l'arrestation immédiate du condamné
qui ne fait ni opposition ni appel. C'est donc cette possibilité
que le juge doit envisager, et il devra, à notre sens, apprécier
l'âge du condamné par défaut en se plaçant au moment où le
jugement *peut*, à la rigueur, devenir définitif, c'est-à-dire dix
jours francs après le jour où ce jugement est rendu. De cette
façon les intérêts de la répression sont sauvegardés, et ceux du
condamné ne sont pas méconnus, puisqu'il a toujours le droit
de former opposition au jugement.

D'ailleurs il est bon de faire observer que ces situations bizar-
res se rencontreront rarement. En fait, le juge ne prononcera
pas une condamnation sans en examiner les conséquences au
point de vue de la relégation. S'il veut que cette peine soit appliquée à un mineur de 21 ans, il la graduera en conséquence ;
s'il estime qu'un individu presque sexagénaire doit, malgré son
âge, subir la relégation, il diminuera la peine principale pour
que la peine complémentaire soit appliquée. C'est encore,
malgré le vœu de la loi, un cas où la relégation perd nécessairement son caractère obligatoire et devient facultative pour
le juge.

*Les condamnations subies par le mineur de 21 ans comptent
pour la relégation*. — Le second paragraphe de notre article n'é-

tait pas inutile. Dans le silence de la loi tout le monde eût bien été d'accord pour reconnaître que les condamnations encourues par un mineur de 21 ans doivent compter pour la relégation. La loi pénale n'avait en effet jusqu'ici fait aucune distinction entre les coupables à partir de l'âge de 16 ans ; et même pour les mineurs de seize ans, qui sont considérés comme ayant agi avec discernement, les condamnations subies par eux ont exactement les mêmes conséquences au point de vue pénal, et spécialement en matière de récidive, que les condamnations subies par des individus âgés de plus de seize ans. Sur ce point, le second paragraphe ne serait donc en somme qu'une superfétation confirmative de principes indiscutés :

« Attendu, dit un arrêt de la Cour de cassation, qu'il résulte des paragraphes 1 et 2, article 6, et 2, article 8, de la loi du 27 mai 1885 que les condamnés dont la peine doit expirer avant l'époque de la majorité sont seuls affranchis de la relégation encourue à raison de leurs condamnations antérieures ; qu'il suffit, pour que cette peine accessoire s'attache à leur nouvelle condamnation, lorsqu'ils se trouvent dans les conditions de l'article 4, que la peine principale prononcée à raison de la dernière infraction ne doive expirer qu'après leur majorité accomplie, et, tel est le cas d'Aveline, condamné, après vingt ans accomplis, à une peine d'emprisonnement de cinq ans ». (Cass., 29 déc. 1892.)

Mais le texte a une portée plus générale. Une difficulté pouvait en effet s'élever : Un mineur de 21 ans est poursuivi et condamné ; ses condamnations antérieures le font tomber sous le coup de la relégation ; mais comme il n'aura pas atteint 21 ans à l'expiration de la peine qui vient d'être prononcée contre lui, le Tribunal ordonne simplement qu'il sera détenu dans une maison de correction jusqu'à l'âge de 21 ans. A sa sortie, après sa majorité, il est de nouveau poursuivi et condamné. Le Tribunal peut-il prononcer la relégation en vertu des condamnations précédentes. Si notre article n'existait pas, on pourrait dire que les condamnations antérieures à la majorité ayant déjà motivé la détention dans une maison de correction, ne peuvent plus produire effet pour la relégation qui ne pourra être encourue que comme conséquence de nouvelles condamnations. Notre article tranche cette difficulté. Son texte général prescrit au juge de tenir compte des condamnations antérieures, — qu'elles aient ou non motivé déjà la peine qui, pour les mineurs de 21 ans, remplace la relégation, — lorsque le prévenu est poursuivi après avoir atteint sa majorité.

II

Peine qui, pour ces individus, remplace la relégation.

ART. 8. (1) — *Celui qui aurait encouru la relégation par application de l'article 4 de la présente loi, s'il n'avait pas dépassé soixante ans, sera, après l'expiration de sa peine, soumis à perpétuité à l'interdiction de séjour édictée par l'article 19 ci-après.*

S'il est mineur de 21 ans, il sera, après l'expiration de sa peine, retenu dans une maison de correction jusqu'à sa majorité.

Les sexagénaires ou les mineurs de vingt-un ans ne peuvent être frappés de la relégation. Mais cependant, s'ils tombent sous le coup de la relégation, à laquelle leur âge seul les fait échapper, il est naturel qu'ils subissent une aggravation de peine proportionnée à cet âge. Notre article édicte donc une pénalité spéciale en ce qui concerne les individus passibles de la relégation, mais qui, à l'expiration de leur peine, seront âgés de plus de 60 ans, ou de moins de 21 ans. En vertu de l'article 6, la relégation ne leur est pas applicable, mais ils devront : les premiers, être frappés d'une interdiction de séjour perpétuelle, les seconds, d'un emprisonnement par voie de correction, jusqu'à leur majorité. Il faut remarquer que ces peines ont le même caractère que la relégation ; elles s'imposent au juge ; elles ne sont pas facultatives, mais obligatoires : de même que dans l'article 4, le terme « *sera* » est impératif. Dès qu'un individu est passible de la relégation, si cette peine n'est pas applicable, en raison de l'âge du condamné à l'expiration de la peine principale qu'il doit subir, le juge est tenu de prononcer, suivant les cas, la peine complémentaire qui remplace la relégation. Cette

____

(1) L'article 7 est étudié plus loin, aux mesures d'exécution.

obligation, qui résulte nettement du texte et de l'esprit de la loi, a été consacrée par un arrêt de la Cour de cassation : « Attendu, dit cet arrêt, qu'après avoir reconnu et régulièrement constaté que David aurait encouru, en exécution de l'article 4, la peine de la relégation, la Cour de Riom ne s'est abstenue de la prononcer qu'en raison de ce qu'à l'expiration de la peine principale de dix années d'emprisonnement prononcée, le prévenu devrait être âgé de plus de 60 ans ;

« D'où il suit qu'en n'appliquant au susnommé la peine d'interdiction de séjour que pendant dix ans, la Cour a formellement violé l'article 8 de la loi du 27 mai 1885,.

« Par ces motifs, Casse et annule, etc. »

(Cass., 3 mars 1887).

Nous verrons d'ailleurs, sous l'article 11 (*infra*) que la procédure spéciale à suivre en matière de relégation doit également être suivie, quand, par suite de l'âge du condamné, l'interdiction de séjour ou la correction peuvent seules être prononcées.

VIII

RÉTROACTIVITÉ PARTIELLE DE LA LOI

Art. 9. — *Les condamnations encourues antérieurement à la promulgation de la présente loi seront comptées en vue de la relégation. Néanmoins, tout individu qui aura encouru avant cette époque des condamnations pouvant entraîner dès maintenant la relégation, n'y sera soumis qu'en cas de condamnation nouvelle, dans les conditions ci-dessus prescrites.*

Le but unique de la loi était de purger la France des récidivistes qui constituent un danger et dont le nombre augmente dans des proportions inquiétantes. C'est le vif désir d'arriver à ce résultat qui a inspiré l'article que nous étudions. Cet article consacre une dérogation formelle au principe jusqu'alors respecté de la non-rétroactivité des lois, surtout en matière pénale. Quel que soit le but louable que s'est proposé le législateur, on pourra peut-être regretter ce précédent : c'est une atteinte grave portée à un principe tutélaire, et quand un principe a été une fois violé, même dans un intérêt social évident, il a perdu une grande partie de son autorité, et peut, plus tard, subir de nouvelles atteintes qui n'ont plus les mêmes excuses. Quoi qu'il en soit, la rétroactivité de la loi actuelle est nettement consacrée par notre article. Les récidivistes pourront donc encourir la relégation en raison des condamnations subies avant la promulgation de la loi.

Condamnés ayant dès à présent le nombre de condamnations exigé ; condamnation nouvelle. — Toutefois le législateur, comprenant la gravité de la mesure, révolutionnaire en droit pénal, qu'il consacrait, a mis à cette rétroactivité certaines conditions : Le récidiviste qui n'a encore qu'une partie des condamnations exigées par les différents paragraphes de l'article 4, se trouve en somme dans une situation qui n'est pas trop dangereuse :

Il connaît la loi actuelle ; il sait qu'en cas d'infraction nouvelle, prévue à cette loi, il pourra encourir la relégation. A lui de s'abstenir de commettre cette infraction qui aura pour lui de si graves conséquences.

Tout autre est la situation du récidiviste qui, dès à présent, a le total exigé : Une goutte d'eau peut faire déborder le vase. Il est relégable ; qu'une poursuite soit dirigée contre lui, pour un délit insignifiant, qu'une condamnation quelconque intervienne, sera-t-il relégué ? Non, pour que la relégation soit prononcée contre lui, il faudra que la condamnation nouvelle qui interviendra soit prévue par un des paragraphes de l'article 4 de la loi actuelle. Il faudra, de plus, que cette condamnation soit de la *catégorie* de celles qui sont prévues dans cet article 4, c'est-à-dire qu'un individu condamné 2 fois aux travaux forcés ou à la réclusion, avant la promulgation de la loi, ne sera relégué que s'il subit une nouvelle condamnation aux travaux forcés ou à la réclusion ; un individu condamné 4 fois pour vol ne pourra être relégué qu'au cas de condamnation soit pour vol, escroquerie etc... soit aux travaux forcés ou à la réclusion ; en un mot, il faudra que la condamnation actuelle puisse compter dans une des catégories légales et dans ce cas, le relégué devra toujours avoir une condamnation de plus qu'il n'est nécessaire.

C'est là, pour nous, le sens nécessaire des termes mêmes de notre article qui veut « une condamnation nouvelle dans les conditions ci-dessus prescrites ». Les conditions prescrites, ce sont les catégories légales contenues dans l'article 4 ; c'est l'esprit de la loi, qui est de faire de la relégation la conséquence non seulement d'un certain état de récidive, mais aussi d'une condamnation déterminée, de la même nature qu'un autre groupe de condamnations qui forment les autres termes de cette récidive.

La relégation n'est donc pas la conséquence d'une condamnation quelconque. Eh bien, la rétroactivité consacrée par cet article est chose assez grave déjà, sans qu'on aille, sous prétexte de sûreté générale, en étendre encore la portée et faire dire au texte ce qu'il ne dit pas, et ce que n'a pas voulu dire le législateur ! Ce n'est pas dans quelques paroles peu précises de M. de Verninac, rapporteur, qu'on pourra trouver l'autorisation d'aggraver encore cette violation du principe de non-rétroactivité, et de prononcer la relégation contre le récidiviste qui, ayant dès à présent le total exigé par la loi, sera poursuivi et condamné pour un des délits quelconques prévus par cette loi, sans que la condamnation nouvelle qui intervient fasse partie du groupe prévu au paragraphe qui rend le condamné relégable. A notre avis l'individu condamné deux fois aux travaux forcés ou à la réclusion avant la promulgation de la loi ne pourrait pas être relégué à la suite d'une nouvelle condamnation supérieure à 3 mois de prison, pour vol, escroquerie, etc. On objecterait vainement que le récidiviste ayant subi deux condamnations à la réclusion ou aux travaux forcés et une autre condamnation doit être frappé en vertu du paragraphe 2 de l'article 4 de notre loi, parce qu'une condamnation aux travaux forcés ou à la réclusion doit pouvoir être substituée à une des deux condamnations pour faits qualifiés crimes, ou supérieure à 3 mois, pour certains délits spécifiés. Nous avons dit plus haut notre opinion sur ce point ; nous n'y reviendrons pas. A plus forte raison estimons-nous qu'il n'est pas possible d'admettre la théorie de la Cour de Bourges (21 janvier 1886), prononçant la relégation, à la suite d'une condamnation pour vagabondage, contre un individu qui n'avait subi que 4 condamnations prévues au paragraphe 3 de l'article 4 — qui ne vise pas le vagabondage. — Nous devons ajouter d'ailleurs que cette théorie a été absolument condamnée, et par la doctrine et par la jurisprudence :

« Attendu que par *condamnation nouvelle dans les conditions ci-dessus prescrites*, il faut entendre, non pas une condamnation quelconque de celles visées par l'article 4, mais bien une condamnation qui, par la nature des faits qui la motivent et par l'importance de la pénalité qui la réprime, rentre dans celle des catégories légales à laquelle le prévenu se rattache par ses antécédents ; qu'il ressort du texte et de l'esprit de la loi qu'elle a voulu qu'aux condamnations encourues avant sa promulgation vienne se joindre une condamnation de même nature et de même quotité, intervenue par conséquent dans les *mêmes conditions* que celles qui, déjà, exposaient le prévenu à la relégation ;

« Attendu que le demandeur ayant, dans la période décennale antérieure au fait poursuivi, subi quatre condamnations à plus de trois mois d'emprisonnement pour vol et escroquerie. aurait, aux termes du paragraphe 3 de l'article 4 de la loi du 27 mai 1885 encouru la peine accessoire de la relégation, si ces condamnations n'avaient pas été toutes antérieures à la promulgation de la loi ;

« Attendu que Le Berre a été condamné par l'arrêt attaqué pour vagabondage et mendicité simples à un mois d'emprisonnement seulement, d'où il suit que la décision qui l'a frappé ne rentrait, ni par la qualification du fait, ni par l'élévation de la peine dans les conditions prescrites par le paragraphe 3 de l'article 4 sus rappelé et ne constituait pas dès lors la condamnation nouvelle qu'exige l'article 9 pour l'application de la relégation ;

« Attendu que, dans ces circonstances, Le Berre n'était point passible de la relégation etc.

(Cassat., 16 avril 1886).

Ce système a toujours été adopté par les auteurs.

La nouvelle condamnation doit être intervenue sur un délit postérieur à la loi. — D'ailleurs, la rétroactivité, bien déterminée par la loi actuelle, n'empêche pas les principes généraux de recevoir leur application. En admettant les condamnations antérieures dans le calcul de la relégation, elle précise que pour ceux qui sont dès à présent relégables, il faudra une condamnation nouvelle pour que la relégation puisse être prononcée.

Ce mot *condamnation nouvelle* a fait illusion à quelques auteurs qui ont voulu soutenir que la condamnation devait être postérieure à la promulgation de la loi mais qu'elle pouvait réprimer un fait antérieur à cette promulgation sans que, pour cela, la relégation cessât d'être applicable. C'est l'opinion de M. Garçon (*op. cit.* p. 59) qui semble n'accepter cette façon de voir que contraint par un texte formel : « C'est évidemment, dit-il, le délit perpétré sous l'empire de la loi nouvelle qui démontre que le malfaiteur mérite la relégation. Qu'importe, ici encore, le jour où la juridiction criminelle prononce la sentence ? Mais le texte dit formellement qu'on doit tenir compte de cette sentence judiciaire. Il faut, mais il suffit que la condamnation intervienne après la promulgation de la loi pour que la relégation soit prononcée. » N'en déplaise au savant professeur, il nous semble que son attention a été trop exclusivement portée sur les mots *condamnation nouvelle* ; ces mots ne sont pas seuls dans notre article et il ne faut pas les isoler de ceux qui les suivent, *dans les conditions ci-dessus prescrites,* c'est-à-dire des condamnations intervenues pour des faits postérieurs à la promulgation de la loi puisque, à ce moment, l'article 9 n'avait pas encore établi la rétroactivité. Mais nous allons plus loin : le texte ne porterait-il que « *condamnation nouvelle* » que nous serions du même avis. En effet, à moins de dérogation formelle, on doit respecter le principe de non-rétroactivité des lois ; parler de condamnation *nouvelle* par rapport à une loi, sans s'expliquer davantage, c'est parler d'une condamnation intervenue à l'occasion d'une infraction commise depuis que cette loi est devenue applicable. Ainsi, non seulement la *condamnation nouvelle* exigée par notre article, mais encore l'infraction qu'elle réprime devront être postérieures à la promulgation de la loi. La jurisprudence est aujourd'hui fixée sur ce point :

« Attendu qu'aux termes de l'article 2 du Code civil, la loi ne dispose que pour l'avenir et n'a pas d'effet rétroactif, et qu'aux termes de l'article 4 du Code pénal nulle contravention, nul délit, nul crime ne peuvent être punis de peines qui n'étaient pas prononcés par la loi avant qu'ils ne fussent commis ;

« Que loin de déroger à ce principe de la non-rétroactivité des lois, en ce qui concerne la peine accessoire de la relégation, la loi du 27 mai 1885 l'a expressément rappelé dans son article 9 ; qu'il est dit, en effet, que tout individu qui aura encouru avant la promulgation de la présente loi des condamnations pouvant entraîner dès maintenant la relégation n'y sera soumis qu'en cas de condamnation nouvelle : que par *condamnation nouvelle* il faut nécessairement entendre une condamnation pro-

noncée pour un fait perpétré après la promulgation de la loi,
et lorsque cette loi sera devenue exécutoire. »

(Cass., 25 février 1886).

Aujourd'hui, cette question n'aura plus guère d'importance
en pratique. Plus de huit années se sont écoulées depuis que la
loi du 27 mars 1885 est devenue exécutoire. Les condamnations
qui interviendront à l'occasion de faits commis antérieurement
à la promulgation de la loi seront donc extrêmement rares. Elles ne pourront se produire qu'à l'occasion de crimes, ou pour
des délits dont la prescription aura été interrompue. On peut
donc presque considérer actuellement cette discussion comme
de pure théorie.

IX

FORME DU JUGEMENT QUI PRONONCE LA RELÉGATION

Art. 10. — *Le jugement ou l'arrêt prononcera la relégation en même temps que la peine principale ; il visera expressément les condamnations par suite desquelles elle sera applicable.*

Lorsque nous avons recherché, au début de cette étude quel était le caractère de la relégation en tant que peine, nous avons dit que la relégation n'était pas une peine accessoire comme la désignent d'ordinaire les textes de jurisprudence, mais bien une peine complémentaire obligatoire. La peine accessoire n'a pas besoin d'être prononcée. Au contraire, la relégation n'est appliquée qu'autant qu'elle a été expressément prononcée par le jugement ou l'arrêt qui a prononcé la peine principale. C'est une condition formelle imposée par notre article.

Cour d'assises. — Remarquons en passant, que, devant la Cour d'assises, la Cour doit statuer seule sur la relégation. En effet, il s'agit d'une peine complémentaire obligatoire, conséquence forcée de la condamnation principale que la Cour prononce en vertu de la déclaration du jury. Celui-ci n'a pas à délibérer sur une peine complémentaire dont il ne lui appartient pas d'arrêter l'application.

Relégation omise. — La relégation doit être prononcée par le juge dès que le condamné se trouve dans un certain état de récidive, mais si, par suite d'une erreur ou d'une omission, le juge ne la prononce pas, quand le jugement ou l'arrêt est définitif, son silence profite au prévenu. Tant que le jugement n'est pas définitif, l'erreur ou l'omission peuvent être réparées, soit par l'appel du ministère public, soit par le recours en cassation s'il s'agit d'un arrêt. Dans le cas contraire, le prévenu ne pourra être relégué qu'en cas de condamnation pour une nouvelle infraction. Il en sera ainsi, alors même que l'erreur ou l'o-

mission proviendraient du fait du prévenu qui, ayant intérêt a dissimuler sa véritable identité, aurait pris un nom de
fantaisie : Il est poursuivi et condamné, mais le Tribunal, ne
trouvant pas à ce nom d'emprunt les condamnations suffisantes,
ne prononce pas la relégation. Quand le jugement est devenu
définitif, si le nom véritable du prévenu est découvert, alors
même qu'il aurait subi des condamnations le rendant relégable,
le Tribunal qui rectifiera le jugement et le déclarera applicable
au véritable nom, ne pourra pas y ajouter la peine de la relégation. Le texte est, en effet, formel : La relégation doit être
prononcée *en même temps que la peine principale*. La relégation,
peine complémentaire, n'est encourue qu'autant qu'elle est
prononcée; elle ne résulte pas de plein droit du jugement. Or,
un Tribunal qui, par omission, ne prononcera pas contre un
prévenu toutes les peines que celui-ci a encourues, ne peut
réparer son omission par un nouveau jugement: ses pouvoirs
sont épuisés. C'est un principe constant qui a trouvé son application en matière de récidive. C'est ainsi que le Tribunal de la
Seine a décidé que, si le Tribunal, après avoir prononcé la
peine principale contre un prévenu dont l'identité était insuffi-
samment établie, avait renvoyé à une audience ultérieure pour
statuer sur la relégation, cette peine ne pouvait plus être prononcée :

« Attendu qu'actuellement, Elie reconnaît que les condamnations prononcées contre le nommé Laurentie lui sont applicables, mais qu'il excipe des termes de l'article 10 de la loi du
27 mai 1885, pour soutenir que la relégation ne lui est pas
applicable.

« Attendu, en effet, que cet article 10 dispose que le jugement
ou l'arrêt prononcera la relégation en même temps que la peine
principale ; qu'il visera expressément les condamnations antérieures, par suite desquelles elle sera applicable ;

« Que si, à la vérité, les travaux préparatoires de cette loi ne
s'expliquent pas sur la question de savoir si les dispositions de
cet article doivent être observées à peine de nullité, il est de
règle qu'en matière pénale, tout est de droit strict et que, dans
tous les cas, le doute doit profiter au prévenu ;

« Attendu que les termes formels de cet article 10 permettent de croire que, si le législateur a indiqué que le jugement devait prononcer la relégation *en même temps* que la peine principale, c'est qu'il a pensé qu'il existait entre la peine principale et la peine accessoire une corrélation telle que le juge pouvait être, à raison même du peu de gravité des faits, amené, dans le cas d'une relégation inévitable, à abaisser notablement la durée de cette peine principale, de manière à épargner au prévenu les conséquences de l'application de la relégation ;

« Attendu qu'il y a lieu de faire dans l'espèce application de ce principe et de décider que la relégation n'est pas applicable à Élie, etc. ». (Trib. corr. de la Seine, 21 fév. 1890. — Dans le même sens Alger, 7 juin 1888. Versailles, 26 nov. 1886).

Visa des condamnations antérieures. — Enfin, le jugement ou l'arrêt doit viser expressément les condamnations par suite desquelles la relégation est applicable. Le texte est général ; il ne suffira donc pas de viser les condamnations prévues à l'article 4 de notre loi, il faudra encore spécifier toutes les condamnations dont les peines subies ont augmenté de leur durée la période décennale, et ont fait comprendre dans cette période des condamnations prévues à l'article 4 qui autrement n'auraient pas été retenues. Il faudra, en un mot, que le jugement ou l'arrêt mette la juridiction supérieure à même, en cas de recours, de contrôler si la relégation a été légalement encourue.

Formes prescrites à peine de nullité. — Quelle sera la sanction des formalités prescrites par notre article ? La loi n'en prononce aucune. Mais on sait que les nullités n'ont pas besoin d'être expressément prononcées par la loi ; il suffit que le législateur manifeste clairement sa volonté. A vrai dire, on pourrait soutenir ici, en comparant l'article 10 et le premier paragraphe de l'article 11 avec le dernier paragraphe de cet article 11, que la loi n'a pas entendu décréter des nullités, mais simplement indiquer le mode de procéder de son choix. En effet, alors que nulle part il n'est question de nullité, ce dernier paragraphe prescrit qu'un défenseur sera nommé d'office au prévenu, à *peine de nullité.* Cela ne veut-il pas dire que pour toutes les autres formalités, il n'y aura pas nullité ? C'est ce qu'ont soutenu certains commentateurs (en ce sens, M. Laborde, journal *la Loi*, 22 mai 1886, et M. Depeiges. *Comment. prat. de la Loi des récid.*, p. 67). Nous ne pouvons accepter ce système. Sans doute, la rédaction des articles 10 et 11, par rapport au paragraphe final de ce dernier article, est malheureuse, mais cependant, l'intention du législateur est bien évidente. En présence d'une peine perpétuelle aussi grave que la relégation, il a voulu que rien ne fût négligé pour permettre à la défense de s'exercer utilement. Cette préoccupation se manifeste à la fois et par les futurs impératifs « prononcera » « visera » (art. 10), « pourra » (art. 11) et par les mots confirmatifs « expressément » (art. 10), « jamais » (art. 11) qui démontrent clairement que le législateur entend faire de ses prescriptions une formalité substantielle. Quand, dans le dernier paragraphe de l'article 11, après avoir déclaré « un défenseur sera nommé d'office au prévenu » il ajoute « à peine de nullité », il ne fait que suivre sa pensée sur les formalités de procédure et ces mots « à peine de nullité » qui, dans le texte, ne semblent s'appliquer qu'à la désignation d'un défenseur, sont équivalents à « le tout à peine de nullité » et dominent toute la procédure organisée en matière de relégation. Les formalités de cette procédure sont toutes prescrites à peine de nullité. C'est un point qui ne fait plus de doute aujourd'hui, tant en doctrine qu'en jurisprudence. A cet égard, en effet, la Cour de cassation s'est montrée d'une extrême sévérité et a résolu les difficultés qui peuvent se présenter, en faveur du prévenu. (Nous ne saurions ici la blâmer car, sur d'autres points, nous avons critiqué ses théories qui ont à nos yeux le tort grave de sacrifier le prévenu à l'intérêt social, et cela, contrairement au texte de la loi.) C'est ainsi qu'elle a décidé que les condamnations, causes de la relégation, devaient être visées *une à une*, désignées *par leur date, le lieu* où elles ont été encourues, *le Tribunal ou la Cour qui les a prononcées*, la nature du délit, la durée de la peine prononcée, par la *date des faits* qui ont motivé la condamnation, cette date permettant de vérifier dans certains cas si le prévenu était réellement en état de récidive lors d'une condamnation postérieure par rapport à celles qui l'ont précédée (conséquence de la nouvelle jurisprudence de la Cour en matière de confusion inaugurée par l'arrêt des Chambres réunies du 26 février 1889). Enfin, le jugement ou l'arrêt devra constater si les condamnations sont ou non définitives. Il y a plus, le juge devra examiner si les peines prononcées par les condamnations visées devaient ou non être confondues suivant l'article 365 du Code d'Instruction criminelle :

« Attendu, dit un premier arrêt, que cette disposition (de l'art. 10), conçue en termes impératifs, est substantielle au droit de la défense, et que son observation est indispensable pour permettre à la Cour de cassation d'exercer le contrôle qui lui appartient ; que par suite les juges sont tenus, à peine de nullité, de préciser une à une, non seulement par leur date, la nature de l'infraction et la durée de la peine, mais encore par l'indication du lieu où elles ont été prononcées et de la juridiction qui a statué, les condamnations antérieures, propres à justifier l'application de la peine de la relégation. » (Cassat., 22 avril 1887).

« Attendu, dit un second, que l'arrêt attaqué, statuant sur l'application audit Coste de la peine accessoire de la relégation, qu'il prononce contre lui, ne spécifie point la date des faits qui ont donné lieu aux condamnations antérieures successives dont il fait état à son encontre ; qu'en second lieu, la Cour d'assises a omis de constater si lesdites condamnations étaient ou non définitives ; que dans ces conditions l'application de la peine de la relégation ne se trouve pas suffisamment justifiée. » (Cass., 17 septembre 1891).

« Attendu, dit enfin le troisième arrêt, que le jugement ou l'arrêt qui prononce la relégation doit viser expressément les condamnations antérieures par suite desquelles la relégation est applicable ; d'où l'obligation pour le juge d'examiner si, à raison de l'époque où les infractions ont été commises dans la période déterminée, les peines devaient ou non être confondues dans les termes de l'article 365 du Code d'Instruction criminelle ;

« Et attendu, en fait, que l'arrêt attaqué constate, qu'indépendamment de la condamnation prononcée contre lui, Depois a encouru, dans un intervalle de dix ans, non compris la durée de toute peine subie, trois condamnations à plus de 3 mois de prison pour délits spécifiés au paragraphe 2 de la loi susvisée, article 4 :

1° Le 18 décembre 1883, par la Cour d'appel de Paris, à un an de prison pour escroquerie et tentative d'escroquerie ;

2° Le 9 janvier 1884, par la Cour d'appel de Paris, à six mois de prison pour escroquerie ;

3° Le 9 avril 1887, par la même Cour, à huit mois de prison pour vol et escroquerie ;

« Attendu que l'arrêt attaqué ne fait pas connaître notamment que les deux premières condamnations sont indépendantes l'une de l'autre, et que la seconde a été prononcée pour un fait perpétré postérieurement à l'époque à laquelle celle qui l'avait précédée est devenue définitive ;

« Qu'à défaut d'une semblable constatation par le juge du fait, la peine de la relégation ne saurait être justifiée et qu'elle est prononcée en violation des textes de loi susvisés » etc...

(Cassat., 21 août 1890).

En réalité, il résulte de cet arrêt, que le juge du fait doit examiner la date des condamnations et celle de l'infraction. En effet, si l'on admet la théorie que nous avons adoptée sur l'interprétation à donner à l'article 365 du Code d'Instruction criminelle, on verra que, dans l'espèce rapportée à l'arrêt, le juge n'était pas tenu de prononcer la confusion de la seconde peine avec la première, alors même qu'elle serait intervenue sur un délit commis avant la première condamnation, puisque le maximum prévu par l'article 405 est 5 ans et que le total des peines (1 an et 6 mois) est bien inférieur à ce chiffre. Mais, dans ce cas il devait écarter la deuxième condamnation, bien que non confondue avec la première, parce que, par rapport à celle-ci, elle ne pouvait constituer le condamné en état de récidive (Cass., 29 févr. 1889). L'arrêt cité pose en règle que dès qu'une condamnation intervient sur une infraction antérieure à une première condamnation les deux condamnations doivent être confondues. Or nous avons vu qu'il peut en être autrement, et que le juge a le droit de prononcer des condamnations distinctes à condition que leur total n'excède pas le maximum prévu par l'article qui punit l'infraction. Par suite, c'est sur la date des faits que devra se porter l'attention du juge ; c'est cette date qu'il devra préciser en même temps que celle de la condamnation, et de cette façon, quelle que soit l'interprétation qu'on donne à l'article 365 du Code d'Instruction criminelle, il évitera toute chance d'erreur.

Preuve des condamnations. — Le visa nécessaire des condamnations retenues en vue de la relégation conduit naturellement à cette question : comment se fera la preuve de ces condamnations ? C'est par le casier judiciaire qu'on est renseigné sur les antécédents d'un condamné. Un extrait de ce casier est joint à la procédure.

Si le prévenu reconnaît comme lui étant applicables les condamnations qui figurent à cet extrait, faut-il décider que la constatation que le prévenu, mis en demeure de reconnaître l'exactitude de l'extrait qui le concerne, a formellement reconnu ses énonciations, et le visa de cet extrait suffiront à établir légalement l'existence de ces condamnations? Un point échappe à toute discussion : il ne peut être suppléé au visa des condamnations par une référence à l'extrait du casier judiciaire, encore bien que le prévenu eût reconnu l'exactitude de cet extrait (Cass. 19 août 1886 ; — 4 février 1887). Mais, lorsque le jugement a visé exactement les condamnations en indiquant si les jugements sont définitifs, si les peines prononcées ont été ou non confondues et si chacun des faits qui ont motivé les condamnations successives est postérieur à la condamnation précédente, suffit-il au tribunal de dire qu'il a puisé ces éléments dans les énonciations du casier judiciaire corroborées par les aveux du prévenu? Non. Si relativement à la preuve de la récidive légale, le silence du prévenu a pu même être considéré comme un aveu tacite des condamnations portées sur l'extrait de son casier judiciaire visé dans l'arrêt de condamnation, une semblable interprétation ne saurait être admise en matière de relégation (Cass. 16 mars 1889). Par suite, il est indispensable de joindre à tout dossier concernant un relégable des extraits en forme des arrêts et jugements prononçant des condamnations qui peuvent entrer en ligne de compte : seuls ces documents font preuve complète de la condamnation et fournissent les renseignements indispensables. Des instructions ont été envoyées en ce sens aux parquets.

De plus, quand il y a lieu de reculer le point de départ de la période décennale en raison du temps passé par le prévenu en prison, il ne suffit plus de produire des extraits des jugements et arrêts qui renseignent sur la peine prononcée et non sur la peine réellement subie. L'extrait d'écrou pourra seul fixer le juge sur ce point. Aussi, dans la pratique, est-il d'usage de joindre à toute procédure pouvant motiver la relégation, les extraits des jugements ou arrêts de condamnation et les extraits d'écrou qui établissent la durée réelle de la peine en tenant compte tant des réductions par voie gracieuse, que de celles dues à l'emprisonnement cellulaire, et qui déterminent le point de départ de cette peine, conformément aux articles 23 et 26 du Code d'Instruction criminelle. C'est d'ailleurs le seul moyen d'éviter toute erreur dans le calcul, souvent délicat, de la période décennale.

Quand le condamné conteste les énonciations de l'extrait du casier qui le concerne, à plus forte raison, faut-il produire des extraits en forme des jugements et arrêts et des registres d'écrou. Ces extraits établissent, en effet, nettement la condamnation à la charge du prévenu, malgré ses dénégations qui peuvent être intéressées.

Condamnations encourues sous un faux nom. — Il n'est pas impossible cependant que toutes ou quelques-unes de ces conditions aient été, en réalité, encourues par un individu qui aurait pris le nom du prévenu actuel. Dans ce cas, le ministère public devra peser les réclamations du prévenu, et si elles lui paraissent fondées, l'inviter à demander la rectification du jugement ou même la provoquer d'office, avant de faire statuer sur la poursuite actuelle. En pareil cas, le tribunal pourra également renvoyer l'affaire jusqu'à ce qu'il ait été statué sur la rectification.

La situation inverse peut aussi se présenter : un individu est poursuivi ; au cours de la procédure on s'aperçoit qu'il a déjà subi, sous un faux nom, plusieurs condamnations qui le rendent relégable. Que devra faire le juge, si l'affaire vient devant lui avant toute rectification de jugement ? Devra-t-il, quand même, prononcer la relégation s'il est convaincu que les condamnations antérieures s'appliquent bien au prévenu ?

Deux hypothèses sont à envisager : 1° Le prévenu conteste ces condamnations. — Dans ce cas, il semble évident qu'une rectification régulière devra être faite par le Tribunal compétent, pour que les condamnations antérieures puissent être retenues contre le prévenu malgré ses dénégations. 2° Le prévenu reconnaît que les condamnations lui sont applicables. — En pareil cas, la jurisprudence décide que toute reconnaissance d'identité supposant une contestation sur l'identité, et celle-ci n'étant pas contestée, il n'y a pas lieu à jugement rectificatif. Il faudrait donc, en la matière qui nous occupe, dire que le tribunal pourra tenir compte, en vue de la relégation, de ces condamnations non rectifiées quant au nom, mais reconnues par le prévenu.

La Cour d'assises du Loiret l'a jugé dans un arrêt du 19 avril 1887 :

« Attendu que toutes ces condamnations antérieures, même celles prononcées contre lui sous le nom de Bonnemoy ont été à la fois reconnues par Diactorius et établies contre lui par la procédure en faux qui vient d'aboutir à sa condamnation ;

« Que la Cour, obligée, aux termes de l'article 10, de statuer en même temps et sur la peine principale et sur la peine accessoire, ne peut attendre, pour prononcer sur la relégation, que les six condamnations qui ont motivé la poursuite en faux aient été l'objet de rectifications régulières de la part des différentes juridictions qui les ont appliquées, etc.... »

Nous ne pouvons admettre la théorie consacrée par cet arrêt. Tout d'abord, le système de la jurisprudence est très contestable, et nous estimons, pour notre part, que dans tous les cas, doit intervenir un jugement rectificatif qui seul peut rendre applicable au prévenu la condamnation prononcée contre lui sous un faux nom. Mais si le système de la jurisprudence pouvait être accepté en pratique dans la majorité des cas, avant la loi actuelle, il est impossible de l'appliquer à cette loi. En effet, ainsi que nous l'avons vu (*suprà*), les condamnations antérieures ne peuvent motiver la relégation qu'autant qu'elles sont devenues définitives. De même une condamnation prononcée contre un prévenu sous un nom supposé ne pourra être retenuecontre le prévenu, que lorsqu'une décision *définitive* la lui aura attribuée.

D'autre part si l'aveu peut être considéré comme un consentement tacite à la rectification d'identité, encore est-il que le prévenu peut se raviser, revenir sur son aveu, contester une condamnation qu'il avait reconnue. Quel délai lui accordera-t-on pour changer d'avis ? Quand son aveu sera-t-il considéré comme définitif, et quand, partant, la condamnation reconnue lui sera-t-elle définitivement applicable ? Autant de questions auxquelles il est impossible de donner une réponse sérieuse. Il faut donc en revenir à la rigueur juridique qui exige une rectification d'identité, soit que le prévenu dénie, soit qu'il avoue les condamnations encourues par lui sous un faux nom ; et spécialement, en matière de relégation, il faut, pour que les condamnations comptent, qu'un jugement devenu définitif, les ait déclarées applicables au prévenu.

Dans l'espèce de l'arrêt, la Cour d'assises n'avait pas qualité pour faire cette rectification. Quelque persuadée qu'elle pût être de l'identité véritable, malgré la reconnaissance par le prévenu de cette identité, sa conviction, l'aveu même du prévenu ne rendaient pas définitive la régularisation de son casier judiciaire, et les condamnations qui, aux termes des jugements, n'étaient pas prononcées contre lui, ne pouvaient être retenues.

Sans doute ce système, qui nous semble le seul conforme aux vrais principes, peut entraîner des lenteurs regrettables. Le système contraire est plus *pratique*. Et pourtant, était-il si difficile de ne traduire le prévenu en Cour d'assises qu'après avoir fait rectifier les jugements encourus par lui sous un faux nom ? Mais cette rectification n'ayant pas été opérée, la Cour d'assises ne devait pas hésiter, à notre avis, à renvoyer l'affaire à une autre session, car la pratique ne doit peser d'aucun poids dans l'application des principes.

X

PROCÉDURE. — EXCLUSION DE LA PROCÉDURE DE FLAGRANT DÉLIT. — ASSISTANCE D'UN DÉFENSEUR.

ARTICLE 11. — *Lorsqu'une poursuite devant le tribunal correctionnel sera de nature à entraîner l'application de la relégation, il ne pourra jamais être procédé dans les formes édictées par la loi du 20 mai 1863 sur les flagrants délits.*

Un défenseur sera nommé d'office au prévenu, à peine de nullité.

I

Exclusion de la procédure de flagrant délit.

Le législateur, en présence de la gravité de la peine qu'il édictait, devait exiger que les droits de la défense fussent aussi larges que possible, et que les jugements prononçant la relégation fussent motivés de façon à permettre un contrôle rigoureux par la juridiction supérieure. C'est ce souci des droits de la défense qui a dicté l'article 10 et l'article 11 que nous avons à étudier. Lorsqu'une poursuite peut entraîner contre un prévenu la peine de la relégation, il était naturel de proscrire la procédure sommaire de la loi du 20 mai 1863, qui ne permet pas toujours au juge d'être renseigné exactement sur les antécédents du prévenu, et qui ne donne pas toujours à celui-ci le temps nécessaire pour préparer et faire présenter utilement sa défense. La procédure de flagrant délit est donc prohibée dès qu'une poursuite est *de nature à entraîner la relégation.*

La procédure de flagrant délit est interdite, à peine de nullité, — Cette prohibition est évidemment faite à peine de nullité, nous ne reviendrons pas sur ce point que nous avons traité sous l'article précédent. En tout état de cause, cette procédure ne peut être suivie ; il importera donc peu que le prévenu ait ou non soulevé cette nullité, que le prévenu ou le Parquet ait demandé et obtenu, après confirmation du mandat de dépôt, le renvoi de l'affaire pour citation régulière, ou le délai accordé à l'inculpé par l'article 4 de la loi du 20 mai 1863 pour préparer sa défense. En réalité, dans ce cas c'est toujours la procédure de flagrant délit qui a été suivie et cette procédure doit être annulée. En présence d'un texte aussi formel que celui de notre article, il n'est pas possible de chercher quelle a été *l'intention* du législateur, et la véritable pensée de l'auteur de l'amendement (M. Jullien, député, Ch. des députés, 28 juin 1883. *Contra* M. Laborde, Journal *La Loi*, 22 mai 1886 ; — Depeiges, *Code prat. de la loi des récid.*, p. 67). La jurisprudence et les auteurs sont aujourd'hui unanimes sur ce point.

Elle est interdite dès qu'un prévenu peut être relégué, si la condamnation à intervenir est suffisante. — La procédure de flagrant délit doit être annulée, alors même que la condamnation prononcée à la suite de la poursuite ne rendrait pas le prévenu relégable : un individu ayant déjà subi 3 condamnations pour vol, à plus de 3 mois de prison, dans le délai prescrit, est de nouveau poursuivi pour vol ; la procédure de flagrant délit est suivie, mais le tribunal ne prononce qu'une peine inférieure à 3 mois qui ne rend pas le prévenu relégable. Cette procédure devra, quand même, être annulée. En effet, la loi ne se place pas, pour régler la procédure, au moment de la condamnation, mais au jour de la poursuite, et, quand cette poursuite *est de nature*, en cas de nouvelle condamnation d'un quantum suffisant, à motiver la rélégation, la procédure du flagrant délit est prohibée. Cette prohibition est faite autant dans l'intérêt social que dans l'intérêt du prévenu ; elle est d'ordre public. Le Parquet ne peut se substituer au juge et apprécier quelle sera la peine motivée par l'infraction, pour appliquer la procédure de flagrant délit, lorsqu'il estime que la condamnation prononcée, eu égard au peu de gravité des faits, sera probablement inférieure au *quantum* exigé par la loi actuelle. Dès que l'examen du casier lui révèle qu'un prévenu a le nombre de condamnations prévu, moins une, si le fait nouveau poursuivi figure lui-même dans la catégorie qui rendrait le prévenu relégable, il doit requérir l'ouverture d'une information, à moins qu'il ne préfère laisser le prévenu en liberté et agir par voie de citation directe.

La citation directe est permise. — En effet, la loi ne prohibant que la procédure de flagrant délit, la voie de la citation directe, soit à la requête du ministère public, soit à la requête de la partie civile, est autorisée au même titre que celle de l'information. Est-ce à dire que cette tolérance soit due à une omission du législateur, et doit-on penser, avec certains auteurs (Le Poittevin, *loc. cit.*, p. 213 ; — Berton, *loc. cit.*, p. 157), qu'il eut été dans l'esprit de la loi d'interdire la procédure de citation directe, et que le législateur n'a pas songé à cette procédure ? Nous ne pouvons être de cet avis. La procédure de citation directe est trop connue et trop usuelle pour avoir échappé à l'attention des membres de la commission parlementaire composée d'avocats et de magistrats. Mais elle ne leur a pas paru offrir les mêmes dangers que la procédure de flagrant délit. En effet, la citation directe n'intervient d'ordinaire que sur un délit commis depuis un certain temps, elle est séparée du jugement par le délai légal ; en un mot le ministère public et l'inculpé ont le temps nécessaire, le premier pour établir nettement les antécédents du prévenu, le second pour préparer sa défense ; les intérêts de la défense et ceux de la société sont sauvegardés. Toutefois, en pratique, on n'usera guère de la voie de la citation directe, et quand un prévenu tombera par ses condamnations antérieures sous le coup de la relégation, il est évident qu'il sera sage de mettre l'affaire à l'instruction, afin de s'opposer à la fuite possible du prévenu par l'arrestation préventive.

II

Cas où la procédure de flagrant délit a été suivie.

Mais qu'adviendra-t-il quand on aura usé de la procédure de flagrant délit contre un prévenu relégable ? Le cas peut se présenter, soit que le Parquet ait décerné et fait confirmer par le tribunal un mandat de dépôt avant de connaître exactement les antécédents du prévenu, soit que celui-ci ait subi plusieurs condamnations sous un faux nom, condamnations établies contre lui entre la confirmation du mandat et le jugement, ou bien, entre le jugement et l'appel.

1° *Le cas se produit devant le Tribunal.* — Que devra faire le Tribunal ? Irrégulièrement saisi aux termes de la loi, il est hors de doute qu'il devra déclarer l'instruction de flagrant délit nulle, et renvoyer le ministère public à se pourvoir. L'annulation de la procédure a pour conséquence forcée la mainlevée du mandat de dépôt décerné par le Procureur de la République. En effet ce magistrat n'a le droit de décerner un mandat qu'exceptionnellement, en vertu de la loi du 20 mai 1863. En toute autre circonstance, ce droit n'appartient qu'au juge d'instruction. Si la procédure de flagrant délit qui donne ce pouvoir au Procureur de la République est prohibée, le mandat de dépôt, qui a été décerné en vertu de cette loi, doit suivre le sort de la procédure et tomber avec elle. C'est d'ailleurs le système adopté aujourd'hui par la jurisprudence.

2° *Le cas se produit devant la Cour.* — Si le tribunal a statué, qu'il ait, ou non, prononcé la relégation, la Cour d'appel devra *faire ce que le premier juge aurait dû faire.* Il appartiendra alors au Procureur de la République de saisir sans aucun délai le juge d'instruction qui décernera immédiatement un mandat d'amener contre le prévenu. En effet, autrement celui-ci devrait être mis en liberté, car la Cour pas plus que le Tribunal ne peut décerner un nouveau mandat :

« Attendu que, d'après l'article 11 de la loi du 27 mai 1885, lorsqu'une poursuite devant le Tribunal correctionnel sera de nature à entraîner l'application de la relégation, il ne pourra jamais être procédé dans les formes édictées par la loi du 20 mai 1863 sur les flagrants délits ; que cette disposition est substantielle ; qu'elle entraîne la nullité de toute la procédure qui a été suivie devant le Tribunal correctionnel dans les formes prohibées par ledit article, spécialement celle du mandat de dépôt délivré par le Procureur de la République en vertu de l'article 1er de la loi du 20 mai 1863 ;

« Attendu qu'après avoir annulé la procédure et par suite le mandat de dépôt délivré en vertu de la loi sur les flagrants délits, la Cour d'appel d'Agen ne puisait dans aucun texte le pouvoir de décerner un nouveau mandat ; que le droit attribué aux Cours d'appel par l'article 214 du Code d'Instruction criminelle ne peut être exercé par elles qu'au cas où le jugement est annulé, parce que le fait est de nature à mériter une peine afflictive ou infamante, et qu'il ne saurait être étendu par voie d'analogie au cas où l'annulation est prononcée à raison de la violation de l'article 11 de la loi du 27 mai 1885 ;

Par ces motifs, etc...

(Cass., 2 juillet 1886).

(Dans ce sens, Rennes, 6 janvier 1886 ; — Limoges, 11 février 1886 ; — Alger, 25 mars 1886 ; — *Contra*, Riom, 17 février 1886 ; — Nîmes 15 avril 1886 ; — Paris, 27 mai 1886 ; — Bordeaux, 13 janvier 1886 ; — Grenoble, 1886).

Ainsi, quand le mandat de dépôt est annulé, le prévenu devrait légalement être mis en liberté. C'est cette conséquence, logique mais bien regrettable, qui a fait hésiter la jurisprudence. En effet, tandis que certains arrêts se contentent d'annuler la procédure en maintenant les mandats décernés, d'autres annulent procédure et mandat :

« Attendu que ces diverses condamnations, pour vols, à plus de 3 mois d'emprisonnement, devaient entraîner la relégation, aux termes de l'article 4, § 3, de la loi du 27 mai 1885 ; que, cependant, au mépris des prescriptions de l'article 11 de la loi précitée, Chazalviel a été traduit en police correctionnelle, pour le nouveau vol dont il s'est rendu coupable le 7 décembre dernier et pour le délit de vagabondage, en état de flagrant délit ; qu'il y a donc lieu de réformer le jugement, pour omission d'une formalité substantielle ; que la nécessité d'une information préalable ne permet pas à la Cour d'évoquer et de statuer définitivement ;

« Par ces motifs,

« Disant droit de l'appel du Ministère public,

« Réformant,

« Annule pour vice de forme le jugement du Tribunal correctionnel de Bordeaux en date du 8 décembre dernier ;

« Renvoie le Ministère public à se pourvoir en saisissant le juge d'instruction devant lequel est renvoyé Chazalviel, tous mandats décernés subsistant ». (Bordeaux, 13 janvier 1886).

« Attendu, dit un autre arrêt, que la poursuite intentée devant le Tribunal correctionnel de Nantes étant de nature à entraîner l'application de la relégation, il ne pouvait être procédé dans les formes édictées par la loi de 1863 sur les flagrants délits, ce qui néanmoins a été fait ;

« Attendu, dès lors, que la poursuite, le mandat de dépôt, et la condamnation qui a suivi, sont frappés de nullité et non avenus et que la Cour n'a point à statuer sur la condamnation,

« PAR CES MOTIFS,

« Faisant droit à l'appel de M. le procureur général,

« Dit non avenus tous les actes de la poursuite y compris le jugement de condamnation ;

« Ordonne la main levée du mandat de dépôt décerné ;

« Renvoie en l'état, le prévenu sans dépens » (Rennes, 6 janvier 1886).

Quels que soient les inconvénients pratiques, nous estimons, pour les raisons déjà données que le mandat ne peut survivre à l'annulation de la procédure de flagrant délit qui est sa seule raison d'être. (Dans ce sens Tournade, *loc. cit.*, p. 71, Le Poittevin, *loc. cit.*, p. 215).

Mais, après l'annulation, que doit faire la Cour ?. — Mais, quand toute la procédure, y compris le mandat de dépôt, a été annulée, que doit faire la Cour ?

Aux termes de l'article 215 du Code d'Instruction criminelle, les Cours d'appel, lorsqu'elles annulent un jugement correctionnel pour violation ou omission non reparée des formes prescrites par la loi à peine de nullité, doivent évoquer ou retenir le fond, et prononcer sur le litige. En sera-t-il de même en notre matière. La Cour devra-t-elle évoquer, statuer sur l'affaire et prononcer au besoin la relégation ?

Trois systèmes ont été soutenus :

1er SYSTÈME. — *La Cour doit annuler le jugement et la procédure, et renvoyer l'affaire devant le tribunal qui en a déjà connu.* (Rennes, 5 janvier 1886 ; Bordeaux, 13 janvier 1886. (Arrêts rapportés) Limoges, 11 février 1886). La Cour de cassation a tout d'abord semblé consacrer cette manière de voir. L'arrêt ci-dessous ne considérait pas, au moins, l'évocation comme obligatoire :

« Attendu qu'il n'y a pas lieu d'examiner si la Cour de Limoges aurait dû par son arrêt du 11 février 1886, évoquer, conformément aux prescriptions de l'article 215 du Code d'Instruction criminelle, mais de rechercher si, par le fait de l'annulation et de son dessaisissement elle a rendu impossible toute juridiction et spécialement celle du Tribunal d'Ussel ;

« Attendu que la Cour, après avoir tout annulé, procédure et jugement, et ordonné la main-levée du mandat de dépôt, a remis toutes choses en l'état, renvoyé le prévenu sans dépens et ainsi rendu la cause à l'application du droit commun ;

« Attendu que, si le dessaisissement rendait toute juridiction impossible, un délit légalement constaté et même avoué, échapperait à toute répression ;

« Attendu, au contraire, que la Cour, par son arrêt, a rendu au prévenu toutes les garanties que la loi du 27 mai 1885 lui a données, en interdisant pour les récidivistes relégables l'application de la procédure sommaire du flagrant délit;

« PAR CES MOTIFS, etc. (Cass., 10 juin 1886).

Ainsi, les arrêts que nous venons d'indiquer admettent que les choses doivent être remises en l'état et l'affaire renvoyée devant le tribunal qui en a déjà connu. Ce système est adopté par la majorité des auteurs. (Sauvajol, *Gaz. des Trib.*, 19 décembre 1885. — De Neyremand, *Journal de droit crim.*, 1886, p. 100. — Tournade, *Comm. de la loi sur les récid.*, p. 71. — Berton, *Code de la relég.*, p. 141. — Le Poittevin, *Journal des Parq.*, 1886. 1.217).

Dans ce système, on cherche à démontrer que l'article 215 du Code d'Instruction criminelle ne peut s'appliquer à notre hypothèse. L'article 11 de la loi actuelle, nous dit-on, consacre une disposition absolument exceptionnelle : la procédure de flagrant délit est interdite d'une façon absolue dès que la poursuite est de nature à entraîner la relégation. Cette disposition est substantielle. Le tribunal qui, dans une pareille poursuite, a été saisi par une procédure de flagrant délit se trouve dans la situation d'une Cour d'asises qui serait saisie par voie de citation directe. L'un et l'autre sont en réalité incompétents pour statuer sur une poursuite engagée dans ces conditions ; il y a là une nullité d'ordre public que rien ne peut couvrir, ni le silence ni l'acquiescement même du condamné. Peut-on vraiment assimiler une nullité de cette importance à celles qui sont visées dans l'article 215 du Code d'Instruction criminelle sur lequel on s'appuie pour justifier l'évocation, nullités qui ne sont que relatives, qui doivent être soulevées *in limine litis*, dont le prévenu seul peut se prévaloir et qui sont couvertes par son silence ou même par son retard à les proposer ? Non ; cette nullité de la loi de 1885, n'est comparable qu'à la nullité résultant de l'incompétence. Elle constitue même une véritable incompétence ; en effet, de même que le tribunal ne pouvait statuer puisqu'il était saisi par une procédure prohibée, de même la Cour après avoir annulé jugement et procédure ne peut à son tour statuer parce qu'elle a, elle aussi, été saisie par cette même procédure de flagrant délit qu'elle vient d'annuler, si tant est qu'elle soit même saisie, puisqu'elle a annulé tout ce qui s'est fait jusque-là, y compris la citation donnée en vertu de la loi du 20 mai 1863. Or, par analogie avec ce qui est admis par la jurisprudence en matière civile, ne doit-on pas conclure en matière de relégation que le juge d'appel, après avoir annulé la citation qui a saisi le tribunal, ne peut évoquer et statuer sur le fond?

Si la nullité de l'article 11 constitue une véritable incompétence, toute difficulté disparaît. En effet quand la Cour d'appel annule un jugement pour cause d'incompétence, elle doit renvoyer devant les juges compétents et ne peut évoquer l'affaire pour statuer au fond. C'est ce qu'elle devra faire quand elle annulera un jugement rendu contre un prévenu relégable à la suite d'une procédure de flagrant délit. (Voir notamment dans ce sens : Le Poittevin, *loc. cit.* — Adde, auteurs cités plus haut).

Nous ne pouvons accepter ce système. Pour le justifier, il faut assimiler la nullité de l'article 11 à une véritable incompétence. Or cette assimilation nous paraît inexacte, malgré les arguments à l'aide desquels on veut l'établir. Le Tribunal qui a statué sur une poursuite intentée contre un relégable dans les formes de la loi de 1863, était en réalité très compétemment saisi ; il était compétent tant par la nature que par le lieu du délit. La procédure seule était irrégulière ; il était, irrégulièrement, mais non incompétemment, saisi. Sans aucun doute il s'agit d'une nullité toute particulière, plus sévère que celles qui sont prévues en l'article 215 du Code d'Instruction criminelle, nullité d'ordre public, mais il n'en est pas moins vrai qu'il s'agit bien « d'une violation non reparée de formes prescrites par la loi à peine de nullité », suivant les termes mêmes de cet article, qui, par conséquent, doit recevoir son application à l'espèce.

D'ailleurs, admettons que la Cour ne soit pas tenue d'évoquer, et renvoie devant les juges compétents. Quel Tribunal pourra connaître de l'affaire ? Si le prévenu a été arrêté et jugé à A, pour un délit commis à B, on pourra sans doute le renvoyer devant le Tribunal de B, après l'annulation du jugement du Tribunal de A. Mais si le Tribunal dans le ressort duquel le délit a été commis est aussi celui où l'arrestation du prévenu a été opérée, lui seul était compétent. Lui soumettra-t-on à nouveau l'affaire, après annulation de son premier jugement ? Cela est impossible. Le Tribunal, bien qu'irrégulièrement saisi, a, en statuant une première fois, épuisé ses pouvoirs. Car, il faut le remarquer, ce n'est pas sur une simple exception qu'il a statué, il a jugé le fond même de l'affaire, et quelle que soit la façon dont il sera à nouveau saisi, citation directe, ou ordonnance du juge d'instruction, il ne peut plus connaître de faits qu'il a déjà appréciés. C'est là un principe incontestable.

« Attendu, dit un arrêt de la Cour de cassation, que le Tribunal correctionnel de Quimper ne pouvait pas être saisi une seconde fois, soit par voie de citation directe, soit par ordonnance du juge d'instruction, de la poursuite dirigée contre Henry ; qu'ayant épuisé ses pouvoirs en statuant sur la prévention par son jugement du 20 avril, il était devenu incapable d'en connaître à nouveau ; qu'il n'a donc pu, même composé d'autres juges, être valablement ressaisi de la dite prévention, et

qu'en y statuant, le 20 mai, il a commis un excès de pouvoir » ;
(Cass., 15 juillet 1886).

Ainsi, si la Cour d'appel ne doit pas évoquer et statuer elle-
même sur le fond, il arrivera souvent que le prévenu échappera
à toute répression, faute de trouver un tribunal compétent pour
statuer sur le délit qui lui est imputé, et alors que ce délit im-
puni est encore punissable, puisqu'il n'est pas couvert par la
prescription. La peine accessoire de la relégation aurait pour
résultat de faire échapper le prévenu à la peine principale !
Cette situation serait au moins bizarre (1).

2ᵉ SYSTÈME (*Système de la Cour de cassation*). — *La Cour, après
avoir annulé le jugement et toute la procédure, est tenue d'évoquer l'affaire et de statuer au fond, en prononçant la relégation
s'il y a lieu.* — Ce système, application stricte de l'article
215 du Code d'Instruction criminelle, est suivi d'une façon uni-
forme par la Cour de cassation depuis l'arrêt contraire du
10 juin 1886 que nous avons cité plus haut. Il se résume ainsi :
La nullité de l'article 11 de la loi de 1885, est une nullité absolue, d'ordre public, assurément, mais elle n'en rentre pas moins
dans les prévisions de l'article 215 du Code d'instruction criminelle. Il s'agit d'un vice de procédure et non d'une véritable
incompétence ; l'évocation s'impose. L'arrêt suivant l'établit
nettement :

« En fait, attendu qu'il résulte des pièces du procès et, en particulier, de la teneur même du jugement confirmé par l'arrêt
entrepris, que la poursuite dirigée contre Henry, pour vol ou
détournement d'un billet de banque avait été portée, une première fois, devant le Tribunal correctionnel de Quimper, dans
les formes édictées par la loi du 20 mai 1863 concernant les
flagrants délits ; que, sur l'appel du prévenu, condamné le
24 avril, à 15 mois d'emprisonnement, la Cour de Rennes, considérant cet individu comme relégable, a, par arrêt du 4 mai,

______

(1) Il est vrai qu'on pourra aller en règlement de juges devant la Cour de
cassation qui désignera un tribunal de renvoi. Le cas est identique à celui où
le seul tribunal compétent n'aurait pu se constituer en raison de la maladie
ou des récusations de plusieurs de ses membres. C'est donc le point de départ du système que nous ne pouvons adopter, plutôt que ses conséquences.

annulé la procédure de flagrant délit et la condamnation prononcée ; mais qu'elle n'a pas évoqué le fond et a délaissé le ministère public à se pourvoir ainsi qu'il aviserait ; qu'à la même date et au requis du parquet une information a été ouverte contre Henry par le juge d'instruction de Quimper, lequel, par ordonnance du 19 mai, a renvoyé le prévenu, sous mandat de dépôt, devant le Tribunal correctionnel de cette ville, pour y être jugé, une seconde fois, à raison du délit précité ; qu'enfin, à la suite de ce renvoi, le Tribunal de Quimper, composé d'autres juges, a cru devoir retenir l'affaire et y a statué, le 20 mai, par le jugement dont l'arrêt attaqué a prononcé l'infirmation partielle ;

« En droit, attendu que, d'après le premier paragraphe de l'article 11 de la loi du 27 mai 1885, lorsqu'une poursuite devant un tribunal correctionnel sera de nature à entraîner l'application de la relégation, « il ne pourra jamais être procédé dans les formes édictées par la loi du 20 mai 1863 sur les flagrants délits ; » que cette disposition, conçue dans les termes les plus impératifs, intéresse essentiellement la défense des prévenus et constitue pour eux une garantie d'ordre public : qu'à ce titre et bien qu'elle ne soit pas expressément prescrite à peine de nullité, son inobservation doit toujours entraîner l'annulation de la procédure de flagrant délit et du jugement qui en a été la suite ; que la Cour de Rennes a donc procédé légalement, s'il y avait lieu à relégation, en annulant, par son arrêt du 4 mai, la procédure suivie en première instance contre Henry, ensemble le jugement de condamnation ; mais que, cette annulation prononcée, elle était tenue d'évoquer le fond et d'y statuer ; d'où suit qu'en s'abstenant de cette évocation et en délaissant le ministère public à aviser, elle a formellement violé l'article 215 du Code d'instruction criminelle, s'exposant ainsi, en cas de pourvoi, à la censure de la Cour de cassation ;

« Attendu, d'autre part, que le Tribunal correctionnel de Quimper ne pouvait pas être saisi une seconde fois, soit par voie de citation directe, soit par ordonnance du juge d'instruction, de la poursuite dirigée contre Henry ; qu'ayant épuisé ses pouvoirs en statuant sur la prévention par son jugement du 20 avril, il était devenu incapable d'en connaître à nouveau ; qu'il n'a donc pu, même composé d'autres juges, être valablement ressaisi de ladite prévention, et qu'en y statuant, le 20 mai, il a commis un excès de pouvoir ;

« Attendu que, dans ces conditions, la Cour de Rennes, placée en présence d'un jugement entaché de nullité, devait, cette fois encore, en prononcer l'annulation, et de plus évoquer le fond ; qu'on objecterait vainement qu'il n'y a pas lieu à évocation, lorsque le jugement est annulé pour cause d'incompétence ; que, dans l'espèce, le Tribunal de Quimper était précisément le Tribunal du lieu du délit et de la résidence du prévenu, et que la nullité de sa décision résultait non d'une compétence *ratione loci* ou *ratione personæ*, mais d'une incapacité toute spéciale provenant de l'épuisement de ses pouvoirs ; que rien ne s'opposait à l'évocation, puisqu'il est de principe que, sauf le cas où un jugement est annulé par incompétence *ratione loci* ou *ratione personæ*, les juges d'appel sont tenus, aux termes de l'article 1 de la loi du 29 avril 1806 et de l'article 215 du Code d'instruction criminelle, de retenir la cause et de la juger ; d'où il suit qu'en omettant d'annuler, pour excès de pouvoir, le jugement du Tribunal correctionnel de Quimper, du 20 mai 1886, sauf à évoquer le fond et à statuer, la Cour de Rennes a méconnu l'étendue de sa propre juridiction et violé, par défaut d'application, l'article 215 du Code d'instruction criminelle :

« PAR CES MOTIFS, etc. » (Cass., 15 juillet 1886).

(Depuis, jurisprudence contante).

Nous ne pouvons également accepter ce système.

Il nous semble interpréter sainement l'article 215 du Code d'Instruction et donner à la nullité de l'article 11 sa véritable qualité, mais en revanche, il viole à notre sens, le texte et l'esprit de la loi 1885 qui a entendu proscrire la procédure de flagrant délit, et a frappé de nullité un jugement s'appuyant sur une telle procédure. Aussi s'est-il produit un 3ᵉ système qui cherche à concilier l'article 215 du Code d'Instruction criminelle avec la loi du 27 mai 1885.

3ᵉ SYSTÈME. — Ce système mixte a été soutenu par M. L. Sarrut

(Dalloz, 1886, note, 2, 56) : *La Cour, conformément à l'article 215 du Code d'instruction criminelle, est tenue d'évoquer, mais si elle doit prononcer la peine principale prévue pour le délit elle ne peut prononcer la peine accessoire de la relégation.* — En effet, dit-on, admettre la Cour à prononcer la relégation, ce serait aller contre l'esprit de la loi qui a voulu donner à la défense la plus grande latitude, en prohibant la procédure sommaire des flagrants délits. Or, si la Cour prononçait la relégation, bien qu'ayant annulé la procédure, c'est en réalité sur l'instruction faite en vertu de la loi du 20 mai 1863 qu'elle appuierait sa décision. Le texte et l'esprit de la loi seraient violés.

Toute cette partie de l'argumentation nous paraît absolument victorieuse. Il est certain que l'évocation par la Cour avec le droit de prononcer la relégation équivaudrait à la violation formelle de l'article 11, puisque ce serait une procédure de flagrant délit qui aboutirait à la relégation ; l'annulation en droit de cette procédure qui subsisterait en fait serait une véritable subtilité juridique. A quoi bon annuler procédure et jugement du Tribunal pour statuer ensuite en s'appuyant sur les mêmes éléments que ceux qui ont déjà été soumis à l'appréciation de ce tribunal ?

Pourtant, il nous paraît impossible d'accepter ce troisième système qui, lui aussi, viole les dispositions de la loi sur la relégation. En effet, dans la question qui nous occupe, on se trouve toujours pris entre deux difficultés : si la Cour évoque, statue au fond, et prononce la relégation, elle viole la loi puisqu'elle statue en réalité sur une poursuite de flagrant délit ; si elle évoque et statue, mais sans prononcer la relégation, elle viole encore la loi, puisque celle-ci impose l'obligation au juge de prononcer la relégation dès que le prévenu se trouve dans un certain état de récidive. Comment résoudre cette double difficulté ? La loi de 1885 est incomplète : organisant une procédure dont l'omission devait frapper le jugement d'une nullité absolue, créant une situation juridique sans exemple dans notre droit criminel, elle aurait dû en envisager les conséquences et spécifier, en cas d'annulation, le nouveau tribunal qui pourrait connaître de la poursuite.

12

4ᵉ Système. — Mais puisque la loi n'a pas pris ces précautions, on doit résoudre la difficulté par voie d'analogie. Il se présente parfois en pratique une situation semblable à celle que nous envisageons : une ordonnance du juge d'instruction renvoie un prévenu devant le Tribunal correctionnel sous prévention de *vol simple*. Le tribunal *statue*. Mais la Cour d'appel décidant que les faits, s'ils étaient établis, constitueraient un *vol qualifié*, se déclare incompétente. Ordonnance du juge d'instruction et arrêt contradictoires : conflit ; il y a lieu à règlement de juges. La Cour de cassation renvoie l'affaire devant la chambre des mises en accusation. Celle-ci, adoptant la qualification du juge d'instruction déclare qu'il y a *vol simple*. Nouveau conflit. La Cour de cassation, ne pouvant renvoyer devant le premier Tribunal qui, en statuant une première fois, a épuisé ses pouvoirs, renvoie finalement l'affaire devant un Tribunal voisin. Nous sommes ici dans une situation identique et la solution à donner de la difficulté devra être la même.

Aussi, pour nous, la Cour d'appel appelée à statuer sur un jugement rendu contre un relégable à la suite d'une procédure de flagrant délit, devra annuler jugement et procédure, et renvoyer le ministère public a se pourvoir. Celui-ci saisira immédiatement le juge d'instruction qui décernera mandat de dépôt contre le prévenu. On évitera ainsi la mise en liberté nécessaire au cas d'évocation.

Le juge d'instruction, l'information terminée, rendra une ordonnance de renvoi en police correctionnelle et l'affaire reviendra devant le Tribunal. Que se produira-t-il alors ? Le Tribunal, ainsi que nous l'avons vu, a, en statuant une première fois, épuisé ses pouvoirs ; il devra donc cette fois, se déclarer incompétent. Il y aura ainsi deux décisions contradictoires qui, une fois définitives. devront donner lieu à un règlement des juges. La Cour de cassation, appelée à trancher la difficulté, renverra l'affaire devant le tribunal de son choix qui pourra prononcer à la fois la peine principale et la peine accessoire de la relégation. De cette façon, le texte et l'esprit de la loi du 27 mai 1885 seront respectés.

Ainsi: annulation par la Cour de la procédure et du jugement et renvoi au ministère public ; — ordonnance du juge d'instruction à la suite d'une information régulière ; — jugement d'incompétence du Tribunal : — conflit et règlement de juges ; — enfin renvoi devant un Tribunal voisin. — C'est à notre avis, le seul moyen de résoudre pratiquement et juridiquement à la fois la difficulté, puisque la loi n'a pas pris soin de la résoudre elle-même. De cette façon au moins, si les droits de la société sont sauvegardés, ceux de la défense, non moins respectables, ne sont pas méconnus.

Mais pour éviter toute cette procédure compliquée, dans la pratique journalière, les parquets devront veiller à ce qu'un jugement de condamnation n'intervienne jamais, sur une poursuite de flagrant délit, avant que les antécédents et l'identité du prévenu soient nettement établis. Les Tribunaux auront le même devoir. De cette façon, la difficulté qui nous occupe ne pourra plus se poser. Et de fait, depuis longtemps cette difficulté ne s'est plus présentée.

La procédure de flagrant délit est-elle prohibée quand le prévenu est sexagénaire ou mineur de 21 ans? — L'exclusion de la procédure de flagrant délit s'applique-t-elle également au cas où le prévenu est mineur de 21 ans, ou âgé de 60 ans accomplis? Pour résoudre cette question, il faut évidemment se placer au moment de la poursuite, puisqu'il n'appartient pas au ministère public de se faire juge de la peine qui pourra être prononcée, du résultat de la poursuite, en un mot. En ce qui concerne le mineur de 21 ans, la solution ne peut faire de doute, dans la plupart des cas. En effet, suivant la peine prononcée, il aura plus ou moins de 21 ans à l'expiration de cette peine et sera passible ou non de la relégation. La poursuite *sera de nature* à motiver la relégation. Mais il faut élargir la question : un individu de 19 ans, tombant sous le coup de la relégation par ses condamnations antérieures, est poursuivi pour vagabondage. Quelle que soit la peine prononcée (le maximum étant de 6 mois), 1 an en cas de récidive, il n'aura pas 21 ans à l'expiration de sa peine. La relégation sera remplacée par la détention dans une maison de correction jusqu'à sa majorité. Il en sera de même pour l'individu âgé actuellement de 60 ans, qui se verra soumis, dans les mêmes conditions, à l'interdiction de séjour perpétuelle. La poursuite *ne sera pas de nature* à entraîner la relégation. Devra-t-on, quand même, rejeter dans ce cas la procédure de flagrant délit ? Il nous semble qu'on doit répondre affirmativement. En effet, l'esprit de la loi est d'entourer de garanties particulières la défense du prévenu qui, à raison de ses antécédents, peut être passible d'une aggravation de peine caractérisée par les peines accessoires qu'elle prévoit, relégation en principe, correction ou interdiction de séjour en raison de l'âge. Notre article prescrit que « lorsqu'une poursuite sera de nature à entraîner l'application de la *relégation*, etc. », le mot relégation comprend évidemment dans l'esprit du législateur, non seulement la relégation proprement dite, mais la peine qui la remplace en raison de l'âge du prévenu, et qui fait partie, au même titre, de la disposition générale de la loi et des mesures de préservation sociale qu'elle édicte. Par suite, même procédure, mêmes exigences dans un cas que dans l'autre, puisque, pour le législateur, la peine qui frappe le mineur de 21 ans ou le sexagénaire, bien qu'atténuée en raison de l'âge, est considérée, relativement, comme aussi grave pour celui qui la subit. Dans tous les cas, les articles 10 et 11 (visa des condamnations, procédure et assistance d'un défenseur) seront applicables (Dans ce sens : tous les auteurs).

La jurisprudence ne semble pas avoir statué en ce qui concerne l'article 10 et le premier paragraphe de l'article 11, mais elle s'est prononcée dans ce sens pour l'interprétation du deuxième paragraphe de l'article 11 (assistance d'un défenseur) où les mêmes arguments sont à invoquer :

« Attendu qu'aux termes de l'article 11 de la loi du 27 mai 1885, lorsqu'une poursuite correctionnelle sera de nature à entraîner la relégation, un défenseur sera nommé d'office au prévenu, à peine de nullité ;

« Attendu que cette disposition ne doit pas être restreinte au cas où c'est la relégation proprement dite qui est encourue par le prévenu, mais qu'elle doit être étendue, par analogie de motifs, au cas où cette peine est remplacée, aux termes des arti-

cles 6 et 8 de la même loi, soit par l'interdiction perpétuelle
de séjour, soit par la mise en correction, à raison de l'âge du
prévenu » ;

« PAR CES MOTIFS, etc. (Cass., 25 mars 1887).

III
Assistance d'un défenseur.

*Le prévenu doit être assisté d'un défenseur devant la Cour
comme devant le Tribunal.* — Enfin, l'article 11 § 2, exige que
le prévenu relégable soit assisté d'un défenseur : « Un défenseur sera nommé d'office au prévenu, à peine de nullité ». Le
texte est général, il faut donc en conclure qu'un défenseur devra assister le prévenu, aussi bien en appel qu'en première instance. Le jugement ou l'arrêt devront constater expressément
la présence du défenseur sous peine de tomber sous la censure
de la Cour de Cassation :

« Attendu que l'article 11 de la loi du 27 mai 1885 exige à
peine de nullité que, dans toute poursuite de nature à entraîner l'application de la relégation, le prévenu soit assisté d'un
défenseur ; que les termes dudit article sont généraux et absolus et que cette formalité est substantielle ;

« Attendu que si Abdelkader ould Mohamed a été défendu
en première instance, ainsi qu'il résulte du jugement du Tribunal correctionnel d'Oran, du 24 avril 1886, l'arrêt attaqué ne
constate pas qu'il en ait été de même en appel ;

« PAR CES MOTIFS, casse et annule » (Cass., 26 août 1886).

Quid en cas de jugement par défaut ? — Cette assistance forcée d'un défenseur amène à se demander si la relégation doit
être prononcée par défaut. Mais il ne peut exister de difficulté
sérieuse sur ce point. La loi n'envisage que l'hypothèse où le
prévenu est sous la main de justice. Dans ce cas, elle veut lui
assurer le temps et les moyens nécessaires pour préparer sa
défense et la faire présenter utilement. Mais elle n'a pas entendu
déroger aux articles 185 et 186 du Code d'instruction criminelle,
auquel cas, il eût fallu une déclaration formelle. Or l'article 185

ne permet pas la représentation par un avocat en notre matière, et il serait difficile de soutenir que, la prescription de l'article 11, § 2, n'étant pas remplie et ne pouvant l'être, la relégation ne peut être prononcée et que le refus de comparaître ou la fuite soustraieront le prévenu à la peine qu'il mérite. D'ailleurs les droits de la défense, même en ce cas seront sauvegardés, et la loi n'a pas eu d'autre but en édictant l'article 11. En effet le prévenu aura toujours la ressource de l'opposition dans le délai légal, si le jugement lui est signifié à personne, jusqu'à la prescription de la peine, en cas de signification à domicile, s'il n'en a pas eu connaissance.

(Dans ce sens, Tribunal Châtillon-s-Seine, 3 janvier 1887).

Par qui est faite la désignation du défenseur ? — Il va d'ailleurs de soi que si le prévenu a choisi un défenseur, la désignation d'office n'a plus sa raison d'être. Mais dans toute poursuite pouvant motiver la relégation, soit à la suite d'une information régulière, soit sur citation directe à la requête du ministère public ou de la partie civile, le Procureur de la République et le Tribunal devront s'assurer que le prévenu a fait choix d'un défenseur, et, dans le cas contraire, veiller à ce qu'il lui en soit désigné un d'office. Cette désignation se fera conformément à la loi, par le président des assises, en Cour d'assises, par le président du Tribunal ou de la Cour, en cas de poursuites correctionnelles. En pratique, il est d'usage de prévenir le bâtonnier des avocats qui fait lui-même la désignation. S'il n'y a pas de conseil de l'ordre des avocats ou même de barreau, la désignation est faite directement par le président, parmi les avocats ou les avoués plaidants, comme cela a lieu en vertu de l'article 29 de la loi du 22 janvier 1851 et de l'article 294 du Code d'instruction criminelle.

Remarque. — *Application des règles de la procédure en matière de relégation.* — On voit, par ce qui précède, de quelle façon un jugement prononçant la relégation devra être motivé pour échapper à la censure de la Cour de cassation. Prenons le casier d'un individu poursuivi pour vol :

DATE DE LA CONDAMNATION	COURS OU TRIBUNAUX QUI ONT STATUÉ	NATURE DU DÉLIT	DATE DU DÉLIT	PEINE PRONON- CÉE
2 Janv. 1876	Paris.	Vagabondage.	31 Déc. 1874.	15 jours.
4 Mars 1877	Angers.	Vol.	du 10 au 15 fév. 1876	4 mois.
7 Nov. 1879	Le Mans.	Vagabondage.	5 Sept. 1879.	1 mois.
5 Déc. 1881	Tours (défaut).	Escroquerie.	6 Nov. 1881.	1 an.
6 Avril 1883	Cour d'Angers.	Abus de confiance.	Février 1881.	6 mois.
3 Mars 1885	Le Mans.	Vol.	20 fév. 1885.	6 mois.
15 Juin 1887	Angers.	Coups et blessures.	3 Juin 1887.	1 mois.
20 Déc. 1889	Nantes.	Coups et blessures.	3 Déc. 1889.	3 mois.
25 Juillet 1890	Cour d'Angers.	Vol.	4 Juin 1890.	2 ans.

Enfin, il est condamné le 2 septembre 1893 sur cette nouvelle poursuite pour vol de 3 ans d'emprisonnement. Le jugement pourra être libellé ainsi qu'il suit :

Ministère public contre X...

Le Tribunal,

Après avoir entendu le ministère public en ses réquisitions, le prévenu et son défenseur Me... en leurs moyens de défense et en avoir délibéré, conformément à la loi ;

Attendu qu'il résulte des débats que X... a, le..., à..., soustrait frauduleusement une somme de... au préjudice du Sr... etc.... (*motifs ordinaires*).

Condamne X... à 8 années d'emprisonnement ;

Et attendu, en outre, que X... a subi précédemment les condamnations suivantes :

1º Le 25 juillet 1890, une condamnation à 2 ans de prison prononcée par arrêt contradictoire de la Cour d'Angers pour vol commis le 4 juin 1890, lequel arrêt est devenu définitif, faute de pourvoi en cassation, le 30 juillet 1890 ;

2º Le 20 décembre 1889, une condamnation à 3 mois de prison prononcée par jugement contradictoire du Tribunal de Nantes pour coups et blessures, lequel jugement est devenu définitif, faute d'appel le 31 décembre suivant ;

3º Le 3 mars 1885 une condamnation à 6 mois de prison prononcée par jugement contradictoire du Tribunal du Mans, pour vol commis le 20 février 1885 lequel jugement est devenu défitif faute d'appel, le 14 mars suivant ;

4° Le 15 juin 1887, une condamnation de 1 mois de prison prononcée par jugement contradictoire du Tribunal d'Angers pour coups et blessures ;

5° Le 6 avril 1883, une condamnation à 6 mois de prison prononcée par arrêt contradictoire de la Cour d'appel d'Angers pour abus de confiance, commis en février 1881, lequel arrêt est devenu définitif, faute de pourvoi en cassation, le 11 avril 1883 ;

6° Le 5 décembre 1881, une condamnation à 1 an de prison, prononcée par le Tribunal de Tours par défaut, signifiée au Parquet le 20 décembre suivant et devenue définitive par la prescription de la peine, le 20 décembre 1886.

Attendu que la condamnation du 6 avril 1883 prononcée par la Cour d'Angers ne peut être retenue pour constituer le total de condamnations exigées, puisqu'elle est intervenue sur un délit commis antérieurement à la précédente condamnation.

Attendu qu'il résulte, tant de reconnaissances passées par le prévenu que des extraits de registres d'écrou joints à la procédure, que toutes ces peines ont été intégralement subies, sauf celle prononcée par défaut.

Que toutes les condamnations relevées à la charge de X... sont reconnues par lui et d'ailleurs établies par les extraits des jugements joints également à la procédure.

Qu'il vient d'être condamné à 3 ans de prison pour vol.

Attendu qu'il résulte de toutes ces constatations que X... a, dans un intervalle de dix ans, non compris la durée de toute peine subie, encouru 4 condamnations à plus de 3 mois d'emprisonnement, pour escroquerie et pour vol ;

Qu'il tombe, en conséquence, sous l'application de l'article 4 § 3 de la loi du 27 mai 1885, lequel est ainsi conçu : (texte de la loi).

Par ces motifs,

Dit qu'il sera relégué conformément à la loi.

(Il est inutile de viser les condamnations antérieures au 3 novembre 1880 date qui, dans notre espèce, est le point de départ de la période décennale. Ces condamnations sont en effet inopérantes. — Les 2e, 4e et 5e condamnations ne sont relevées qu'au point de vue de la prolongation de la période décennale.)

XI

MESURES D'EXÉCUTION.— DÉLITS SPÉCIAUX. — GRACE.
REMISE DE LA RÉLÉGATION

Art. 12. — *La relégation ne sera appliquée qu'à l'expiration de la dernière peine à subir par le condamné. Toutefois, faculté est laissée au gouvernement de devancer cette époque pour opérer le transfèrement du relégué.*

Il pourra également lui faire subir tout ou partie de la dernière peine dans un pénitencier.

Ces pénitenciers pourront servir de dépôt pour les libérés qui y seront maintenus jusqu'au plus prochain départ pour le lieu de relégation.

Cet article, qui ne prévoit que des mesures d'exécution, ne rentre pas dans le cadre de notre étude. (Voir sous l'art. 1 le texte du règlement du 26 novembre 1885).

Art. 13. — *Le relégué pourra momentanément sortir du territoire de relégation en vertu d'une autorisation spéciale de l'autorité supérieure locale.*

Le ministre seul pourra donner cette autorisation pour plus de six mois ou la réitérer.

Il pourra seul aussi, autoriser à titre exceptionnel, et pour six mois au plus, le relégué à rentrer en France (Voir également le texte du règlement).

Délits spéciaux.

Art. 14. — *Le relégué qui, à partir de l'expiration de sa peine, se sera rendu coupable d'évasion ; celui qui, sans autorisation, sera rentré en* France *ou aura quitté le territoire de relégation, celui qui aura outrepassé le temps fixé par l'autorisation, sera traduit devant le Tribunal correctionnel du lieu de son arrestation ou devant celui du lieu de relégation, et, après connaissance de son identité, sera puni d'un emprisonnement de deux ans au plus.*

En cas de récidive, cette peine pourra être portée à cinq ans.

Elle sera subie sur le territoire des lieux de relégation.

Les tribunaux auront à faire application de cet article.

Il ne semble d'ailleurs devoir donner lieu à aucune difficulté pratique. Il faut simplement remarquer que, la loi étant muette sur les circonstances atténuantes, l'article 463 du Code pénal n'est pas applicable. Le maximum de la peine est de deux ans pour la première infraction, de 5 ans, en cas de récidive. Quant au minimum, dans le silence de la loi, il faut décider qu'il sera de six jours, minimum de l'emprisonnement en matière correctionnelle (art. 40, C. P.) Les voies de recours ordinaire sont d'ailleurs ouvertes au condamné.

Grâce.

ART. 15. — *En cas de grâce, le condamné à la relégation ne pourra en être dispensé que par une disposition spéciale des lettres de grâce. Cette dispense par voie de grâce pourra d'ailleurs intervenir après l'expiration de la peine principale.*

La relégation est la conséquence de la dernière peine principale prononcée par le juge. On aurait donc pu se demander si, cette peine étant remise par voie gracieuse, la condamnation accessoire doit subsister. L'article 15 tranche cette difficulté : La mesure gracieuse devra expressément s'expliquer sur la relégation. Dans le silence des lettres de grâce la relégation devrait être appliquée. D'ailleurs le droit de grâce est toujours absolu et peut intervenir à tout moment ; il peut faire remise au condamné de la peine accessoire de la relégation même lorsque la peine principale qui l'a motivée a été subie intégralement. C'est une disposition reproduite des articles 46 et suivants du Code pénal sur la surveillance de la haute police.

Le relégué gracié peut de nouveau être relégué. — Il est, du reste, incontestable que la grâce qui a fait remise au condamné de la peine de la relégation n'empêche pas le récidiviste d'être condamné à nouveau à la relégation s'il vient à commettre un nouveau délit rentrant dans les catégories prévues par la loi. C'est là une conséquence qui résulte forcément de la nature même de la grâce.

Remise de la relégation. — Décision de justice.

Art. 16. — *Le relégué pourra, à partir de la sixième année de sa libération, introduire devant le Tribunal de la localité une demande tendant à se faire relever de la relégation, en justifiant de sa bonne conduite, des services rendus à la colonisation et de moyens d'existence.*

Les formes et conditions de cette demande seront déterminées par le règlement d'administration publique prévu par l'article 18 *ci-après.*

La relégation peut être remise à tout moment par voie de grâce. Aucune condition spéciale n'est exigée dans ce cas laissé, comme toute mesure gracieuse, à la discrétion du chef de l'état. Mais le condamné qui subit la peine de la relégation depuis un certain temps peut encore, en dehors de toute mesure gracieuse, espérer son retour en France.

A partir de la sixième année de sa libération de la peine principale, il peut demander à être relevé de la peine accessoire, en justifiant qu'il remplit les conditions exigées par la loi.

Cette disposition de notre article 16, ne figurait pas dans le texte primitif voté par la Chambre. C'est le Sénat qui l'a introduite dans la loi. Il a pensé que l'espoir de pouvoir un jour rentrer en France serait pour les relégués, chez lesquels tout retour au bien n'est pas absolument impossible, le meilleur stimulant à la bonne conduite, au travail et à l'amélioration morale. Le nouvel article 16 n'a été adopté par la Chambre des députés qu'après une vive discussion au sein de la commission, et il résulte nettement des termes mêmes du rapporteur que dans l'esprit du législateur cette faveur accordée au relégué, doit être non la règle, mais l'exception.

« Cette disposition, dit le rapporteur, a été très énergiquement critiquée par plusieurs membres de notre commission ; ils la considèrent comme une porte trop largement ouverte à la rentrée des relégués dans la métropole. Ils craignent que l'espérance d'un retour trop facile en France n'empêche beaucoup d'établissements sérieux et définitifs dans les colonies pénales. La commission, tout en adoptant l'article 16, a considéré que les conditions mises à l'obtention du retour, tant par cet article que par le règlement d'administration publique à intervenir, pourront prévenir, dans une large mesure tout abus du droit conféré par l'article ».

La décision qui dispense un condamné de la relégation, sorte de réhabilitation spéciale, est prononcée par l'autorité judiciaire du lieu de relégation. La procédure à suivre, les conditions à remplir par le relégué, sont indiquées par le décret du 9 juillet 1892. Elles y sont énoncées assez clairement pour qu'il soit inutile d'insister sur ce point. Nous reproduisons simplement le décret :

Art. 1er. — Le relégué qui sollicite son relèvement de la relégation, adresse sa demande au Procureur de la République près le Tribunal de première instance de sa résidence. Cette demande fait connaître le lieu où le relégué a l'intention de se fixer et les moyens d'existence dont il peut disposer.

Elle est accompagnée de la justification du paiement des frais de justice dont il n'est pas libéré, et qui sont relatifs à la condamnation à la suite de laquelle la relégation a été prononcée.

Dans le cas où le demandeur serait hors d'état de se libérer en tout ou en partie de ces frais, il devra en justifier par un avis de la commission de classement prévue à l'article 8 du décret du 26 novembre 1885.

Si le relégué doit quitter la colonie, au cas d'admission de sa demande, il justifiera en outre, de ses moyens de faire face aux dépenses de voyage, aucuns frais de passage, de route ou autres ne pouvant être supportés par le budget de l'État ou par celui de la colonie.

Art. 2. — La demande est immédiatement transmise par le Procureur de la République au directeur de l'Administration pénitentiaire ou, dans les colonies non pénitentiaires, au directeur de l'Intérieur, qui la renvoie au chef du Parquet, dans le plus court délai possible, avec son avis, et après y avoir annexé :

1° Le dossier du relégué, ainsi que l'extrait d'arrêt ou de jugement qui a prononcé la relégation ;

2° Un extrait certifié exact du folio des punitions et un relevé des condamnations que le relégué aurait pu encourir dans la colonie ;

3° Un acte constatant que le relégué ne se trouve pas soumis à l'interdiction de séjour, ou, dans le cas contraire, qu'il a reçu notification des lieux où il lui est fait défense de paraître ;

4° Les certificats et avis prévus aux articles 3 et 4 ;

5° L'avis du ministre de l'intérieur et celui du ministre chargé des colonies.

Art. 3. — La justification de bonne conduite, de moyens d'existence et de services rendus à la colonisation se fait au moyen d'un certificat délivré par la commission de classement prévue à l'article 8 du décret du 20 novembre 1885.

Art. 4. — Si le demandeur est en état de relégation individuelle, un avis du directeur de l'intérieur doit toujours être joint aux pièces énoncées aux article 2 et 3.

Dans le cas où le relégué individuel aura été interné dans plusieurs colonies, l'avis du directeur de ces colonies sera annexé au dossier.

Art. 5. — Le Tribunal, réuni en la Chambre du Conseil, après avoir vérifié si toutes les conditions prévues par le présent décret ont été remplies, et si la justification prescrite par l'article 3 a été faite, décide sur la demande.

Le Procureur de la République et le chef du service judiciaire de la colonie, agissant d'office ou à la requête de l'administration pénitentiaire, peuvent former opposition à la décision du Tribunal, soit qu'elle accueille la demande, soit qu'elle la rejette.

L'opposition doit être formée dans le délai d'un mois. Elle est portée devant la Cour d'appel ou le Tribunal supérieur qui décide dans le mois.

La procédure a lieu sans frais.

Art. 6. — En cas de rejet, une nouvelle demande en relèvement de la relégation ne peut être formée avant l'expiration d'un délai de trois années.

Art. 7. — Le ministre de la marine et des colonies, le président du conseil, ministre de l'intérieur, et le garde des sceaux, ministre de la justice et des cultes, sont chargés, chacun en ce qui les concerne, de l'exécution du présent décret, qui sera inséré au *Journal officiel* de la République française et au *Bulletin officiel* de l'administration des colonies.

Le relégué, relevé de la relégation, pourra de nouveau être relégué. — Il faut toutefois remarquer que cette remise de la relégation par l'autorité judiciaire ne fait pas disparaître les condamnations subies antérieurement par le relégué. Il est à cet égard dans la même situation que lorsque la relégation lui a été remise par voie grâcieuse, et si, rentré en France, il commet un nouveau délit, de nouveau la relégation pourra être prononcée contre lui. Cela ne peut faire aucun doute ; M. de Verninac, rapporteur de la loi, s'est d'ailleurs nettement prononcé en ce sens : « Les relégués, dit-il, pourront ainsi obtenir une espèce de réhabilitation partielle qui aura pour effet de les relever de la relégation, mais sans effacer, cela va de soi, les condamnations antérieures, de sorte que si, rentrés en France, ils encouraient une nouvelle condamnation, dans les conditions prévues par la loi, ils se verraient immédiatement frappés à nouveau de la relégation ».

Le temps passé en relégation devra-t-il être défalqué de la période décennale ? — Lorsque la relégation aura été remise, soit par voie gracieuse, soit par décision judiciaire, la période décennale devra-t-elle être prorogée du temps passé par le condamné, à l'état de relégation ? Pour résoudre cette question, il faut se demander si la relégation est une peine, dans le sens que l'article 4 a entendu donner à ce mot. Tout d'abord, il est bon de remarquer que la discussion de la loi n'apporte sur ce point aucun éclaircissement. Cette difficulté y a passé inaperçue.

La relégation est une peine, à la vérité, mais une peine complémentaire, absolument différente, par conséquent, des peines *afflictives* qui seules semblent avoir été visées dans l'article 4. Il est vrai que pour certains relégués — ceux qui subissent la relégation collective — la situation est sensiblement la même que celle des détenus de nos maisons d'arrêt ; mais c'est là une mesure d'exécution qui ne modifie pas le caractère juridique de la peine de la relégation. Peine complémentaire, au même titre que la surveillance d'autrefois, que l'interdiction de séjour actuelle, elle ne peut produire les mêmes effets que la peine proprement dite. D'ailleurs, dans le silence ou l'obscurité de la loi, c'est encore la solution que nous devrions admettre, en l'absence de toute autre considération juridique.

Mesures administratives diverses.

ART. 17. — *Le gouvernement pourra accorder aux relégués l'exercice sur les territoires de relégation, de tout ou partie des droits civils dont ils auraient été privés par l'effet des condamnations encourues.*

ART. 18. — *Des règlements d'administration publique détermineront : Les conditions dans lesquelles les relégués accompliront les obligations militaires auxquelles ils pourraient être soumis par les lois sur le recrutement de l'armée ;*

L'organisation des pénitenciers mentionnés en l'article 12 ;

Les conditions dans lesquelles le condamné pourra être dispensé provisoirement ou définitivement de la relégation pour cause d'infirmité ou de maladie, les mesures d'aide et d'assistance en faveur des relégués ou de leur famille, les conditions auxquelles des concessions de terrains, provisoires ou définitives, pourront leur être accordées, les avances à faire, s'il y a lieu, pour premier établissement, le mode de remboursement de ces avances, l'étendue des droits de l'époux survivant, des héritiers et des tiers intéressés sur les terrains concédés, et les facilités qui pourraient être données à la famille des relégués pour les rejoindre ;

Les conditions des engagements de travail à exiger des relégués ;

Le régime et la discipline des établissements ou chantiers où ceux qui n'ont ni moyens d'existence ni engagement seront astreints au travail ;

Et en général toutes les mesures nécessaires à assurer l'exécution de la présente loi ;

Le premier règlement destiné à organiser l'application de la présente loi sera promulgué dans un délai de six mois au plus à dater de sa promulgation.

Nous avons donné sous l'article 7 le texte du décret du 10 novembre 1888, qui règle la situation militaire des relégués, sous l'article 1er, le texte du décret organisant la relégation, sous l'article 16, celui du décret du 9 juillet 1892 réglant les formes et conditions dans lesquelles doivent se produire les demandes des relégués tendant à se faire relever de la relégation. D'autres décrets ont été rendus, mais comme ils n'ont au point de vue qui nous occupe, aucun intérêt, nous les indiquons simplement en suivant l'ordre chronologique :

20 août 1886. — Décret désignant l'île des Pins comme lieu de relégation collective.

24 mars 1887. — Décret qui fixe les limites respectives des territoires de la transportation et de la relégation à la Guyane française.

24 mars 1887. — Décret qui affecte au service de la relégation une section spéciale du corps de surveillants militaires des établissements pénitentiaires.

11 juillet 1887. — Décret concernant la curatelle d'office pour la gestion des successions et biens vacants des individus condamnés à la relégation.

5 septembre 1887. — Décret portant organisation du régime disciplinaire des relégués collectifs aux colonies.

5 septembre 1887. — Décret concernant l'organisation des dépôts de relégués aux colonies.

11 novembre 1887. — Décret réglant les formalités relatives au mariage des relégués.

27 novembre 1887. — Décret portant organisation de la relégation individuelle aux colonies.

22 février 1888. — Décret portant organisation des groupes et détachements de relégués à titre collectif.

XiI

SITUATION DES RÉLÉGUÉS AU POINT DE VUE MILITAIRE.

Art. 7. — *Les condamnés qui auront encouru la relégation resteront soumis à toutes les obligations qui pourraient leur incomber en vertu des lois sur le recrutement de l'armée. Un règlement d'administration publique déterminera dans quelles conditions ils accompliront ces obligations.*

Nous avons rejeté ici, où nous le trouvons mieux à sa place, cet article qui, prévoyant de simples mesures administratives, ne rentre pas dans le cadre de notre étude. Nous donnons néanmoins, ci-dessous, le texte du décret du 10 novembre 1888 qui règle la situation au point de vue militaire des individus condamnés à la relégation :

Art. 1. — La situation des relégables, au point de vue des obligations du service militaire, est constatée préalablement à l'envoi à la commission de classement du dossier prévu à l'article 6 du décret du 26 novembre 1885.

Il est procédé, s'il y a lieu, à leur inscription sur les listes de tirage au sort et à leur examen par le conseil de révision du chef-lieu du département dans lequel ils subissent leur peine.

Art. 2. — Les relégués sont soumis aux mêmes obligations militaires que les hommes de la classe de recrutement à laquelle ils appartiennent par leur tirage au sort et sans qu'il y ait lieu de tenir compte, pour retarder leur passage dans la réserve ou dans l'armée territoriale, du temps pendant lequel ils n'ont pu, par suite de leur maintien en état de relégation, servir effectivement dans les rangs de l'armée active. Les relégués sont portés sur le registre matricule comme affectés au département de la marine et des colonies. Il est tenu à l'administration des colonies un contrôle spécial faisant connaître leur situation au point de vue militaire.

Lorsqu'ils sont relevés de la relégation par la grâce ou par un jugement rendu dans les conditions prévues à l'article 16 de la loi du 24 mai 1885, ils sont remis à la disposition du département de la guerre.

Art. 3. — Les relégués individuels qui ont à accomplir du service dans l'armée active sont affectés au corps des disciplinaires coloniaux.

Les relégués individuels sont dispensés des appels pour exercices dans les mêmes conditions que les militaires de la réserve ou de l'armée territoriale résidant aux colonies.

Le ministre de la marine et des colonies désigne le corps auquel chacun d'eux est affecté en cas de mobilisation.

Art. 4. — En temps de paix les relégués collectifs sont traités comme étant en état de détention, et ne sont pas appelés à servir activement.

En cas de mobilisation, ils restent à la disposition du ministre de la marine et des colonies, qui détermine par arrêté les corps ou les services auxquels ils peuvent être affectés.

Art. 5. — Les ministres de l'intérieur, de la guerre et de la marine et des colonies, sont chargés, chacun en ce qui les concerne, de l'exécution du présent décret, qui sera inséré au *Bulletin des lois*, au *Journal officiel* de la République française et aux *Bulletins officiels* de la marine et de l'administration des colonies.

XIII

INTERDICTION DE SÉJOUR. — SUPPRESSION DE LA SURVEILLANCE DE LA HAUTE POLICE. — PROPAGANDE ANARCHISTE. — OBSERVATIONS DIVERSES.

Art. 19. — Est abrogée la loi du 9 juillet 1852, concernant l'interdiction, par voie administrative, du séjour du département de la Seine et des communes formant l'agglomération lyonnaise.

La peine de la surveillance de la haute police est supprimée. Elle est remplacée par la défense faite au condamné de paraître dans les lieux dont l'interdiction lui sera signifiée par le gouvernement avant sa libération.

Toutes les autres obligations et formalités imposées par l'article 44 du Code pénal sont supprimées à partir de la promulgation de la présente loi, sans qu'il soit toutefois dérogé aux dispositions de l'article 635 du Code d'Instruction criminelle.

Restent en conséquence applicables pour cette interdiction les dispositions antérieures qui réglaient l'application ou la durée, ainsi que la remise ou la suppression de la surveillance de la haute police et les peines encourues par les contrevenants, conformément à l'article 45 du Code pénal.

Dans les trois mois qui suivront la promulgation de la présente loi, le gouvernement signifiera aux condamnés actuellement soumis à la surveillance de la haute police les lieux dans lesquels il leur sera interdit de paraître pendant le temps qui restait à courir de cette peine.

I

La loi du 9 juillet 1852 est abrogée. — La loi du 9 juillet 1852 qui armait l'autorité administrative de pouvoirs spéciaux en ce qui concerne le séjour du département de la Seine et des communes formant l'agglomération lyonnaise était, en réalité, une mesure d'exception faisant partie d'un groupe de lois inspirées par les événements politiques contemporains. Elle avait été vivement critiquée et son utilité était contestable. Cette loi est désormais abrogée.

La peine de la surveillance de la haute police est supprimée et remplacée par l'interdiction de résidence. — Plus vives encore et mieux fondées étaient les critiques adressées à la peine de la surveillance de la haute police. Le séjour obligatoire pendant un minimum de 6 mois (art. 44, C. p. ; Loi du 23 janvier 1874) mettait le condamné dans cette alternative, ou de mourir de faim, s'il ne trouvait pas de travail, ou de commettre un nouveau délit ou un nouveau crime, ou enfin de se voir condamner pour rupture de son ban de surveillance, s'il quittait sa résidence pour aller chercher ailleurs du travail. Aussi n'était-il pas rare de voir des individus, placés sous la surveillance de la haute police à la suite d'une première condamnation, persévérer dans le crime uniquement parce que leur état spécial, rapidement connu surtout dans les petites villes, les faisait vite chasser de tous les établissements où ils avaient réussi à se faire admettre. Sans doute, on ne peut contester que cette mesure ait été une puissante garantie de répression ; mais, à d'autres égards, elle présentait un réel danger. Il eût fallu, pour qu'elle fût parfaite, qu'elle assurât également l'existence à tous ceux qu'elle frappait, et ne les mît pas souvent dans la nécessité de commettre de nouveaux méfaits pour vivre, en rendant tout retour au bien impossible. Certes nous ne nous abusons pas sur les possibilités d'amendement de la plupart des criminels ; il ne faut pas, par une sentimentalité naïve, affaiblir les moyens dont la société dispose pour se défendre contre les criminels endurcis, mais il ne faut pas non plus fermer tout retour au bien à ces criminels d'*accident*, qui sont l'exception sans doute, mais qui existent, en les notant en quelque sorte d'infamie, et en leur enlevant ainsi tout moyen honnête de vivre. On risque, en effet, dans ce cas, d'arriver au résultat contraire à celui qu'on s'est proposé d'atteindre ; on pousse au crime au lieu de le prévenir : « Par les difficultés d'existence qu'il crée aux libérés (dit M. Bertauld, Code pénal, 4ᵉ éd., p. 266), il expose peut-être la société, plus qu'il ne la dérobe, aux récidives ».

« Quelque jour, dit M. Molènes on supprimera la surveillance, non seulement comme inutile, mais comme inhumaine et dangereuse ». Cette prévision est réalisée par l'article 19 de la loi actuelle. La peine de la surveillance de la haute police est supprimée, et remplacée par *l'interdiction de certaines résidences*, c'est-à-dire par la défense faite au condamné de paraître dans les lieux qui sont déterminés par l'autorité administrative. C'est en réalité l'abrogation de l'article 44 du Code pénal (tel qu'il a été modifié par la loi du 27 janvier 1874), sauf en ce qui concerne le premier paragraphe. En effet, l'interdiction de séjour était déjà prévue par ce paragraphe. Mais toutes les autres obligations imposées par cet article sont désormais supprimées. Dans un seul cas, le droit est laissé au gouvernement d'assigner au condamné le lieu de son domicile. C'est le cas prévu par l'article 635 du Code d'Instruction criminelle qui est, en effet, formellement maintenu. De plus, conformément à cet article, le condamné, « ne pourra résider dans le département où demeureraient, soit celui sur lequel ou contre la propriété duquel le crime aurait été commis, soit ses héritiers directs ».

Ainsi, toutes les condamnations qui avaient jadis comme conséquence, obligatoire ou facultative, le renvoi sous la surveillance de la haute police, auront désormais, comme conséquence dans les mêmes conditions, l'interdiction de séjour, ou défense faite par le gouvernement de paraître dans certains lieux déterminés.

Les articles 45 et suivants du Code pénal sont applicables à l'interdiction de résidence. — Les dispositions antérieures, (loi du 23 janvier 1874, art. 45, 46, 47, 48, 49, 50, C. P.) relatives à la surveillance de la haute police, sont d'ailleurs applicables à l'interdiction de séjour. Notre article le dit expressément et il eût été logique de le penser, même en l'absence d'un texte précis, puisque la loi actuelle ne fait en réalité que restreindre l'article 44 du Code pénal auquel les dispositions des articles suivants sont applicables.

1º La peine de l'ancienne rupture de ban (art. 54, C. p.) est donc applicable au condamné qui a enfreint l'interdiction de résidence (emprisonnement qui ne peut excéder 5 ans).

2° L'interdiction de résidence ne peut être faite pour une durée de plus de 20 années (art. 46, § 1).

3° Les condamnés aux travaux forcés à temps, à la détention et à la réclusion sont de plein droit, après l'expiration de leur peine, soumis à l'interdiction de résidence pendant 20 années (art. 46, § 2). Mais l'arrêt ou le jugement de condamnation peut réduire la durée de l'interdiction ou même déclarer que les condamnés n'y seront pas soumis (art. 46, § 3).

4° Tout condamné à des peines perpétuelles qui obtiendra commutation ou remise de sa peine, sera, s'il n'en est autrement disposé par la décision gracieuse, de plein droit soumis à l'interdiction de résidence pendant vingt ans (art. 46, § 4).

5° Les coupables condamnés au bannissement seront de plein droit soumis à l'interdiction de séjour pendant un temps égal à la durée de la peine qu'ils auraient subie, à moins qu'il n'en ait été disposé autrement par l'arrêt ou le jugement de condamnation (art. 47, § 1).

6° Dans le cas du n° 4, si l'arrêt ou le jugement ne contient pas dispense ou réduction de l'interdiction, mention sera faite, à peine de nullité, qu'il en a été délibéré :

« Attendu qu'aux termes de l'article 19 de la loi du 27 mai 1885, la peine de la surveillance de la haute police est remplacée par la défense faite au condamné de paraître dans les lieux dont l'interdiction lui sera signifiée par le Gouvernement avant sa libération, et que les dispositions antérieures qui réglaient l'application et la durée, ainsi que la remise de la surveillance de la haute police, sont applicables à cette interdiction ;

« Attendu, dès lors, que de la combinaison de l'article 19 de la loi du 27 mai 1885 et des articles 46 et 47 du Code pénal, il suit que, lorsque les juges prononcent la peine des travaux forcés, de la détention ou de la réclusion, si l'arrêt ne contient pas dispense ou réduction de l'interdiction, ils doivent, à peine de nullité, mentionner qu'il en a été délibéré ;

« Attendu que l'arrêt attaqué ne mentionne pas cette délibération spéciale ; qu'il a donc violé les dispositions des articles 46 et 47 du Code pénal ;

« Par ces motifs, casse etc.... (Cass. 8 avril 1886).

7° L'interdiction peut être *remise* par voie de grâce (art. 48, § 1).

Elle peut être *suspendue* par mesure administrative (art. 48, § 2).

La prescription de la peine ne relève pas le condamné de l'interdiction à laquelle il est soumis (art. 48, § 3).

En cas de prescription d'une peine perpétuelle, le condamné sera de plein droit soumis à l'interdiction de séjour pendant 20 années, à compter du jour où la prescription est accomplie (art. 48, § 4 et 5).

8° Devront être soumis à l'interdiction ceux qui auront été condamnés pour crimes ou délits qui intéressent la sûreté intérieure ou extérieure de l'État (art. 75 et suivants, art. 49).

9° Enfin, hors ces cas, l'interdiction de résidence ne pourra être prononcée que dans le cas où une disposition particulière de la loi permettait jadis de prononcer le renvoi sous la surveillance de la haute police (art. 50).

La surveillance de la haute police a été supprimée dès le jour de la promulgation de la loi. — La surveillance de la haute police a été supprimée dès le jour de la promulgation de la loi (27 mai 1885). C'est ce qui résulte nettement du texte de notre article. D'autre part, un délai de 3 mois avait été laissé au gouvernement pour signifier aux condamnés, jadis soumis à la surveillance, les lieux dans lesquels il leur sera désormais interdit de paraître. Ceux de ces condamnés pour lesquels une pareille interdiction n'existait pas déjà en vertu de l'article 44 du Code pénal, § 1, se sont donc trouvés pendant un certain temps dispensés de toute obligation, et s'il leur a plu de quitter leur résidence obligée, ils n'ont pu être condamnés pour rupture de ban (Bordeaux, 24 juin 1885). Cette considération n'a plus d'ailleurs d'intérêt : En effet, dans le cas où le gouvernement aurait laissé passer le délai de 3 mois qui lui était imparti sans faire la signification des lieux interdits aux anciens *surveillés*, ceux-ci devraient être considérés comme déchargés de toute peine accessoire. Nous n'insistons donc pas davantage sur ce point.

Désignation des lieux interdits. — La liste des localités à interdire est dressée, comme sous le régime de la surveillance, par l'autorité administrative ; elle comprend : 1º des localités interdites à titre général ; 2º des localités interdites à titre particulier (Circ. min. de l'int., 1ᵉʳ juillet 1885) (1).

Paris, 1ᵉʳ juillet 1885.

(1) **Circulaire du Ministre de l'intérieur.** — Monsieur le Préfet, l'article 19, § 2, de la loi du 27 mai 1885 sur les récidivistes, dispose: « La peine de la surveillance de la haute police est supprimée. Elle est remplacée par la défense faite au condamné de paraître dans les lieux dont l'interdiction lui sera signifiée par le Gouvernement, avant sa libération ».

Le paragraphe 3 du même article ajoute que « toutes les autres obligations et formalités imposées par l'article 44 du Code pénal sont supprimées à *partir de la promulgation de la présente loi* ».

Enfin, il est dit au paragraphe 5 que, « dans les trois mois qui suivront la promulgation de la présente loi. le Gouvernement signifiera aux condamnés, actuellement soumis à la surveillance de la haute police, les lieux dans lesquels il leur sera interdit de paraître pendant le temps qui restait à courir de cette peine ».

Il résulte de l'ensemble de ces textes que les dispositions de la loi précitée relatives à la surveillance, à la différence de celles qui en forment l'objet principal, sont dès à présent applicables.

De là cette conclusion. que les récidivistes précédemment astreints à la surveillance ne sont, aujourd'hui, soumis à aucune des obligations qui leur incombaient. ils sont dispensés de souscrire des déclarations de résidence, de recevoir des passeports recognitifs, de séjourner six mois dans une commune, de se présenter dans les bureaux d'un maire ou d'un commissaire de police. Ils sont, en un mot, absolument libres de se rendre où bon leur semble, sous réserve de ne point paraître dans les localités interdites, dont vous trouverez ci-contre la nouvelle liste.

Cette liste comprend :

1º Les localités interdites à titre général ;

2º Les localités interdites à titre particulier.

Localités interdites à titre général.

Alpes-Maritimes : Nice, Cannes. — Bouches-du-Rhône : Marseille. — Gironde (Bordeaux et banlieue) : Bègles, Talence, Caudéran, Le Bouscat, Bruges. — Loire : St-Etienne. — Loire-Inférieure : Nantes. — Nord : Lille. — Pyrénées (Basses) : Pau. — Rhône : Lyon et l'agglomération lyonnaise. — Saône-et-Loire : Le Creusot. — Seine, Seine-et-Marne, Seine-et-Oise: Tout le département.

Liste des localités interdites à titre spécial.

1º *L'Algérie.* — L'interdiction de cette colonie ne s'applique qu'aux individus qui n'y sont pas nés.

2º *La Corse.* — L'interdiction du département ne s'applique qu'aux corses

Peines de courte durée. — Enfin, pour permettre à l'administration de faire la signification « avant la libération » comme l'exige notre article, quand il s'agit de courtes peines, une circulaire du Garde des sceaux du 23 septembre 1885, prescrit aux

qui ont été condamnés par les tribunaux du pays.

3° *La circonscription communale et les annexes de toute maison centrale.* — Cette dernière interdiction ne s'applique qu'à la maison centrale où le condamné a été détenu. Enfin, tout individu condamné pour attentat à la pudeur. meurtre, incendie ou menaces de mort, ne pourra reparaître dans la commune, l'arrondissement, le ou les départements où sa présence serait pour la population une cause de danger ou d'effroi.

Vous aurez à me faire connaître, pour cette catégorie d'individus, les localités que vous croiriez utile de leur interdire à titre spécial. Je me réserve de statuer sur vos propositions à cet égard.

Il convient de ne pas perdre de vue que le paragraphe 3 de l'article 19 maintient expressément les dispositions de l'article 635 du Code d'instruction criminelle, dispositions qui permettent d'assigner un domicile aux individus qui y sont visés.

Vous remarquerez d'autre part, Monsieur le Préfet, que si l'article 19 de la loi du 27 mai 1885 abroge une partie de la loi du 23 janvier 1874 et du décret du 30 août 1875, il en conserve une autre partie qu'il adapte à la législation nouvelle. Le 4e paragraphe de cet article dit, en effet, en termes formels : « Restent applicables pour cette interdiction les dispositions antérieures » qui réglaient l'application ou la durée, ainsi que la remise ou la suppres- » sion de la surveillance de la haute police et les peines encourues par les » contrevenants, conformément à l'article 45 du Code pénal ».

Restent donc en vigueur, sauf la substitution de l'interdiction de séjour à la surveillance légale, les articles relatifs à la durée de la peine accessoire (lorsqu'il ne s'agit pas du cas prévu par l'article 8 de la loi de relégation), les articles relatifs aux réductions ou remises par voie de grâce, l'article 45. qui visait la rupture de ban et qui n'atteindra plus désormais que les individus qui auront contrevenu aux décisions portant interdiction de séjour.

Ce point résolu, je dois vous indiquer brièvement la marche que devront suivre vos bureaux pour assurer, de concert avec l'Administration centrale, l'exécution de la nouvelle loi.

Et d'abord, il convient de s'occuper des individus qui naguère soumis à la surveillance légale sont, par application de la loi nouvelle, soumis à l'interdiction de résidence. La situation de ces condamnés se régularisera comme suit :

Vous ferez connaître à chacun d'eux, par notification individuelle, que le gouvernement leur interdit de résider ou de paraître : 1° dans les localités interdites à titre général ; 2° dans les localités qui leur étaient interdites à titre spécial sous l'empire de la loi de 1874 ; 3° dans la circonscription communale de toute maison centrale et de ses annexes où ils ont subi leur peine. A tout individu condamné purement et simplement à la surveillance, il suffira donc de notifier la liste des localités interdites à titre général en y ajou-

greffiers de transmettre à l'administration pénitentiaire des extraits de jugement provisoires, avant l'expiration des délais d'appel, sauf à les compléter par des certificats de non appel ou de pourvoi.

tant la commune où se trouve située la maison centrale dans laquelle il aura été détenu.

Que si vous êtes en présence d'un surveillé auquel telle ou telle commune, tel ou tel arrondissement, tel ou tel département aura été interdit sous l'empire de l'ancienne loi, en raison de la nature du crime commis, il vous faudra en outre, sans rien changer aux localités actuellement interdites de ce fait, signifier à cet individu l'interdiction de résider ou de paraître dans cette commune, cet arrondissement ou ce département.

Vous voudrez bien aviser tous ces surveillés que, faute par eux de se conformer à ces prescriptions, ils s'exposeraient à tomber sous le coup de l'article 45 du Code pénal qui reste en vigueur sous l'empire de la nouvelle loi et permet de frapper les délinquants de 5 ans de prison.

Vous ferez connaître, par lettre spéciale à chacun de ces individus, la date à laquelle vous lui aurez notifié la décision du Gouvernement.

Enfin, vous me transmettrez dans un délai maximum de dix jours à dater de la réception de la présente circulaire, une notice signalétique établie individuellement sur feuille volante, d'après le modèle n° 1 ci-annexé, de tous les surveillés qui, présents ou absents à l'heure actuelle, devaient, sous l'empire de l'ancienne loi, résider dans votre département.

Cette notice me permettra d'établir une feuille imprimée relatant les noms, signalements, condamnations des individus qui se trouvent actuellement assujettis à l'interdiction de séjour. Cette feuille sera transmise le plus tôt possible à ceux de vos collègues dans les départements desquels se trouveront des localités interdites à titre général et à titre spécial, ainsi qu'aux parquets et aux divers services qu'elle pourrait intéresser.

Vous voudrez bien joindre à la lettre d'envoi qui accompagnera ces notices individuelles un état récapitulatif contenant simplement les noms des individus qu'elles concernent.

Le passé étant réglé comme il vient d'être dit, voici le système que je me propose d'adopter pour l'avenir.

Vous aurez à me transmettre régulièrement :

1° Une feuille individuelle contenant le signalement de chacun des détenus soumis à l'interdiction de séjour et libérables sous trente jours.

Cette feuille devra être rigoureusement établie d'après le modèle n° 1 qui est ci-joint et dont il a été déjà question plus haut. Elle servira à la confection de la feuille imprimée qui paraîtra régulièrement tous les mois.

2° Une notice de chacun de ces individus, rigoureusement établie d'après le modèle n° 2 annexée à cette circulaire.

Vous aurez soin de me soumettre en même temps les motifs qui vous paraîtraient de nature à faire interdire à titre spécial le séjour de telle ou telle localité à tel ou tel individu condamné pour attentat à la pudeur, meurtre, incendie ou menaces de mort.

Sur le vu de vos propositions, je prendrai un arrêté d'interdiction dont je

Les anciennes condamnations pour rupture de ban peuvent-elles remplacer les condamnations pour infraction à interdiction de séjour ? — Nous ne reviendrons pas ici sur ce que nous avons déjà dit (voir *supra*) en ce qui concerne le remplacement possi-

vous transmettrai une ampliation. Cet arrêté visera les localités interdites, à titre général et particulier, au condamné qui en fera l'objet.

Vous voudrez bien notifier cet arrêté au condamné qu'il concerne et lui en laisser une copie certifiée conforme pour qu'il ne puisse arguer devant les tribunaux qu'il n'a pas eu connaissance des lieux où il lui est interdit de paraître. Vous aurez enfin à me faire connaître la date à laquelle cette notification aura été faite.

Comme vous le voyez, Monsieur le Préfet, la nouvelle marche à suivre est fort simple.

Elle se résume ainsi :

1° Pour le passé, signifier aux surveillés actuels les résidences qui leur sont interdites, puis m'adresser leur signalement établi d'après le modèle N° 1 ;

2° Pour l'avenir, m'adresser régulièrement le signalement établi d'après le modèle N° 1, plus une notice N° 2 des détenus soumis à l'interdiction de résidence libérables sous trente jours.

J'ajouterai maintenant que l'instruction des demandes en remise d'interdiction de séjour, des demandes de séjour temporaire, sera la même que celle des demandes de levée de surveillance et de permis de séjour provisoire dans une localité interdite.

Vos bureaux n'auront donc qu'à suivre la marche adoptée pour ces sortes d'affaires sous l'empire de la loi du 23 janvier 1874.

Au cas où les renseignements vous manqueraient sur le compte des individus qui vous saisiraient de ces demandes, vous auriez à en référer à l'Administration centrale qui, à l'aide de ses notices individuelles, pourra vous fournir les informations nécessaires.

En ce qui concerne la radiation des contrôles des individus qui auront, ou atteint le terme de leur peine accessoire, ou obtenu remise de l'interdiction, elle s'effectuera par la mention à la feuille, sous une rubrique spéciale, des noms des individus qui, pour l'une ou l'autre de ces deux causes, auront cessé d'être sous le coup de l'article 19.

De plus, notification sera faite aux intéressés, comme il était procédé sous l'empire de la loi de 1874.

Enfin je crois devoir vous rappeler en terminant, qu'au nombre des individus en résidence dans votre département, il s'en trouve qui, par faveur spéciale, ont obtenu l'autorisation de se fixer dans des localités qui, autrefois interdites, sont aujourd'hui encore comprises dans la liste donnée plus haut. Ces individus continueront naturellement et tant qu'ils s'en montreront dignes, à jouir de la faveur qui leur a été accordée.

Je compte sur vos soins, Monsieur le Préfet, pour assurer sans retard le fonctionnement régulier de cette partie du service, et je vous prie de m'accuser réception de la présente circulaire.

Recevez etc. . . . .

ble des condamnations pour infraction à interdiction de résidence prévues par l'article 4, § 4, par des condamnations pour l'ancienne rupture de ban. Quelles que soient les similitudes entre ces deux peines, il n'y a pas identité absolue ; le régime de la surveillance était beaucoup plus strict que le régime actuel, on pouvait par conséquent commettre beaucoup plus facilement une infraction ; la culpabilité n'était pas égale ; le texte actuel ne vise que l'infraction à l'interdiction de séjour, la rupture de ban ne peut lui être substituée.

L'interdiction peut être, par exception, perpétuelle. — Nous avons dit, plus haut, que l'interdiction de séjour de même que jadis la surveillance de la haute police ne pouvait durer plus de vingt ans. Il y a une exception à cette règle : l'interdiction peut être perpétuelle quand elle remplace la relégation en raison de l'âge du relégable (individu âgé de plus de soixante ans à l'expiration de sa peine) (Voir art. 6 et 8).

L'interdiction peut-elle être prononcée en même temps que la relégation ? — Il résulte des articles mêmes du Code pénal (45 et suiv.) que l'interdiction de résidence ne peut être prononcée que comme conséquence d'une peine temporaire. Elle ne pourra, par exemple, être prononcée à la suite d'une condamnation aux travaux forcés à perpétuité (Cass., 21 juin et 11 juillet 1886). On doit en conclure naturellement qu'elle ne pourra se cumuler avec la relégation, conséquence d'une peine temporaire. En effet la relégation est une peine complémentaire perpétuelle qui doit être subie hors de France et qui rend inexécutable l'interdiction de séjour applicable seulement en France. D'autre part, si, à la suite d'une mesure gracieuse ou d'une remise de la peine complémentaire (art. 16) le relégué peut rentrer en France, il n'appartient pas au juge de prévoir de telles éventualités. Il y aurait de sa part excès de pouvoir. Il doit réputer que la peine qu'il prononce, sera intégralement exécutée. C'est dans ce sens que la Cour de cassation a statué :

« En ce qui touche l'interdiction :

« Attendu que l'arrêt attaqué a condamné Beauregard à la relégation et en même temps à cinq ans d'interdiction de séjour ;

« Attendu que la relégation est une peine accessoire perpétuelle ; qu'elle est incompatible avec la peine accessoire d'interdiction de séjour, et ne saurait être cumulée avec elle ;

« Par ces motifs, etc. (Cass. 25 mars 1887).

(Voir également arrêt rapporté (*supra*) Cass. 21 juillet 1886).

(Dans le même sens, tous les auteurs, sauf M. Laborde ; *La Loi*, 22 mai 1889).

La contrainte par corps est-elle incompatible avec la relégation ? — Au contraire, la Cour de cassation a décidé que la relégation n'était pas incompatible avec la contrainte par corps en cas de non paiement des frais de justice :

« Attendu, quant à la contrainte par corps, que, si la relégation est une peine perpétuelle, elle laisse au condamné qui l'a encourue, comme accessoire à la peine principale, et après l'expiration de celle-ci, une liberté relative hors de France et une certaine aptitude à posséder des biens personnels, qui seront compatibles avec l'exercice de la dite contrainte par corps, pour le recouvrement des amendes et des frais au paiement desquels il doit être condamné par cela seul qu'il succombe ;

« Par ces motifs, etc... (Cour d'assises de Lot et Garonne, 15 mars 1886).

(Cassation, rejet 8 avril 1886).

Ce système nous paraît conforme aux principes, et nous n'avons rien à ajouter aux motifs de l'arrêt. Il semble certain que la contrainte par corps étant surtout une mesure fiscale, destinée à aider au recouvrement des frais de justice par la crainte d'une incarcération, doit être prononcée toutes les fois qu'elle peut produire effet. Les tribunaux, en prononçant contre un condamné la peine de la relégation, devront donc fixer la durée de la contrainte par corps.

II

Propagande anarchiste.

Loi du 28 juillet 1894. — Ainsi que nous l'indiquions plus haut (note, p. 138), un projet de loi tendant à réprimer la propagande *anarchiste*, non seulement directe et publique, mais détournée et secrète, a été, au cours de la publication de cette étude, déposé par le gouvernement. Ce projet adopté successivement par la Chambre des députés et le Sénat, après avoir subi plusieurs amendements, est devenu la loi du 28 juillet 1894.

Art. 1er. — Les infractions prévues par les articles 24, §§ 1 et 3, et 25 de la loi du 29 juillet 1881, modifiés par la loi du 12 décembre 1893, sont déférées aux Tribunaux de police correctionnelle, lorsque ces infractions ont pour but un acte de propagande anarchiste.

Art. 2. — Sera déféré aux Tribunaux de police correctionnelle et puni d'un emprisonnement de trois mois à deux ans et d'une amende de 100 à 2,000 francs tout individu qui, en dehors des cas visés par l'article précédent, sera convaincu d'avoir, dans un but de propagande anarchiste :

1° Soit par provocation, soit par apologie des faits spécifiés auxdits articles, incité une ou plusieurs personnes à commettre soit un vol, soit les crimes de meurtre, de pillage, d'incendie, soit les crimes punis par l'article 435 du Code pénal ;

2° Ou adressé une provocation à des militaires des armées de terre ou de mer, dans le but de les détourner de leurs devoirs militaires et de l'obéissance qu'ils doivent à leurs chefs dans ce qu'ils leur commandent pour l'exécution des lois et règlements militaires et la défense de la constitution républicaine.

Les pénalités prévues au paragraphe 1er seront appliquées même dans le cas où la provocation adressée à des militaires des armées de terre ou de mer n'aurait pas le caractère d'un acte de propagande anarchiste ; mais, dans ce cas, la pénalité accessoire de la relégation édictée par l'article 3 de la présente loi ne pourra être prononcée.

La condamnation ne pourra être prononcée sur l'unique déclaration d'une personne affirmant avoir été l'objet des incitations ci-dessus spécifiées, si cette déclaration n'est pas corroborée par un ensemble des charges démontrant la culpabilité et expressément visées dans le jugement de condamnation.

Art. 3. — La peine accessoire de la relégation pourra être prononcée contre les individus condamnés en vertu des articles 1 et 2 de la présente loi à une peine supérieure à une année d'emprisonnement et ayant encouru dans une période de moins de dix ans, soit une condamnation à plus de trois mois d'emprisonnement pour les faits spécifiés auxdits articles, soit une condamnation à la peine des travaux forcés, de la réclusion ou de plus de trois mois d'emprisonnement pour crime ou délit de droit commun.

ART. 4. — Les individus condamnés en vertu de la présente loi seront soumis à l'emprisonnement individuel, sans qu'il puisse résulter de cette mesure une diminution de la durée de la peine.

Les dispositions du présent article seront applicables pour l'exécution de la peine de la réclusion ou de l'emprisonnement prononcée en vertu des lois du 12 décembre 1893 sur les associations de malfaiteurs et la détention illégitime d'engins explosifs.

ART. 5. — Dans les cas prévus par la présente loi et dans tous ceux où le fait incriminé a un caractère anarchiste, les cours et tribunaux pourront interdire en tout ou partie, la reproduction des débats, en tant que cette reproduction pourrait présenter un danger pour l'ordre public.

Toute infraction à cette défense sera poursuivie conformément aux prescriptions des articles 42, 43, 44 et 49 de la loi du 29 juillet 1881, et sera punie d'un emprisonnement de six jours à un mois et d'une amende de 1,000 à 10,000 francs.

Sera poursuivie dans les mêmes conditions et passible des mêmes peines toute publication ou divulgation, dans les cas prévus au paragraphe premier du présent article, de documents ou actes de procédure spécifiés à l'article 38 de la loi du 29 juillet 1881.

ART. 6. — Les dispositions de l'article 463 du Code pénal sont applicables à la présente loi.

La présente loi, délibérée et adoptée par le Sénat et par la Chambre des députés, sera exécutée comme loi de l'Etat.

Il ne rentre pas dans le cadre de ce travail d'étudier les modifications apportées par cette loi tant aux règles de la compétence qu'aux modes de perpétration des divers délits qu'elle prévoit. Son article 3 a seul une importance en ce qui concerne notre étude. Aux termes de cet article, la relégation — *obliga-*

toire dans la loi de 1885, — devient *facultative*, comme dans la loi du 18 décembre 1893 (voir p. 136) ; mais alors que dans cette dernière loi la relégation peut être prononcée par la Cour d'assises comme conséquence de la condamnation qui vient d'être encourue, et en l'absence de tout antécédent judiciaire, ici, pour que la relégation puisse être prononcée il faut deux conditions : 1° que la condamnation principale soit *supérieure à une année* d'emprisonnement ; 2° et que le condamné ait encouru, dans une période de moins de dix ans, une autre condamnation, aux travaux forcés, — à la réclusion, — ou à plus de 3 mois d'emprisonnement soit pour crime ou délit de droit commun soit pour des faits prévus par les articles 1 et 2 de la loi actuelle.

Ainsi, pour que la relégation puisse être appliquée, il faudra une première condamnation. Il semble bien que le législateur ait voulu reproduire dans cet article les dispositions de la loi de 1885 en ce qui concerne la période décennale ; mais, soit hâte trop grande dans la rédaction de l'amendement qui est devenu l'article 3, soit erreur, la période dont il s'agit ici n'est pas celle de la loi de 1885. C'est dans un intervalle de *moins de dix ans* (et non plus de dix années pleines) que la condamnation devra se placer, si bien que si elle a été prononcée à la limite extrême de la période de dix ans, elle sera inopérante pour la relégation. De plus, l'article 3 ne reproduisant pas la formule de la loi de 1885 « non compris la durée de toute peine subie », il s'ensuit que la période ne pourra jamais être prorogée ; la condamnation exigée devra toujours avoir été encourue dans un délai maximun de dix ans moins 1 jour, à compter de la condamnation actuelle. Au reste, ce qui a été dit du point de départ de la période pour la relégation proprement dite, peut trouver sa place ici (voir p. 67 et suiv.).

En ce qui concerne les condamnations de droit commun, prévues à cet article, nous renvoyons également pour la définition du terme « droit commun » à ce que nous avons dit plus haut (p. 25 et *infra*.)

III

Observations diverses.

Nous croyons devoir placer ici certaines observations motivées par des arrêts récents intervenus au cours de la publication de cette étude, observations qui n'ont pu être faites à leur
place logique.

Réquisitions du Ministère public. — Toutes les fois que les
antécédents d'un prévenu le font tomber sous l'application de
la loi de 1885, les Cours ou Tribunaux sont tenus de prononcer,
même d'office, la peine de la relégation. Pourtant, le ministère
public agira prudemment en visant spécialement dans son ré-
quisitoire écrit (en cas d'information) ou dans des conclusions
déposées à cet effet sur la barre du Tribunal, les articles de la
loi de 1885 dont il réclame l'application. En effet, la Cour de
cassation a décidé qu'un arrêt ne pouvait être annulé pour ce
fait qu'il n'aurait pas prononcé la relégation contre un prévenu
relégable, s'il ne restait pas trace, au dossier ou au procès-verbal
des débats, de réquisitions du ministère public à cet égard :

« La Cour ; — Sur le pourvoi formé par le Procureur de la
République près le Tribunal de Nantes, et pris de la violation
de l'article 4 de la loi du 27 mai 1885, en ce que la Cour d'assises aurait omis de statuer sur ses réquisitions tendant à la relégation de Cottin : Attendu que ce moyen manque en fait ; qu'il
n'appert d'aucun document que le ministère public ait déposé
des conclusions écrites relatives à l'application de la relégation ;
que le procès-verbal des débats et l'arrêt non seulement ne
mentionnent pas de réquisitions verbales de cette nature, mais,
au contraire, les limitent à l'interdiction de séjour ; que, dès
lors, la Cour d'assises n'avait pas à se prononcer sur des réquisitions dont il n'existe aucune trace légale : — Par ces motifs,
rejette ».

(21 janvier 1893).

La doctrine de cet arrêt, en ce qui concerne le pouvoir de la
Cour de cassation, est à l'abri de toute critique. En effet, la Cour,
statuant en droit et n'ayant pas à envisager les faits, doit baser

sa décision sur les constatations des premiers juges. Si l'arrêt soumis à son appréciation ne constate pas les antécédents du prévenu, et est muet sur les réquisitions du ministère public, la Cour de cassation est liée par cette appréciation souveraine des juges du fait, et ne peut, pour réformer l'arrêt, s'appuyer sur les éléments du dossier qu'elle est réputée ignorer.

Mais il est inutile de faire remarquer que tout autre est la situation de la Cour d'appel qui doit statuer sur un jugement de première instance. Cette Cour, juge du fait comme le premier juge, peut et doit prononcer la relégation, en l'absence de toute réquisition du ministère public, dès qu'elle constate chez le prévenu la situation de récidive exigée par la loi. Sa décision tomberait sous la censure de la Cour de cassation si, ayant d'ailleurs constaté l'état de récidive du prévenu, elle se refusait à prononcer la relégation sous le prétexte du silence du ministère public à cet égard.

Condamnations militaires ou maritimes. — Droit commun. — Nous avons examiné plus haut (p. 25), ce qu'il fallait entendre par ces mots « crimes ou délits de droit commun » de l'article 2 de notre loi. A ce moment, aucun arrêt n'avait encore statué sur ce point ; mais depuis, un arrêt de la Cour de Bourges a décidé en ces termes :

« Considérant qu'il résulte des extraits de jugements joints à la procédure, que Duris a été condamné contradictoirement :

1° Le 5 juillet 1888, par le conseil de guerre de Limoges, à un an d'emprisonnement pour vol d'une montre appartenant à un militaire, commis le 14 mai précédent, par application de l'article 248 du Code de justice militaire pour l'armée de terre ;

2° Le 1er avril 1891, par le conseil de guerre d'Oran, à un an d'emprisonnement pour vol commis le 16 janvier précédent, au préjudice d'un civil, en vertu des articles 379, 401 du Code pénal et 267 du Code de justice militaire ;

3° Le 24 juin 1892 par le Tribunal correctionnel de la Châtre, à 6 mois d'emprisonnement pour un vol accompli le 14 mai de la même année ;

Considérant que le prévenu est en outre condamné par le

présent arrêt à 15 mois d'emprisonnement, pour un vol perpétré le 10 avril dernier ;

« Considérant que l'article 2 de la loi du 27 mai 1885 ne confère aux Cours et Tribunaux la faculté de tenir compte, en vue de la relégation, des condamnations prononcées par les Tribunaux militaires que pour les crimes ou délits de droit commun spécifiés à ladite loi ;

« Considérant en effet que les infractions déférées aux Tribunaux militaires par le Code de justice militaire (loi du 9 juin 1857, pour l'armée de terre) se divisent en deux classes distinctes : que ces Tribunaux connaissent d'abord et naturellement des crimes et délits qui se rattachent à la discipline et à la moralité de l'armée, qui concernent les devoirs spéciaux du soldat et qui constituent les infractions militaires proprement dites ; qu'ils connaissent aussi des crimes et délits ordinaires du droit commun, lorsqu'ils ont été commis par des militaires sous les drapeaux (art. 55, 56, 57 de la loi du 9 juin 1857) ;

« Considérant que le Code de justice militaire a consacré un titre particulier (le titre II du livre IV) aux infractions militaires ; qu'elles y sont énumérées, définies et punies par les articles 204 à 266 ; qu'aux termes de l'article 267, le droit commun ne reprend son empire que pour les crimes et délits qui ne sont point prévus par le dit Code ;

« Considérant dès lors que, pour apprécier si on peut tenir compte, en vue de la relégation, d'une condamnation prononcée par un Tribunal militaire, on doit examiner si ce Tribunal a appliqué un article du Code de justice militaire ou une disposition des lois pénales ordinaires ; que, dans le premier cas, la condamnation est forcément inopérante ; que, dans le second cas, elle peut produire effet ;

« Considérant que le prévenu Duris a été condamné deux fois par des Tribunaux militaires pour vol ;

« Que le jugement du conseil de guerre d'Oran a été motivé par un vol commis au préjudice d'un civil et basé sur les articles 369 et 401 du Code pénal ordinaire : que la Cour aurait la faculté d'en faire état pour la relégation ;

« Mais que le jugement du conseil de guerre de Limoges est

intervenu à la suite d'un vol d'une montre appartenant à un militaire et a appliqué une disposition spéciale du Code de justice militaire, l'article 248 ; qu'il s'agit donc bien là, non d'une infraction de droit commun, mais d'une véritable infraction militaire ; que, par conséquent, la Cour ne peut pas en tenir compte pour prononcer la relégation ;

« Considérant que vainement on objecte que le vol est toujours par son essence même, une infraction de droit commun, et qu'il ne saurait perdre ce caractère parce qu'il a été commis par un militaire au préjudice d'un autre militaire ;

« Considérant que la loi du 9 juin 1857, en prévoyant et punissant spécialement le vol de militaire à militaire, en a fait un crime particulier et l'a soustrait aux règles du droit commun ; qu'elle a élevé la peine de l'emprisonnement à la réclusion, en sorte que cette peine ne peut, par l'admission des circonstances atténuantes, tomber au-dessous d'un an d'emprisonnement, tandis que, d'après l'article 463 du code pénal, le juge correctionnel aurait la faculté de descendre jusqu'aux peines de simple police ; que, dans l'espèce, si le conseil de guerre de Limoges eût appliqué le droit commun, Duris aurait pu se voir infliger une peine insuffisante (3 mois ou moins) pour la relégation, que c'est précisément à raison de cette sévérité plus grande du code de justice militaire que le législateur de 1885 n'a point voulu faire résulter des infractions militaires la peine perpétuelle qu'il instituait ;

« Considérant enfin que si les vols de militaire à militaire pouvaient motiver la relégation, on devrait logiquement attribuer le même effet aux vols d'effets d'équipement et de tous autres objets appartenant à l'État ; qu'une pareille conséquence serait incontestablement contraire à l'esprit comme au texte de la loi du 27 mai 1885.

« Par ces motifs.. etc.. »

(Bourges, 13 juillet 1893).

Comme on le voit, la doctrine de l'arrêt est contraire à celle que nous avons soutenue. Les motifs que donne la cour de Bourges à l'appui de sa théorie ne nous semblent pas probants et nous persistons dans l'opinion que nous avons émise. Sans insister autrement, nous ne pouvons admettre la différence établie par la Cour entre le vol au préjudice d'un civil et le vol au préjudice d'un militaire, pour faire de l'un un fait de droit commun, de l'autre un fait exceptionnel. L'infraction en elle-même, caractérisée par ses éléments, ne change pas ; il s'agit toujours d'une soustraction frauduleuse ; la seule différence consiste dans le *quantum* de la peine, augmenté en raison de la qualité de la victime. D'ailleurs le texte de l'article 2 ne dit pas condamnation de droit commun, — auquel cas, la théorie de la Cour de Bourges serait exacte, — mais condamnation pour crimes ou délits de droit commun *spécifiés à la présente loi* » c'est-à-dire pour abus de confiance, vol, etc...

Les scrupules manifestés par la Cour de Bourges dans ses derniers « considérants » ne nous paraissent pas devoir porter. C'est justement parce que le législateur a songé à l'aggravation de peine qui résulte pour le condamné de la qualité de sa victime (en matière de vol au préjudice d'un militaire, pour prendre l'espèce de l'arrêt) qu'il a laissé aux Tribunaux la faculté d'accepter ou de rejeter toute condamnation émanant d'un Tribunal militaire ou maritime, c'est-à-dire de tenir compte de la gravité du crime ou du délit par rapport à la peine prononcée. La faculté substituée dans ce cas à l'obligation est, à notre avis, la meilleure critique qu'on puisse faire de l'arrêt de la Cour de Bourges. En un mot, — et nous répétons ici ce que nous avons déjà dit. — par crime ou délit de droit commun, on doit entendre tout fait qui constituerait un crime ou un délit dans la législation ordinaire, bien qu'il y soit frappé de peines moins sévères que dans la législation exceptionnelle.

XIV.

LA RELÉGATION EN ALGÉRIE ET AUX COLONIES. — DATE DE L'EXÉCUTION DE LA LOI. — ABROGATION DES LOIS ANTÉRIEURES.

Art. 20. — *La présente loi est applicable à l'Algérie et aux Colonies.*

En Algérie, par dérogation à l'article 2, les conseils de guerre prononceront la relégation contre les indigènes des territoires de commandement qui auront encouru, pour crimes ou délits de droit commun, les condamnations prévues par l'article 4, ci-dessus.

La loi actuelle est applicable à l'Algérie et aux Colonies. En conséquence, là comme en France, les cours ou tribunaux ordinaires peuvent seuls prononcer la relégation.

Exception en ce qui concerne l'Algérie et les territoires de commandement. — Toutefois une exception est faite pour les territoires de commandement, en Algérie, où les conseils de guerre peuvent prononcer la relégation contre les indigènes dans les mêmes conditions que les Cours et Tribunaux ordinaires, c'est-à-dire pour les condamnations et les délits prévus à l'article 4 de la loi. Cette exception s'explique d'elle-même : les conseils de guerre des territoires de commandement sont, en ce qui concerne les indigènes, la juridiction *ordinaire*. L'exception confirme donc la règle posée par l'article 2.

Art. 21. — *La présente loi sera exécutoire à partir de la promulgation du règlement d'administration publique mentionné au dernier paragraphe de l'article 18.*

La loi actuelle n'est exécutoire que depuis la promulgation du règlement d'administration publique inséré au *Journal officiel* du 27 novembre 1885. Les faits antérieurs à cette date n'ont donc pu et ne peuvent motiver la relégation. (Voir question sous article 9 et le texte du règlement sous article 2).

Art. 22. — *Un rapport sur l'exécution de la présente loi sera présenté chaque année, par le ministre compétent à M. le Président de la République.*

Cet article qui permettra de constater l'utilité pratique de la loi, prescrit une simple mesure administrative, sans intérêt pour notre étude.

Art. 23. — *Toutes dispositions antérieures sont abrogées en ce qu'elles ont de contraire à la présente loi.*

XV

LA RELÉGATION D'APRÈS LA JURISPRUDENCE ACTUELLE DE LA COUR DE CASSATION.

La relégation doit être prononcée (en comprenant dans le total la condamnation qui vient d'intervenir), comme conséquence de :

I. — Deux condamnations.

Soit : *Deux* aux travaux forcés.

Deux à la réclusion.

Une aux travaux forcés et *une* à la réclusion.

II. — Trois condamnations.

Une aux travaux forcés ou à la réclusion.

1° Soit *deux* à l'emprisonnement pour faits qualifiés crimes.

2° Soit *deux* à plus de 3 mois pour vol, escroquerie, abus de confiance, outrage public à la pudeur, excitation de mineurs à la débauche, vagabondage ou mendicité qualifiés (art. 4, §§ 2 et 3).

3° Soit :
Une à l'emprisonnement pour faits qualifiés crimes.
Et *une* à plus de 3 mois pour les délits qui viennent d'être énumérés (art. 4, §§ 2 et 3).

et deux autres

Une aux travaux forcés ou à la réclusion.

4° Soit enfin (Pour les condamnés dès à présent relégables).

et une —
Soit à l'emprisonnement pour faits qualifiés crimes.
Soit à plus de 3 mois pour les délits spécifiés (art. 4, §§ 2 et 3).

Question non résolue mais conforme à la théorie de la C. de C. en mat. de subst. de cond[n]

III. — Quatre condamnations.

Quatre à l'emprisonnement pour faits qualifiés crimes, ou à plus de 3 mois pour les délits spécifiés (art. 4, §§ 2 et 3). Equivalence complète entre ces condamnations qui peuvent se remplacer les unes les autres.

IV. — Sept condamnations.

Deux à plus de 3 mois : pour vol, escroquerie, etc. (art. 4, § 2 et 3).

Deux autres à plus de 3 mois :

soit toutes *deux :*
- ou : pour vagabondage, infraction à interdiction de résidence.
- ou : pour vol, escroquerie, etc. (art. 4, §§ 2 et 3). (Pour les condamnés dès à présent relégables.)

soit :
- *une* pour vagabondage, infraction à interdiction de résidence ou rupture de ban.
- et *une* pour vol, escroquerie, etc. (art. 4, §§ 2 et 3).

Et les *trois* à des peines *quelconques* : Pour vagabondage, infraction à interdiction de résidence, rupture de ban, ou même pour vol, escroquerie, abus de confiance etc. (art. 4, §§ 2 et 3).

Dans tous les cas, la fraude au préjudice des restaurateurs ne peut être assimilée au vol. Elle ne compte pas pour la relégation.

Personnes relégables. — *La femme* comme l'homme est soumise à la relégation. — *L'étranger* y est également soumis, alors même qu'il se trouverait sous le coup d'un arrêté d'expulsion.

Nature des condamnations. — Pour qu'une condamnation contradictoire par contumace ou par défaut puisse compter en vue de la relégation, il faut qu'elle soit devenue définitive avant la date des faits qui ont motivé une nouvelle condamnation. En un mot la loi actuelle punit la *récidive* et non la simple *réitération* (arrêt, 26 fév. 1889 et depuis jurisp. const.).

Confusion. — Par suite, les condamnations confondues, ou celles qui auraient pu l'être, en raison de la date des faits qui les ont motivées, ne comptent que pour une seule condamnation dans le total exigé (même arrêt).

Condamnation unique pour plusieurs délits. — Ces condamnations, comptent toujours dès qu'un des délits réprimés se trouve visé à la loi actuelle.

Tentative et complicité. — Les condamnations pour tentative ou complicité d'un crime ou d'un délit sont assimilées aux condamnations pour ce crime ou ce délit.

Période décennale. — La période décennale doit s'entendre de la période de dix ans qui précède immédiatement le dernier fait réprimé.

Son point de départ. — Elle a pour point de départ la date du dernier délit et non celle de la condamnation qui le punit. (Il faut en conclure, *semble-t-il*, que, pour la 1re condamnation de la série, on devra prendre également la date du délit, pour savoir si elle est comprise dans la période).

Défalcation des peines subies. — On doit proroger la période de la durée de toute peine subie. Toutefois une condamnation, subie, mais effacée par une amnistie ne doit pas être défalquée, (La Cour n'a pas statué, à notre connaissance, en ce qui concerne les peines prononcées par des condamnations politiques ou suivies de réhabilitation) (1).

Procédure. — *Visa des condamnations antérieures.* — Le jugement qui prononce la relégation, doit viser toutes les condamnations antérieures qui motivent la relégation, — soit qu'elles forment le total exigé, soit qu'elles prorogent la période décen-

---

(1) Nous devons faire observer que contrairement à ce que nous avions admis (p. 83), la détention préventive, lorsqu'elle est imputée sur la durée de la peine (Loi du 15 nov. 1892, art. 23 et 24, C. P.), ne doit pas être défalquée. Ce n'est pas là, en effet, *une partie de la peine subie.* Par suite d'une faveur de la loi, on avance simplement la date de la libération, du temps passé à l'état de détention préventive. Cette interprétation résulte d'une circulaire de la Chancellerie, en date du 18 août 1894, et bien que le résultat semble un peu bizarre et même contraire au vœu de la loi que nous étudions, après nouvel examen des termes des articles 23 et 24 du Code pénal, nous croyons devoir nous y rallier.

nale —, en indiquant la date de l'infraction, celle de la condamnation, la nature du crime ou du délit, la juridiction qui a statué et la peine prononcée ; le tout à peine de nullité.

Exclusion du flagrant délit. — La procédure de flagrant délit est interdite à peine de nullité. Le tribunal, devant lequel un prévenu relégable serait traduit en flagrant délit, doit annuler la procédure, donner mainlevée du mandat de dépôt et renvoyer le ministère public à se pourvoir.

Si le cas se présente en appel, la Cour doit annuler la procédure et le jugement, évoquer l'affaire et statuer au fond en prononçant la relégation s'il y a lieu.

Assistance d'un défenseur. — Le prévenu relégable doit être assisté d'un défenseur en première instance et en appel. Le jugement et l'arrêt doivent constater la présence du défenseur, à peine de nullité.

Preuve des condamnations. — La preuve des condamnations retenues contre le prévenu résulte suffisamment du visa du casier judiciaire *en cas de reconnaissance des condamnations par le prévenu*, reconnaissance constatée d'ailleurs par le jugement ou l'arrêt. Mais s'il les dénie, elle ne peut être faite que par des extraits des jugements ou arrêts de condamnation joints au dossier et visés dans le jugement ou l'arrêt qui prononce la relégation.

Sexagénaire et mineur de 21 ans. — Pour ces prévenus, une peine spéciale remplace la relégation. Néanmoins la procédure de flagrant délit est également interdite à leur égard, quand, à raison de leurs antécédents, ils peuvent encourir cette peine spéciale.

Individus dès à présent relégables. Condamnation nouvelle. — La nouvelle condamnation qui peut rendre ces prévenus relégables doit être comprise dans la catégorie pénale et le paragraphe de l'article 4 qui les fait dès à présent tomber sous le coup de la loi. Ainsi par exemple un prévenu, qui a déjà subi 4 condamnations pour vol, ne peut être relégué sur une poursuite pour vagabondage.

Interdiction de séjour. — La nouvelle peine de l'interdiction de séjour qui remplace la surveillance de la haute police est soumise à toutes les conditions imposées par les articles 45 et suivants du Code pénal sous le régime de la surveillance de la haute police.

Ainsi, l'arrêt ou le jugement qui ne contient pas dispense ou réduction de l'interdiction de séjour doit faire mention, à peine de nullité, qu'il en a été délibéré (art. 47, § 2, C. p.).

L'interdiction de séjour ne peut être prononcée en même temps qu'une peine perpétuelle.

Elle ne peut en conséquence se cumuler ni avec la peine des travaux forcés à perpétuité, ni avec la relégation.

Contrainte par corps. — Au contraire, la contrainte par corps doit être fixée par le jugement ou arrêt qui prononce la relégation.

INDEX ALPHABÉTIQUE

D

TABLE DES MATIÈRES

Imp. G. Saint-Aubin et Thevenot, Saint-Dizier (Hte-Marne), 15-17, passage Verdeau, Paris.